LA
CITÉ GAULOISE

SELON

L'HISTOIRE ET LES TRADITIONS

AUTUN
IMPRIMERIE DE MICHEL DEJUSSIEU

LA
CITÉ GAULOISE

SELON

L'HISTOIRE ET LES TRADITIONS

AUTUN

IMPRIMERIE DE MICHEL DEJUSSIEU

LA CITÉ GAULOISE

SELON

L'HISTOIRE ET LES TRADITIONS.

CHAPITRE PREMIER.

Indication des sources. — Notions des Anciens sur la Gaule. — Documents et légendes celtiques.

Les documents sur la Gaule, antérieurs à César démontrent que les anciens la connaissaient bien imparfaitement. Non-seulement la position précise et l'histoire des cités étaient à peu près ignorées, mais les côtes elles-mêmes, malgré les voyages des Carthaginois, n'étaient guère moins inconnues. Les navigateurs qui, cinq cents ans avant l'ère chrétienne, se livraient au commerce de l'étain avec la Bretagne, avaient gardé le secret sur leurs communications avec ce pays et avec tout le littoral de l'Océan. Le Marseillais Pythéas, cent cinquante ans plus tard, découvrait les extrémités septentrionales de la Gaule, mais il en reculait les limites jusqu'à l'embouchure de l'Elbe. Pendant deux siècles, malgré les fables qui discréditaient son ouvrage, il fut le seul guide de ceux qui écrivirent sur l'occident de l'Europe ; il avait signalé à l'embouchure de la Loire Corbilo, mentionné aussi dans Strabon au temps d'Auguste, et dont l'emplacement est encore incertain.

Les meilleurs écrivains de l'antiquité avaient sur la Gaule et l'Espagne des notions si peu exactes, qu'Éphore regardait l'Ibérie, malgré son étendue, comme une seule cité.[1]

Deux cent dix-huit ans avant Jésus-Christ, Annibal franchit les Pyrénées pour gagner les Alpes, en se frayant un passage à travers des peuples qui, selon le témoignage de Dion Cassius, lui étaient inconnus.[2]

Les études géographiques sur l'ouest de l'Europe en étaient restées jusqu'alors à celles de Pythéas. La Gaule était une contrée mystérieuse où nul ne s'était encore aventuré au-delà d'une certaine zone de ses frontières. Polybe en plaçait le centre à Narbonne. « La partie la plus considérable de l'Europe, dit ce géographe, est au septentrion, entre le Tanaïs et Narbonne. C'est autour de Narbonne, jusqu'aux monts Pyrénées, qu'habitent les Gaulois, depuis notre mer jusqu'à la mer Extérieure. La partie de l'Europe que baigne la Méditerranée est l'Ibérie. Le côté qui est le long de la mer Extérieure ou la grande mer n'a *point encore de nom commun, parce que ce n'est que depuis peu qu'on l'a découverte*; elle est occupée par *des nations barbares* et en grand nombre. »

« Nous ne connaissons rien de l'Europe entre le Tanaïs et Narbonne jusqu'au septentrion. Peut-être dans la suite en apprendrons-nous quelque chose ; mais de tous ceux qui en parlent ou qui en écrivent, on peut assurer hardiment qu'ils parlent sans savoir, et ne débitent que des fables...[3] Les nations qui sont au couchant de l'Europe sont inconnues[4]. »

[1] Ephor. n° 39, lib. IV, Fragmenta Hist. Græc. collegit Carolus Muller. Didot, Paris, MDCCCXLVIX.

[2] Dio Cassius. Excerpta. Henricus Valesius edidit. Parisiis, MVCXXIV, p. 598.

[3] Polyb. lib. III, c. VII. — Walckenaer, Géogr. ancienne des Gaules, t. I, p. 212.

[4] Polyb. lib. I, c. IV.

Ce n'est que cinquante ans plus tard, un siècle avant la conquête, que commencent les véritables explorations sur les côtes de l'occident et du nord de l'Espagne. Vers la même époque, Apollodore [1] cite pour la première fois, comme alliés du peuple romain, les Éduens qui paraissent avoir obtenu cette faveur par l'intermédiaire des Marseillais. Là s'étaient bornées leurs relations avec Rome.

On voit que les informations positives des Grecs sur la Gaule transalpine ont toujours été restreintes à la partie méridionale, et qu'ils n'ont eu, sur le reste du pays et sur les peuples qui l'habitaient que des notions vagues et confuses [2]. Et pourtant les Grecs étaient les premiers géographes de l'antiquité; Pline avouait plus tard que pour donner les dimensions de l'Italie, il était obligé de recourir à leurs écrits. [3]

L'an 155 avant Jésus-Christ, les Romains mettaient pour la première fois le pied dans la Gaule. Les Marseillais qui, depuis plus de quatre siècles, en exploitaient le commerce, s'étaient bornés à fonder quelques établissements sur les côtes de la Méditerranée, sur le cours du Rhône et de la Durance [4]. Dans les guerres qu'ils eurent à soutenir contre leurs voisins, ils compromirent leur indépendance en appelant, comme plus tard les Éduens, l'intervention romaine. Leurs nouveaux alliés s'indemnisèrent de leur concours en gardant le territoire des vaincus; ils s'approprièrent ainsi tout le pays à l'ouest du Var, où ils bâtirent, l'an 123, la colonie d'*Aquæ sextiæ*, Aix. Deux ans après, les Romains se trouvaient en face des Allobroges qu'ils écrasaient à

---

[1] Apollod. lib. IV, apud Stephanum Bysant. p. 57. Lugd. Batav. MVIXCIV. « Ædusii Romanorum socii juxta Celtogalatiam, ut Apollodorus in IV, chronicorum testatur. »

[2] Géogr. anc. des Gaules, t. I, p. 215. — Walckenaer.

[3] Ibid. — Pline, Hist. nat. lib. III.

[4] Artemidorus, op. Steph. Bysant.

Vindalium¹, à l'embouchure du Rhône et de la Sorgue. La ligue des Allobroges et des Arvernes n'eut pas un meilleur sort; ces succès amenèrent la formation de la Province romaine, l'an 121. Elle s'organisait à peine, quand les Cimbres et les Teutons remirent en question la puissance des conquérants. Ce ne fut donc qu'après les victoires de Marius (101-102 avant Jésus-Christ) que l'influence des Romains s'établit définitivement au midi; et encore, distraits par d'autres guerres, restèrent-ils vingt ans sans songer à s'agrandir. L'an 76, ils renouvelèrent leur alliance avec les Éduens, vingt-sept ans avant l'arrivée de César. Le sénat donna ordre à ses préteurs de les défendre contre toute attaque; mais ce ne fut en réalité que pour les abandonner à la merci d'Arioviste, jusqu'au moment où l'émigration des Helvètes vint menacer, non plus seulement les Éduens, mais les possessions romaines, et rappeler les souvenirs récents de l'invasion des Cimbres. ²

Jusque-là, on le voit, les rapports des Romains avec la Gaule centrale, et surtout avec celle du nord, avaient été à peu près nuls. Dans cet intervalle, un jeune stoïcien originaire de Syrie, Posidonius, après avoir fréquenté les écoles d'Athènes, avait entrepris un de ces voyages lointains que les philosophes regardaient comme la première condition du savoir. Il fit une excursion vers l'ouest de l'Europe, vingt-cinq à trente ans avant l'expédition de César, visita d'abord les côtes de l'Espagne pour y observer les marées et les astres, et séjourna un mois à Gades (Cadix) pour contrôler les récits fabuleux qu'on débitait sur l'Occident. Après avoir étudié dans l'intérieur du pays son histoire et sa géographie, il visita l'Italie, la Sicile, la mer Illyrienne et, quelque temps après les victoires de Marius

---

¹ Strab. lib. V, p. 185. — Lib. III, c. 11.
² Cicero. Epist. ad Atticum, lib. I, epist. 19. Collect. Nisard.

sur les Cimbres et les Teutons, vint débarquer à Marseille. La Gaule méridionale lui offrit un champ nouveau d'explorations. Son intelligence supérieure, qui attira Cicéron parmi ses disciples et Pompée parmi ses amis, donnait aux renseignements qu'il recueillit une autorité que n'avait méritée aucun de ses devanciers. Aussi Strabon, Diodore et la plupart des géographes, lui firent-ils de nombreux emprunts, sans les avouer toujours. C'est ainsi qu'ont été conservés les extraits de ses relations, dont l'ensemble a péri.

Les mœurs des Gaulois transalpins étaient pour la première fois constatées par un témoin oculaire, sur les lieux mêmes, et surprises au foyer de la famille. Des restes de la barbarie primitive s'y alliaient, chez les princes ou chefs, à l'ostentation, à la prodigalité, à un luxe grossier qui pouvait être l'avant-coureur, mais non le signe actuel de la civilisation. Cette richesse d'apparat contrastait, dans tous les cas, avec l'état général des habitants « qui vivaient, dit Strabon, avec une grande économie. »[1]

La singularité des détails donnés par Posidonius semblait révéler l'existence d'un nouveau monde, et ceux qui rêvent une civilisation avancée dans la Gaule de cette époque ont essayé d'atténuer la valeur de son témoignage, en attribuant les usages barbares dont il parle aux cantons les plus reculés. Malheureusement, le doute n'est pas possible. Ces usages existaient dans *la partie la plus civilisée* de la Transalpine, et Posidonius dit en avoir été témoin en beaucoup de lieux[2]. Il ne s'avança point dans la Gaule centrale. Ce qu'il en a écrit dut être le résultat d'informations prises à Marseille ou dans la Narbonnaise,

---

[1] Strabon, liv. IV, p. 189.
[2] Fragmenta Hist. Græcorum. Collegit C. Muller, p. 261. Didot. MDCCCXLVIX.

qu'il quitta pour rentrer en Italie par le pays des Ligures (Etat de Gênes).[1]

La Gaule resta un pays inconnu jusqu'à la seconde moitié du dernier siècle avant notre ère. César, qui l'habita près de dix ans, est encore le meilleur guide, et une particularité qui doit surprendre, c'est que des écrivains postérieurs aient pu propager des erreurs fondamentales. Strabon lui-même, le prince des géographes de l'antiquité, tout en comprenant en philosophe la magnifique topographie de la contrée, se borne à nous faire connaître les principales divisions du territoire. Mais les inexactitudes qui lui échappent dans l'emplacement de plusieurs peuples ou de contrées importants, tels qu'Alise, par exemple, dans la direction des chaînes de montagnes ou des cours d'eau, tendraient à faire croire que de son temps la Gaule était encore peu familière au monde romain. Il limite les Éduens entre le Doubs et la Saône; il déroule les Pyrénées du nord au sud, et les Cévennes d'occident en orient; il croit que la Garonne, la Loire et la Seine coulent, comme le Rhin, du midi au nord; il place Alise près des Arvernes, et Nemossus, Clermont, sur la Loire. Ne perdons pas de vue que Strabon écrivait sous Auguste; qu'il avait sous les yeux le livre de Posidonius, les mémoires de César, les récits de ses compagnons, qu'il avait lui-même beaucoup voyagé; tout cela prouve que la Gaule centrale et celle du nord étaient encore de son temps bien peu visitées. Sous César, les marchands osaient à peine aborder la Belgique. Les renseignements que Strabon nous a laissés sur les institutions et sur les mœurs sont tout aussi incomplets que ceux qu'il a donnés sur la géographie. Ils se réduisent à des traits caractéristiques, il est vrai, mais

---

[1] Posidonii Rhodii reliquiæ doctrinæ. Posidonii Vita, p. 12. Collegit atque illustravit Janus Bake. D. Wyttenbachii annotatio. Lugduni Batavorum mvcccx.

trop insuffisants pour éclairer les habitudes intérieures des cités. Diodore est quelquefois coloriste dans ses tableaux, intéressant par certains détails, plus que par la nouveauté de ses documents. Les connaissances géographiques sur la Gaule se propagèrent si lentement que Cicéron, avant ses relations épistolaires avec les officiers de l'armée des Gaules, avouait sans détour son ignorance à ce sujet : « Où est situé le pays des Nerviens, écrit-il à son frère Quintus, je n'en sais pas un mot. » [1]

Cette ignorance même ajouta à l'effet produit dans la capitale du monde par les victoires de César. « C'est pour la première fois, disait Cicéron, qu'on ose attaquer les Gaulois chez eux; jusqu'ici on se contentait de les repousser. Ces contrées, qu'aucun récit, aucun livre, aucune histoire n'avaient fait connaître, dont tout le monde ignorait le nom, notre général, nos légions, nos armes, les ont traversées. Nous n'occupions qu'un sentier dans la Gaule; le reste était au pouvoir de ces nations, ou ennemies, ou infidèles, ou inconnues, toutes féroces, barbares et belliqueuses; jamais nous ne les avions affrontées à la fois... César en a fait les limites de notre empire. Ce n'est pas sans un bienfait des dieux que la nature avait donné les Alpes pour rempart à l'Italie ; si l'entrée en eût été ouverte à cette multitude de barbares, jamais Rome n'eût été le siège de l'empire de l'univers. » [2]

On ne rencontre donc, nous le répétons, que dans les Mémoires de César, les premières notions positives sur l'état des peuples gaulois, sur leur organisation militaire et politique, leurs usages particuliers, leur vie en un mot. Durant ses campagnes, ami tour à tour ou ennemi des chefs et des cités, entouré d'otages appartenant à toutes les races gauloises, renseigné par les rapports de ses lieu-

---

[1] Epist. 161.
[2] Cicero, De Provinciis consularibus.

tenants, et obligé par sa position même de pénétrer dans les secrets de la constitution du pays, César possède une autorité que ne peut revendiquer aucun autre écrivain. Cependant, quelque précieux que soit son témoignage, sa concision laisse dans l'ombre tout ce qui n'est pas strictement nécessaire à l'intelligence des faits de guerre. Commentaires eux-mêmes, on l'a dit depuis longtemps, ont besoin d'être commentés, et ce n'est qu'en rapprochant des textes épars dans les différents Livres qu'on parvient à se faire une idée générale de la société gauloise.

Les écrivains latins du deuxième, du troisième et du quatrième siècle, pourraient fournir des matériaux plus abondants que leurs devanciers; mais on ne doit recourir à eux qu'avec une certaine prudence. Ces écrivains ont vu la Gaule de leur temps, telle qu'elle était dans son ensemble, sans distinguer ce qui lui appartenait en propre des emprunts qu'elle avait faits à la civilisation romaine. Leur témoignage exposerait à une foule d'interprétations inexactes. Nous nous sommes borné autant que possible aux documents du premier siècle.

Cette réserve ne saurait s'étendre aux auteurs qui, en dehors de l'influence latine, ont constaté plus tard chez les peuples d'origine celtique la trace des usages gaulois. La survivance de ces usages à la domination romaine, qui ne put ni les détruire ni les altérer, prouve combien ils tenaient à la nationalité même, et leur persistance garantit à elle seule leur authenticité. Aussi les études récentes faites sur la poésie, les traditions et l'hagiographie des Bretons des deux continents ont-elles jeté sur l'histoire celtique des lumières inattendues. La religion et la philosophie druidiques, les coutumes locales, la vie des chefs, la plupart des légendes éparses sur le sol de la Gaule, ont trouvé en partie leur explication. Sans avoir la prétention de dépasser le cadre restreint de ce travail, il était de notre devoir de chercher à ces sources nouvelles les renseignements historiques d'un ordre général, et ensuite, — ce qui n'est pas moins indispensable pour l'intelligence d'une époque, — des informations plus précises sur le détail des mœurs et de la vie privée.

En parcourant ces documents, on est frappé de la vitalité de cette race ; sa physionomie, sa nationalité se perpétuent en dépit des conquérants, et l'on rencontre dans les actes d'un saint du quatrième siècle la reproduction fidèle des mœurs de la Gaule sous César. La concordance des historiens latins avec les bardes et les hagiographes ne laisse sur ce point aucun doute. Ceux-ci ont de plus dans leurs récits une réalité qui impressionne et une naïveté qui persuade. Quand ils n'ont pas vu par eux-mêmes, c'est toujours d'après des témoins oculaires qu'ils retracent des scènes restées vivantes dans l'imagination du peuple. Oserions-nous le dire? La légende de saint Patrice, certains traits des romans de la Table-Ronde, sont beaucoup plus vrais que Diodore et Strabon, en ce qu'ils ont fait passer la vie familière dans l'histoire. Ils attachent par leur intérêt anecdotique ; ils complètent ou rectifient les écrivains classiques qui n'ont jamais compris l'originalité de la poésie et des mœurs des Gaulois.

En faisant abstraction du merveilleux des légendes, il reste les coutumes, l'esprit, l'action, tout ce qu'un annaliste étranger et indifférent dédaigne ou néglige. C'est dans les deux Bretagnes que se sont conservés les matériaux de l'histoire des Gaëls. Les chants de leurs bardes, leurs monuments celtiques, leur hagiographie, leurs coutumes, ouvrent des sujets d'étude aussi variés qu'importants.

Pour le reste de la Gaule, tous les textes hagiographiques se rapportent à la société romaine. Saint Martin renverse des images taillées ou des temples ; il fréquente les villes, et même la cour de Trêves. Saint Colomban trouve le bois sacré de Luxeuil plein de sculptures gallo-romaines; saint Seine rencontre sur les débris du temple de la déesse Sequana des païens moitié sauvages, mais qui ne sont plus des Gaulois. Vers le même temps, saint Patrice, en Irlande, assistait à l'érection d'un men-hir, bénissait des *tumulus* funéraires, conversait avec des bardes, disputait avec des druides, sans avoir vu un seul prêtre du paganisme. La Gaule, dans un contact de quatre siècles avec la société latine, s'était modifiée irrévocablement; les Bretons, protégés par leur isolement, étaient restés Gaulois. Ils atteignaient à peine, durant cette période, l'état dans lequel César avait trouvé la Gaule. L'identité de race et d'institutions des deux contrées est affirmée par tous les historiens.

Les rapports de l'île de Bretagne avec Rome, sous le règne d'Auguste, se bornaient à lui payer un faible subside. Pomponius Méla attendait le retour de l'expédition de Claude pour obtenir des renseignements certains sur le pays. L'organisation des clans survécut à tous les efforts des conquérants. L'Hibernie surtout, placée hors de l'atteinte de la civilisation romaine par un autre océan, maintint dans leur pureté les mœurs et les institutions de la cité celtique, avec la ténacité particulière aux Bretons. Si, au quatrième siècle, elle avait encore ses usages, ses croyances, ses druides, ses devins, ses fontaines, ses bois sacrés et ses clans, c'est une preuve certaine qu'ils existaient au temps de César.

Cette analogie, qui n'est plus contestée aujourd'hui, permet de combler certaines lacunes historiques. Les auteurs classiques glissent rapidement sur les coutumes locales, sur l'état des personnes et celui des terres dans la Gaule. Mais en rapprochant les textes de César et de Tacite sur ces matières des lois galloises d'Hoël-dda, la parenté des institutions et des races se présente d'elle-même à l'esprit. Le code gallois ne fut écrit qu'en 940; mais il est admis comme étant l'expression d'un état social bien antérieur. C'est là qu'il faut chercher ces *mores majorum*, « ces *anciennes coutumes* » des Gaulois dont César ne dit que ce mot en passant [1]. Ces coutumes que n'avaient point altérées quatre siècles de domination romaine avaient dû, à plus forte raison, résister au contact toujours hostile des Saxons. L'identité de leur origine et leur authenticité sont d'ailleurs attestées par leur parfaite similitude avec les lois des Bretons de l'Armorique, frères de race des Gaëls de Cambrie et d'Irlande. D'après le témoignage même du législateur, rien ne fut changé aux divisions territoriales du pays, qui *furent conservées telles qu'elles étaient autrefois* [2]. Comparée avec les textes des deux grands écrivains romains cités plus haut, l'antiquité de ce recueil acquiert une nouvelle évidence. On y retrouve des usages remontant à l'organisation primitive de la Gaule, la distribution du territoire en cantons, en oppidum, en *manses* isolés, et toutes ces formes de la cité que les Gaulois portèrent avec eux jusqu'en Asie. L'état des personnes est exactement conforme aux renseignements donnés par César, l'état des terres à ceux de Tacite; les usages se rapportent partout aux récits des légendes des premiers saints bretons et irlandais.

Grâce à ce parallélisme, au moment même où les documents sur les Gaulois disparaissent dans la Gaule, une mine nouvelle s'ouvre chez les peuples bretons; la tradition celtique s'y renoue au point même où César l'a interrompue. Dans la Gaule centrale, cette histoire a péri avec les druides et les chanteurs; les légendes seules et les superstitions populaires, transmises sans le secours de l'écriture, ont survécu. Les Éduens, les Séquanes, les Arvernes, n'ont conservé aucun poème de leurs héros, de

---

[1] Cæsar, de Bello Gall. lib. I, c. IV. — Lib. VII, chap. dernier.
[2] Leges Wallicæ, lib. II, c. XIX.

leurs anciens *conducteurs de guerre*. A l'extinction de Bibracte, les écoles romaines d'Augustodunum firent rapidement oublier, comme des restes de barbarie, les vieux chants celtiques; le nom même d'aucun chanteur n'a survécu à ce naufrage. Le peu que nous connaissons de nos ancêtres nous est parvenu défiguré par les historiens latins qui, rapportant tout à leurs institutions, n'ayant même à leur usage que les termes d'une langue précise faite pour les exprimer, n'ont apprécié dans la Gaule que ce qui touchait à leurs intérêts politiques, sans se soucier de la physionomie des hommes ou du pays. C'est un des traits du génie romain que cette profonde indifférence pour les peuples vaincus. Poésie, mœurs, croyances, tout ce qui constituait leur vie intime ne méritait pas un regard de ces civilisés et n'existait pas pour eux. Devant la puissance des conquérants, les sentiments, les intelligences, comme les volontés, devaient s'anéantir. La Gaule fut transformée presque en même temps que conquise. Les villes qui y furent fondées, le voisinage de l'Italie et de la Province romaine hâtèrent l'assimilation.

La race gauloise n'eut donc chance de se maintenir que dans les campagnes, dans les pays accidentés; il est remarquable que les noms de lieux gaulois sont fréquents surtout dans les montagnes, où les conquérants semblent n'avoir eu que des rapports éloignés avec la population. Sceptiques et rationalistes, ils ne pouvaient s'intéresser aux visions des pâtres, aux génies des bois, aux serpents des rochers. Leur mépris pour ces mœurs, pour ces traditions et pour cet esprit, en fut la sauvegarde. Aussi est-ce dans le Morvan, c'est-à-dire dans la partie la plus âpre du pays éduen, que se retrouve encore aujourd'hui le Celte primitif, superstitieux, poétique, irascible, hospitalier comme ses pères. Il célèbre encore les fêtes et les mariages par des chants traditionnels; il croit au devin, au sorcier, au mauvais œil, aux wivres, aux fontaines, aux fées, aux spectres, à tout ce monde fantastique qui peuplait l'imagination des Gaulois.

Nous avons recueilli les légendes partout où nous les avons rencontrées, car elles tendent à disparaître et sont le reste le plus évident comme le plus intact de la vieille nationalité celtique.

C'est au moyen d'observations locales toujours vérifiées par l'histoire que nous avons essayé d'esquisser, dans les pages qui vont suivre, les traits principaux d'une cité gauloise, en étudiant rapidement sa civilisation, sa constitution, ses mœurs, son agriculture, ses constructions, au moment où César entra dans la Gaule, l'an 59 avant Jésus-Christ.

CHAPITRE DEUXIÈME.

État général de la Gaule. — Affinités avec les Gaëls de la Bretagne et les Germains. — Conclusion.

On est obligé, pour se rendre compte d'une manière satisfaisante de l'état social de la Gaule, de chercher quelque lumière dans l'étude des peuples de même origine. Ces comparaisons sont en effet le seul moyen qui permette de combler les lacunes des textes et de retrouver par fragments l'ensemble du type commun. Il n'entre pas dans notre sujet de traiter la question des races, mais nous devons signaler les nombreuses analogies que les écrivains de l'antiquité ont constatées entre les Bretons insulaires, les Germains et les Gaulois.

Partie de l'Asie centrale en gagnant l'occident par la vallée du Danube, la branche indo-germanique, à laquelle appartiennent ces trois peuples, a laissé partout sur son passage des traces qui ne peuvent être confondues avec celles des Finnois au nord, des Grecs et des Romains au midi. Elle forma en Europe une zone intermédiaire entre la barbarie et la civilisation, également distante des instincts sauvages de la race du Nord et de l'épanouissement intellectuel des races du Midi, avec lesquelles la guerre la mit de bonne heure en contact.

L'irrécusable ressemblance du type physique, des mœurs communes, une religion dont les dogmes, le culte et le sacerdoce conservent l'empreinte asiatique, un état agricole confinant à celui des pasteurs, des institutions civiles basées sur la famille et la solidarité gentilique, sont autant de caractères de parenté qu'il est impossible de méconnaître. Ces affinités se perpétuèrent jusqu'au moment où la fusion de ces peuples avec des nations plus avancées produisit les sociétés modernes et les mit à la tête de la civilisation. Elles existaient encore fortement accentuées au premier siècle de notre ère, de l'Euxin aux îles de l'Occident ; et lorsque, au quatrième siècle, l'empire romain fut assailli par les Germains, les Bretons et les anciens Gaulois purent reconnaître en eux des frères attardés. Tacite, en peignant les premiers, semble faire le portrait des seconds. « Les Germains, dit-il, sont partout les mêmes. Leurs yeux sont farouches et bleus, leurs cheveux blonds, leurs corps développés et vigoureux, mais seulement par fougue, car ils n'ont pas la même force pour le travail et la fatigue.[1] » César, Tite Live, Ammien Marcellin n'ont pas représenté les Gaulois sous d'autres traits.

La Germanie passait aux yeux de Tacite, dont les connaissances géographiques n'allaient guère au-delà du Danube, pour appartenir à une race indigène. Traversée successivement par tous les peuples qui, dès l'origine des sociétés, s'avançaient d'Orient en Occident, elle déversait depuis des siècles ses invasions sur le reste de l'Europe, comme une source intarissable ; aussi l'avait-on nommée la fabrique du genre humain, *officina generis humani*. Ne prenant racine nulle part avant d'atteindre l'Océan, l'émigration germanique dispersait ou fusionnait ses essaims dans diverses contrées, et souvent l'esprit qui les avait emportés au loin les ramenait, après de nouvelles vicissitudes, au sein de la mère patrie. Des nécessités politiques, le goût des aventures, le besoin de déplacement, l'inévitable encombre-

---

[1] Tacite. De moribus Germanorum, IV.

ment de la population, si clair-semée qu'elle fût, sur un sol que ne renouvelait pas l'agriculture, entraînaient ces peuples à des débordements périodiques. La Gaule n'échappa point à ces fluctuations, et plus d'une fois à son tour elle versa dans la Germanie des bandes d'émigrants. On connaît la grande expédition de Sigovèse [1], environ 400 avant Jésus-Christ. Les Helvètes et les Boïens de race gauloise s'étaient établis entre la forêt Hercynie, le Rhin et le Mein. « Le nom de Bohême subsiste encore, dit Tacite, comme un vieux souvenir, quoique les habitants soient changés [2]. » Tacite mentionne en Germanie les Gothons qui parlaient la langue celtique [3]. César nous apprend que les Gaulois y avaient envoyé diverses colonies, entre autres celle des Volces Tectosages qui existait encore de son temps, mais réduite à l'état misérable des Germains avec qui elle s'était complètement assimilée. [4]

« Les mœurs des Gaulois, dit Strabon, étaient celles qu'on voit encore aujourd'hui chez les Germains, car ces deux peuples ont une origine commune, soit qu'on considère leur caractère, leur manière de vivre, de se gouverner, soit qu'on examine le pays qu'ils habitent, séparé seulement par le Rhin, et qui est semblable presque partout à celui des Gaulois. » [5]

Dans la Gaule, les Trévires, les Nerviens, les Vangions, les Triboques, les Ubiens, se disaient Germains; les Bataves étaient une fraction des Cattes. « Les druides, dit Ammien Marcellin, racontent qu'une partie de la population de la Gaule est indigène, et que le reste est venu d'îles loin-

---

[1] Tito-Live. Hist. Rom. lib. V, c. xxxiv.
[2] Tacite. De moribus Germanorum, c. xxviii.
[3] Ibid, XLIII.
[4] Cæsar. De bello Gall. VI, 24.
[5] Strabon, liv. IV, p. 196.

taines et des pays d'outre-Rhin¹. » La Gaule avait donc échangé avec la Germanie une partie de sa population.

L'identité des races de l'île de Bretagne avec celles de ces deux pays est attestée de même par tous les historiens. Cette assertion doit se prouver par des textes.

Strabon :

« Les hommes de l'île de Bretagne, sont moins blonds, moins robustes, mais d'une plus haute taille que les Gaulois.....

» Ils ressemblent aux Gaulois, quant aux mœurs, si ce n'est qu'ils sont plus barbares et moins intelligents.... ² »

Pomponius Méla :

« Ils sont armés à la manière des Gaulois. ³ »

Et enfin Tacite :

« Les cheveux roux des Calédoniens, leur taille élevée, attestent une origine germanique. »

« Les Bretons les plus rapprochés des Gaulois leur ressemblent, soit qu'ils aient conservé l'empreinte d'une origine commune, soit que dans ces deux pays qui s'avancent l'un vers l'autre, un même climat donne au corps une conformation pareille. Cependant il est probable, en pesant toutes les raisons, que les Gaulois sont venus s'établir dans cette île voisine de leur pays. *Leur religion se retrouve dans les superstitions bretonnes*; la langue est presque la même; c'est la même témérité à rechercher le danger et le même empressement à s'y soustraire; ils sont plus intrépides que les Gaulois qui ont perdu le courage avec la liberté. La même chose est arrivée aux Bretons vaincus depuis longtemps; *les autres sont encore ce qu'étaient les Gaulois.* ⁴ »

¹ Ammien Marcellin, XV.
² Strabon, liv. IV, c. III.
³ Pomponius Méla, lib. III, c. VI.
⁴ Tacite. Vie d'Agricola, XI.

« L'Hibernie, par le sol, le climat, le caractère et les mœurs de ses habitants, diffère peu de la Bretagne. Le commerce et les marchands ont fait connaître plus spécialement les ports et le littoral.[1] »

Les liens d'une origine commune entre la Bretagne et les Gaulois s'étaient resserrés par des rapports plus personnels encore. Divitiac, par exemple, prince des Suessions[2] au temps de César, avait exercé le pouvoir souverain dans l'île de Bretagne où l'on rencontrait des colonies d'Éduens d'Atrébates, de Carnutes, de Vénètes, de Ménapes, dispersées dans ce pays et dans l'Hibernie.

Ainsi, dans la pensée de ces auteurs, les peuples de la Germanie, de la Bretagne et de la Gaule, appartenaient bien à une souche commune, et cette circonstance nous explique l'erreur des anciens géographes qui attribuaient à la famille celtique toutes les terres situées à l'ouest de l'Europe, y compris la Germanie ; erreur qui consistait à confondre sous une dénomination unique les rameaux distincts d'une même race et les époques de leurs immigrations successives d'Orient en Occident, mais qui rappelait du moins un fait très important, leur parenté primitive et leur commune origine.

César, qui n'avait fait qu'entrevoir la Germanie dans de rapides excursions, a écrit que les Germains n'avaient ni druides ni sacrifices[3]. Rien n'est plus inexact. Le coup d'œil habituel du conquérant est ici en défaut, soit qu'il ait été mal informé ou qu'il ait tiré d'un fait particulier à quelques peuplades une induction trop générale. Ne cherchons donc pas à concilier cette assertion avec celle de Tacite qui la rectifie. César connaissait très peu la Ger-

---

[1] Tacite. Vie d'Agricola, XXIV.
[2] Qu'il ne faut pas confondre avec le Divitiac des Éduens.
[3] De bello Gall. lib. VI, ch. xxi.

combattaient ensemble, confirment ces assertions. *Les factions*, agrégations solidaires, mentionnées par César dans la Gaule, existaient aussi chez les Bretons. « Aujourd'hui divisés en factions rivales, ils sont partagés entre différents chefs; il est rare que deux ou trois cités se réunissent contre un danger commun [1]. » Cependant ils avaient comme les Gaulois des assemblées générales, et dans la Vie d'Agricola « les Calédoniens scellent par *des assemblées et des sacrifices* une ligue entre toutes les cités [2], » comme la Gaule avant le siège d'Alise. « Les chefs y paraissent fiers de leurs insignes « sua decora gestantes. »

Chez les trois peuples on choisissait, dans les temps de dangers, un chef de guerre, sorte de dictateur chargé temporairement du pouvoir suprême. « Les Germains prennent les rois parmi les plus nobles, les chefs parmi les plus braves. [3] »

« Les Gaulois, dit Strabon, élisaient autrefois chaque année un prince et un chef pour la guerre [4]. » Le Sénat gaulois, composé des *equites* et des druides, n'était pas différent de l'assemblée des chefs germains. Ceux-ci se réunissent au nouveau ou au plein de la lune, délibèrent armés; les prêtres qui conservent le droit de punir commandent le silence; chaque chef prend la parole suivant son rang. On poursuit devant le conseil les crimes qui entraînent la mort. Dans les affaires importantes la multitude délibère [5]. » Dans la Gaule, à l'assemblée de Durocortorum des Rèmes, Accon est accusé et puni de mort, *more majorum* [6]. L'élection de Vercingétorix comme chef de

---

[1] Tacite. De mor. Germ. XII.
[2] Tacite. Agricola, XXVII.
[3] Tacite. De mor. Germ. VII.
[4] Strabon, liv. IV, p. 197.
[5] Tacite. De mor. Germ. XI.
[6] De bello Gall. lib. VI, c. dernier.

guerre est enlevée par les *suffrages de la multitude* « multitudinis suffragiis res permittitur. [1] »

Comme les Gaulois, les Germains « portent des boucliers bariolés des couleurs les plus brillantes [2]. » Les chefs reçoivent volontiers en présent des colliers, des armes, des harnais [3]. Ils chantent comme eux, pour exalter leur courage en marchant au combat, des vers qu'ils nomment *bardits*. Les *comites* qui les entourent dans la paix comme à la guerre ont les mêmes attributions que les ambactes et les soldures de la Gaule; ils portent aux batailles des images et des espèces d'étendards qu'*ils retirent des bois sacrés;* ils combattent par familles et par proches (Tacite, VII); on sait que les Gaulois combattaient de même, et que chaque *gens* campait séparément.

L'enfant, comme dans la Gaule, est élevé demi-nu pour l'endurcir; il reçoit de même solennellement ses armes, et il entre ainsi dans la cité.

L'hospitalité était encore un trait de caractère commun aux trois nations.

« Aucun peuple, dit Tacite, ne donne avec plus d'effusion des festins et l'hospitalité. Repousser du foyer un homme quel qu'il soit est regardé comme un crime; chacun offre des repas suivant sa fortune, et quand ses provisions sont à bout, il conduit son hôte chez un voisin. » Chez les Gaulois la porte n'est jamais fermée, l'intempérance est égale : le Gaulois vend sa vie pour du vin, le Germain sa liberté. Ils fabriquent les uns et les autres une boisson fermentée avec l'orge et le blé. Les Germains qui habitent dans le voisinage du Rhin achètent du vin [4]; ils offraient à leurs hôtes, plus d'un siècle avant Tacite, au

---

[1] De bello Gallic. lib. VI, c. dernier.
[2] Tacite. De moribus Germanorum, IV.
[3] Ibid. XV.
[4] Tacite. De moribus Germanorum, XXIII.

manie[1]; il n'avait pas sondé l'épais rideau de forêts qui la lui dérobait. Tacite, au contraire, lui a consacré un livre spécial, plein d'observations et de renseignements, et qui est resté un des monuments les plus autorisés de l'histoire.

La religion des Germains était celle des Gaulois et des Bretons. Les prêtres y jouissaient des mêmes prérogatives que les druides : « il n'était permis qu'à eux seuls de *réprimander*, *d'emprisonner*, de *frapper*[2]. » La punition y avait le même caractère sacré que dans la Gaule, et était considérée « non comme un châtiment des chefs, mais comme l'expression de la volonté des cieux.[3] »

Leurs divinités étaient, à quelques exceptions près, les mêmes : ils adoraient, d'après César, le Soleil, Vulcain, la Lune, c'est-à-dire le *Belen*, le *Feu*, la *Fée blanche* des Gaulois ; leurs traditions mythologiques sont identiques à celles de la Gaule. *Mercure*, ou plutôt la divinité que les Romains désignaient sous ce nom, était adoré chez les uns et chez les autres. Le texte de Tacite semble copié sur celui de César[4]. Ils lui sacrifiaient de même des victimes humaines : « Cui certis diebus humanis quoque hostiis litare fas est[5]. » Les Semnones, peuple suève, immolaient un homme publiquement dans la forêt sacrée où ils célébraient chaque année leurs rites[6]. Comme les Gaulois, « ils auraient cru offenser la majesté des dieux en les enfermant dans un temple et en les représentant sous une forme humaine ;

---

[1] Exemple : Il place le confluent de l'Escaut dans la Meuse, ch. xxxiii, liv. VI. « Flumen Scaldem, quod influit in Mosam. »

[2] Tacite. De moribus Germanorum, VII.

[3] Ibid.

[4] Deorum maxime Mercurium colunt. Tac. De mor. Germ. XI — Deum maxime Mercurium colunt. Cæs. lib. VI, c. xvii. Bell. Gall.

[5] Tacite. De moribus Germanorum, IX.

[6] Ibid. XXXVII.

ils leur consacraient des bois et donnaient à ces solitudes le nom des esprits invisibles avec lesquels ils ne communiquaient que par l'adoration¹; » comme eux encore « ils avaient une foi aveugle dans les auspices et la divination, » interrogeant le chant et le vol des oiseaux; cette pratique, dit Cicéron, était née chez les nomades². Des chevaux blancs élevés dans les bois sacrés³, rappelaient la vache à l'étoile blanche de la Gaule. Des deux côtés du Rhin on comptait par nuits et non par jours.

Quant à la Bretagne, César la regardait comme le berceau du druidisme, que visitaient les Gaulois du continent désireux d'acquérir une connaissance plus approfondie de ses doctrines⁴; « la religion des Gaulois se trouve, selon Tacite, dans les superstitions bretonnes⁵. » Tous ces cultes dérivent en effet des notions religieuses apportées par la race aryenne qui adorait, comme on le sait, les forces élémentaires de la nature dans leurs principales manifestations : la lumière, le feu⁶, que les mythologies postérieures ont personnifiés sous le nom de *Belen* et d'Apollon.

Les institutions civiles ne présentaient pas moins d'analogie. Les Germains, les Gaulois et les Bretons formaient des clans. Les passages de César relatifs aux familles et aux clientèles de la Gaule le prouvent surabondamment. Ces textes seront cités plus loin. Les mêmes rapports de subordination, la même vie à la guerre et dans les champs la division en races, *gens*, *cognatio*, qui cultivaient ou

---

¹ Tacite. De moribus Germanorum, IX.
² Cicero. De Divinatione.
³ Tacite. De moribus Germanorum, X.
⁴ Cæsar, lib. VI.
⁵ Tacite. Agricola, XI.
⁶ Alfred Maury. Croyances et légendes de l'antiquité, p. 8, 2ᵉ édition

rapport de Posidonius, des quartiers de chair rôtis, du lait et du vin pur.[1]

Chez les uns et chez les autres les festins se terminaient par des querelles, et souvent par des combats et des blessures.[2]

Un autre trait frappant de ressemblance entre les trois peuples, c'est l'habitude de la vie nomade qui a laissé dans leurs institutions des traces si profondes. Ils ont la même horreur de la vie sédentaire; ils délaissent l'agriculture, recherchent l'isolement; ils ont le goût des aventures, de la paresse et des combats. Ce caractère et ces instincts si tranchés expliquent, selon la remarque de Strabon, la répugnance des Gaulois à se fixer au sol et la facilité de leurs transmigrations. Au moindre prétexte un clan équipait ses chariots et se mettait en marche vers des terres inconnues. « Dans leurs expéditions, dit Strabon, ils marchaient tous ensemble, ou plutôt ils se transportaient ailleurs avec leurs familles, toutes les fois qu'ils étaient chassés par un ennemi supérieur en force[3]. » Ainsi faisaient les Germains, ainsi firent les Helvètes au temps de César. Nous continuons ici à rapprocher les textes : « dans leurs expéditions, dit Tacite, ils sont suivis de leurs femmes et de leurs enfants. »

« Le repos est insupportable à cette nation. Quand une cité est en paix, la plupart des jeunes gens nobles se rendent dans les cités qui sont en guerre. Le brigandage même, pourvu qu'on s'y livrât en dehors de la cité, était considéré comme un exercice utile à la jeunesse et un passe-temps[4]. » César dit que dans la Gaule les cités étaient

---

[1] Posidonius, lib. XXX, apud Athenæum, p. 153, E.
[2] Tacite. De moribus Germanorum, XXII.
[3] Strabon, liv. IV, p. 196.
[4] Tacite. De moribus Germanorum, XIV.

en guerre tous les ans [1]. « Les Bretons, d'après P. Méla, se faisaient des prétextes de guerre par l'unique ambition de commander aux vaincus. »

« Les Germains aiment mieux chercher l'ennemi et les blessures que de labourer et d'attendre la récolte. C'est à leurs yeux inertie et lâcheté que de demander aux sueurs ce qu'on peut gagner par le sang. [2] »

« Lorsqu'ils ne sont pas à la guerre ils chassent quelquefois, mais le plus souvent restent oisifs, car ils aiment à dormir et à manger. Les plus braves et les plus belliqueux ne font rien, laissant la conduite de leur famille, de leurs maisons et de *leurs champs aux femmes et aux vieillards,* aimant la paresse, haïssant le repos [3]. » Dans la Gaule, les femmes cultivent de même la terre, l'homme ne consent à travailler que depuis qu'il a été désarmé par les Romains [4].

« Ce que nos pères nous ont enseigné, dit Baodicée aux Bretons, ce n'est point la science de l'agriculture, mais la façon de faire la guerre. L'herbe suffit à notre nourriture, l'eau à notre boisson, l'arbre à notre toit. » Ils ignoraient l'art du jardinage et ne vivaient que de chair et de lait. « Nous n'avons, dit Galgac, *ni champs, ni mines,* pour l'exploitation desquels on veuille nous garder. [5] »

De là cette indécision de la propriété qui se retrouve chez les mêmes peuples, comme une conséquence de leur état primitif, longtemps après qu'ils eurent renoncé à la vie nomade et fondé des établissements fixes.

Les communaux jouaient le plus grand rôle dans l'agriculture pastorale de la Gaule et de la Bretagne, où l'élève du bétail prédominait complètement : « Britannis pecoris

---

[1] Cæsar. De bell. Gall. lib. VI.
[2] De moribus Germ. XIV.
[3] Ibid XV.
[4] Strabon, liv. IV, passim.
[5] Tacite. Agricola, XXXI.

magnus numerus, interiores frumenta non serunt. » (Cæsar, lib. V.) Strabon et Diodore parlent de même des immenses troupeaux de moutons, de porcs, de bœufs, chez les Gaulois. Les Germains, malgré la fertilité de leur pays, étaient *riches surtout en troupeaux, quoique chétifs,* au rapport de Tacite. « Les habitants sont heureux par le nombre des troupeaux, leurs seules richesses, celles qui leur plaisent le mieux [1]. » La terre chez eux changeait chaque année de maîtres. Quoique cette permutation obligatoire n'ait pas existé d'une manière absolue dans la Gaule ni dans la Bretagne, nous verrons plus loin que le système des communautés rurales qui en dérivait, y était en usage comme chez les Germains.

La communauté de la terre ou de ses produits, fondement de l'état pastoral, était une tradition qu'on peut suivre, de l'orient de l'Europe jusqu'à l'occident, à travers la Germanie. Chez les Mosynœci, à l'orient, les récoltes étaient partagées chaque année, d'après Nicolas de Damas [2]. En Germanie, la terre était commune ; en Gaule et en Bretagne, les clans avaient d'immenses communaux ; le sol était labouré par des associations de *gentes,* sujet à changer de mains, et jusque dans certains cantons de l'Ibérie on retrouvait la communauté absolue. « Sur leur frontière, dit Diodore, la nation des Vaccéens, une des plus avancées, cultive des champs partagés chaque année et met en commun toutes les récoltes, ils font la part de chacun. Le colon qui détourne quelque chose est puni de mort. » [3]

Cette mobilité du sol et de ses habitants fut sans doute la grande cause qui empêcha l'architecture de pénétrer

---

[1] Tacite. De moribus Germanorum, V.
[2] Nicol. Damas. Excerpta apud Vales. p. 516.
[3] Diodore de Sicile, lib. V, c. xxxiv.

chez les peuples d'origine germanique avant leur contact avec les Romains. Du fond de l'Europe jusqu'aux extrémités de la Bretagne et de la Gaule on n'a pas reconnu, antérieurement à l'ère chrétienne, une seule construction en maçonnerie qu'on puisse affirmer être l'œuvre des races indigènes. Le chariot couvert, la tente, la hutte en branchages et la *maison de bois*, y furent les seuls abris que connurent ces peuples jusqu'à l'époque de leur transformation définitive ; et encore la maison de bois constituait-elle un si énorme progrès qu'elle caractérisait les races en voie de civilisation. Tacite dit en parlant des Vénètes : « Ils doivent être classés parmi les Germains, parce qu'ils *bâtissent des maisons et portent des boucliers.* » Scymnus de Chio, quatre-vingt-dix ans avant notre ère, mentionnait les tours de bois habitées par les Mosynœci [1]. Strabon et Vitruve citent les maisons de bois couvertes en chaume, de toute la Gaule, de l'Aquitaine et de l'Ibérie, comme nous le verrons ; César dit que les nombreuses maisons isolées des Bretons ressemblaient à celles des Gaulois, « creberrima ædificia fere Gallicis consimilia » (liv. V). Diodore et la Vie de saint Patrice répètent après lui que leurs habitations étaient en bois.

Quant aux Germains, ils ne connaissaient pas non plus, dit Tacite, l'usage du moellon ni des tuiles ; ils se servaient de poutres brutes dans leurs constructions, « ne cæmentorum aut tegularum usus ; materia ad omnia utuntur informi. » Cependant ils enduisaient quelques parties avec plus de soin d'une terre si pure et si brillante, qu'elle imitait la peinture et les lignes de couleurs. Ils y ajoutaient aussi l'usage de creuser des cavernes recouvertes de fumier, pour s'abriter eux et leurs grains durant l'hiver. [2]

---

[1] Scymnus de Chio. Geographi minores. — Μόσυν ou Μόσυς, cabane hutte, maison de bois, tour de bois. Μοσύνοικοι d'où Mosynœci, peuple qui habite des maisons de bois.

[2] Tacite. De moribus Germanorum, XVI.

La Gaule cependant accusait non un degré de civilisation supérieur, mais un état de barbarie moindre. Elle n'avait pas comme la Germanie cet aspect âpre et sauvage qui repoussait l'étranger [1]. Elle devait à sa position sur la Méditerranée, à ses communications maritimes, une facilité d'échanges, et par suite une aisance et un luxe relatifs que ne connaissaient ni la Bretagne ni la Germanie. Le voisinage de Marseille lui procurait beaucoup d'objets de consommation et de commodité « *ad usus et copiam* [2], » mais qui n'étaient guère qu'à l'usage des chefs. La longueur et les difficultés du trafic le rendaient impossible avec les Germains. Les marchands n'osaient se risquer à travers des contrées sans sécurité, et celles-ci se trouvaient réduites aux seules ressources de leur sol. On rencontre très peu de traces de commerce chez les peuples d'outre-Rhin ; ils ne trafiquaient avec leurs voisins que par voie d'échange. Les plus rapprochés des frontières romaines appréciaient cependant la valeur de l'argent comme moyen de transaction ; « ils aimaient les vieilles monnaies connues depuis longtemps, celles qui sont dentelées et qui portent l'image d'un char à deux chevaux [3] ; et même les Hermondures, alliés des Romains, allaient, des bords du Danube, vendre et acheter jusque dans la Rhétie. » [4]

Les femmes germaines aimaient, comme les femmes de la Gaule, les vêtements bariolés de pourpre [5]. Les hommes portaient la saie comme les Gaulois, attachée par une agrafe, au besoin par une épine. Le goût de la parure était moins répandu chez eux, n'étant pas sollicité par les importations étrangères.

---

[1] Tacite. De moribus Germanorum, I.
[2] Cæsar, liv. VI.
[3] De moribus Germ. I.
[4] Ibid. XLI.
[5] Strabon, liv. IV. Tacite, XVII.

En s'éloignant des bords du Rhin, dans l'intérieur du pays, on rencontrait plus de recherche dans les vêtements qui consistaient principalement en fourrures, seul luxe possible dans une région fermée au commerce. On voyait aussi chez les chefs des vases d'argent comme chez les Gaulois, mais en moins grande abondance ; ce signe de richesse était d'ailleurs peu apprécié de ces barbares. Comme les Gaulois, ils connaissaient l'exploitation des mines, et la nation des Gothons y était employée tout entière. [1]

Il faut résumer ce qui précède. Peut-être ne s'est-on pas assez préoccupé de ces caractères ethnographiques invariablement décrits par toute l'antiquité, par Posidonius, Pomponius Méla, Strabon, Dion Cassius et Diodore, par César et Tacite. Au fond ces trois peuples n'étaient qu'une famille. Il n'est pas une seule observation faite à propos de l'un d'eux qui ne puisse s'appliquer indistinctement aux deux autres, et tous les traits épars dans ces divers écrivains semblent constituer une seule et même physionomie, une même individualité collective. Le type physique, les formes sociales, les instincts, les croyances, tout ce qui rapproche ou sépare les variétés des races humaines, accuse chez eux la fraternité du sang. Ils conservent intacts, dans le monde barbare, les signes authentiques de leur descendance aryenne. On rencontre chez eux cette forme primitive d'association, ces institutions rudimentaires qui s'appellent, selon les temps et les lieux, le clan, la tribu, et même la cité, dans un sens que nous déterminerons. Mais cette organisation, si l'on veut bien y réfléchir, et nous aurons à revenir sur cette observation, est incompatible avec l'existence des villes proprement dites. Nous arrivons donc forcément à cette conclusion qu'il n'y avait pas plus de villes, au temps de César, dans la Gaule que dans la Ger-

[1] Tacite. De mor. Germ. XLII.

manie. Pour celle-ci, pas de doute, il faut bien plier sous l'autorité de Tacite. Quant à la Gaule, nous devons nous attendre à heurter bien des idées reçues, à blesser peut-être des préjugés archéologiques respectables en ce qu'ils confinent à une sorte de patriotisme. Mais la critique historique ne tient compte ni de ces sentiments, ni de ces rêves. Elle a le droit et le devoir de réviser sans cesse toutes les opinions qui lui paraissent inexactes; elle n'a de scrupules que pour la vérité.

En présence donc des attestations si concluantes que nous avons fait passer sous les yeux de nos lecteurs, il nous est impossible d'admettre que la Gaule fût dotée d'un élément de civilisation aussi important, entre la Bretagne et la Germanie où il était complètement inconnu. Aussi maintenons-nous comme une vérité incontestable qu'il n'existait pas de villes dans la Gaule au moment où la conquête de César vint lui apporter les germes de sa civilisation future.

CHAPITRE TROISIÈME.

La Cité. — Ce qu'elle était dans la Gaule au temps de César. — Sa transformation après la conquête.

Quand on recherche dans les écrits des anciens, et particulièrement dans César et dans Tacite, les traces des institutions politiques de la Gaule et de la Germanie, l'expression qu'on y rencontre le plus souvent est celle de cité, *civitas*. On est naturellement tenté d'admettre qu'elle s'appliquait à une forme d'organisation qui présentait de certaines analogies avec la cité romaine. Mais ce serait aussi s'exposer à de graves erreurs que de prendre cette traduction trop à la lettre et de conclure de l'équivalence des termes à la parfaite identité du sens. — Cette observation est fondamentale.

Les Celtes du temps de César, les Germains du temps de Tacite, ne ressemblaient pas plus aux Romains que les Arabes de nos jours ressemblent aux Français. Ce n'est qu'à défaut de dénominations plus précises, et par une sorte de compromis entre la différence radicale des choses et leurs analogies plus ou moins apparentes, que les institutions d'un peuple barbare passent dans l'idiome d'un peuple civilisé. Le Romain se mettait peu en peine de ces nationalités destinées à périr. Il se plaisait d'ailleurs dans des assimilations qui lui renvoyaient l'image même imparfaite du monde où il vivait. Il décorait ainsi du nom de sénat la réunion tumultueuse de quelques chefs de clans, et de l'association de quelques tribus il formait une cité. Pour ces usages lointains qui s'évanouissaient chaque jour au contact de Rome, il n'avait ni curiosité ni sympathie. Sa langue elle-même, inflexible comme son génie, dédaignait, nous l'avons dit, d'en consacrer les noms; elle ne se prêtait ni aux formes ni aux sens des locutions étrangères. Elle ne les admettait qu'en les défigurant.

Et d'abord, cette expression de Cité n'avait pas, pour les Romains eux-mêmes, le sens matériel que lui prêtent volontiers nos idées modernes. La cité, ce n'était pas la ville que l'on habitait, où l'on était né; c'était, avant tout, la patrie. L'idée de cité ne se séparait pas de celle de nationalité. Elle avait un sens abstrait, juridique. Elle était le lien politique entre les enfants du même pays, comme la famille était le lien entre les enfants du même père. Il s'y rattachait tout un ensemble de droits et de devoirs; le titre de citoyen était indélébile et suivait la personne en quelque lieu qu'elle fût. Tout le monde sait que la qualité de citoyen romain, restreinte dans l'origine aux seuls descendants des compagnons de Romulus, fut étendue plus tard aux habitants de l'Italie, puis, sous Caracalla, à tous les sujets de l'empire. Ce nom devait donc se présenter à l'esprit des Romains en parlant des peuplades distinctes qui composaient la Gaule, et Tacite emploie la même expression pour désigner les diverses tribus des Germains. Il est certain que chez ces peuples la cité formait un corps politique ayant son individualité morale, ses droits, sa juridiction, son autonomie. Tacite nous apprend, entre autres choses, que la cité seule conférait aux jeunes gens le droit de porter les armes. Sous ce rapport, la cité barbare présentait de véritables analogies avec la cité romaine; mais elle en différait profondément, comme nous le verrons plus tard, par les éléments qui la composaient. Elle en différait surtout chez les Gaulois et les Germains, en ce qu'il n'existait chez ces peuples rien de semblable à ces grandes agglomérations fixes connues dans le monde antique sous le nom de villes (πόλις, urbes), et dans le monde romain sous le nom de municipes. Il importe donc, quand on se sert de cette expression appliquée à un état social si peu semblable au nôtre, d'en dégager cette image trompeuse qui ne peut que fausser l'histoire.

Ajoutons, pour compléter ces observations, que l'état dans lequel César avait trouvé la Gaule exclut absolument l'hypothèse des populations réunies en corps de villes, à demeure, et dans les conditions des villes antiques ou des villes modernes. Le monde, en effet, n'a connu jusqu'à présent que deux formes générales d'organisation pour les sociétés humaines; le type municipal, et le type familial ou féodal. Le premier fondé sur le principe de l'égalité démocratique, de la division de la propriété, de l'indépendance des citoyens; le second calqué sur la famille, conférant au père ou au chef un pouvoir absolu sur tous les membres de la communauté, et la propriété exclusive du sol; de telle sorte qu'il est maître et souverain. La Grèce antique nous montre, dans ses républiques fort souvent monarchiques, le plus complet épanouissement de la vie municipale, des villes opulentes et guerrières illustrées par les arts et qui ont répandu dans le monde l'éclat de leur civilisation. Là, il ne saurait être question de clans, ni de tribus, ni de petites souverainetés en dehors de l'association. Les hommes adonnés à des professions sédentaires, à l'agriculture, au commerce, aux arts utiles, vivant du travail de leur intelligence ou de leurs mains, se réunissent par groupes, bâtissent des villes, deviennent les citoyens d'Athènes, de Syracuse, de Sparte, de Corinthe, vivent sous des lois qui favorisent également l'autorité collective et la liberté individuelle, qui protègent le droit de chacun par le droit de tous. C'est le régime des peuples civilisés.

Telle n'est pas la société barbare. L'homme que n'a point encore perfectionné une culture suffisante s'y abandonne à toute la violence de ses instincts. Ne vivant que de chasse et de combats, il cherche sa sécurité non dans le voisinage de ses semblables, mais dans la solitude. Il construit sa demeure à l'écart, dans des lieux cachés ou inaccessibles. Il lui faut de grands espaces ouverts pour chasser les bêtes fauves et tenir l'ennemi à distance. L'absence de tout pouvoir régulier le livre à la merci de ses propres passions et de celles d'autrui. Il opprime, il est opprimé ; c'est la loi de la force. Ses relations ne s'étendent pas au-delà de sa famille, de son clan, de sa tribu. Il protége ses inférieurs, comme il est protégé lui-même par son chef, sous la condition que l'inférieur sera son homme lige, comme il est lui-même le vassal du chef. Les garanties réciproques de sécurité personnelle ne s'obtiennent qu'à ce prix : de là cet enchaînement de subordinations et d'inégalités qui s'étend de l'homme à la terre et qui a été le régime féodal. Chez un peuple ainsi constitué la vie municipale ne peut naître ; elle ne peut se développer si elle est déjà née. La société n'est possible qu'entre égaux ; dans les rapports de serf à maître, de vassal à seigneur, l'isolement est la loi. On bâtit des forteresses, des châteaux, des villages tout au plus, mais pas de villes. Ne perdons pas de vue les mœurs celtiques ; que feraient dans des villes ces populations encore primitives de pâtres ou de chasseurs? Le pâtre, comme le chasseur, a besoin du vaste parcours, de l'air libre, des grandes solitudes ; il leur suffit d'un abri passager, au milieu des terres incultes, dans la forêt mystérieuse où l'un parque son troupeau, où l'autre poursuit le gibier dans ses retraites. De tels peuples ne construisent pas de villes; ils vivent sous la hutte ou sous la tente, selon le climat. Cette hypothèse des villes barbares a contre elle un argument terrible, ces émigrations en masse, ces guerres d'extermination, où les femmes et les enfants attendent l'issue de la bataille derrière leurs chariots. Voilà le dernier, le seul rempart de la tribu. Elle n'en a pas d'autre, et elle y est inévitablement égorgée par le vainqueur. — Même en pleine civilisation, le seigneur féodal n'avait pas moins horreur des villes que le chef barbare. Dans les villes, il avait à compter avec une loi, une police, avec des voisins, avec des égaux. Chez lui, dans l'enceinte de ses domaines, sous les murs de sa forteresse, il était maître absolu. Pendant tout le moyen-âge l'idée de propriété se confondait avec celle de souveraineté. Tout seigneur était roi.

En France, en Italie, la féodalité tenait les villes en échec, mettait la main sur leurs franchises, établissait des péages à leurs portes, les étouffait dans un réseau de forteresses. Les grandes villes en France ne datent guère que de Richelieu. Ainsi, partout où l'idée féodale domine, où les sociétés conservent l'organisation barbare, partout où les instincts belliqueux, la passion de la chasse et des combats, l'emportent sur les goûts et les habitudes des travaux sédentaires, on peut être assuré qu'un tel état social, si perfectionné qu'il soit, ne comportera pas cette agglomération fixe d'hommes de conditions et d'aptitudes diverses, artisans, bourgeois, commerçants, lettrés, industriels, qui composent la ville, dans le sens tout moderne que nous attachons à ce mot.

Il était bon de rappeler ces notions élémentaires avant d'entrer dans le détail de la question.

Les Gaulois n'avaient pas de villes. Ces grands centres de population fixe n'existaient pas plus chez eux que chez les Bretons et les Germains. Ils ne connaissaient que trois sortes de constructions : la forteresse, le village, la maison, — l'oppidum, le vicus, l'ædificium. Telle est notre thèse, et nous espérons la mettre en pleine évidence.

Il y a d'abord ce fait que César ni Tacite ne signalent l'existence d'une seule ville dans la Bretagne ou dans la Germanie. Nous prétendons que le premier de ces auteurs n'en cite pas davantage dans la Gaule; que les villages plus ou moins considérables qu'il a désignés comme étant enfermés dans les oppidum ne sont pas des villes dans le sens actuel de ce mot, et nous discuterons plus loin les quatre passages dans lesquels il a employé l'expression de *urbs*.

Il suffit de lire dans César la description de l'oppidum de Cassivellaune, plein de bétail, entouré de fossés et d'arbres abattus, pour ne pas se méprendre au point d'y apercevoir une ville [1]. Le texte suivant de Dion Cassius, dans la Vie de Sévère, tranche plus vivement la question. « La Bretagne comprend deux races principales, les Calédoniens et les Mœates, toutes les autres rentrent dans ces deux branches. Les Mœates habitent jusqu'au mur qui divise la Bretagne en deux parties; derrière sont les Calédoniens. Les uns et les autres possèdent des montagnes très escarpées et sans eau, et des plaines désertes entrecoupées de lacs. Ils *n'ont ni murailles ni villes* « Mœnia non habent nec urbes », ne cultivent pas les champs, vivent de rapine, de chasse et de baies d'arbres, sans toucher au poisson dont ils ont une énorme quantité. Ils vivent sous des tentes, etc. » [2]

Tacite est plus formel encore au sujet des Germains, et pour prévenir toute objection nous commencerons par reconnaître qu'il a nommé Asciburgium sur le Rhin, mais sans

---

[1] Cæsar. De bello Gall. lib. V.
[2] Dionis Nicœi. Rerum Romanarum Epitome, p. 262. Lutetiæ ndli, ex Off. Rob. Stephani.

s'expliquer sur l'importance ni sur la nature de cet établissement. L'origine fabuleuse de cette localité étant attribuée par lui à Ulysse, il est clair qu'Asciburgium n'était pas plus une fondation germanique que Marseille n'était une fondation gauloise. Cette prétendue ville se réduit donc à n'avoir été qu'un comptoir étranger, ou plutôt une forteresse, un burg, comme l'indique la dernière partie de son nom. Laissons maintenant parler Tacite :

« Tout le monde sait, dit-il, que les peuples germains n'habitent aucunes villes, *nullas Germanorum populis urbes habitari satis notum est*. Ils ne peuvent même pas souffrir que *leurs demeures se touchent*, et ils s'établissent séparés les uns des autres, en divers lieux, selon qu'une source, un site, un bois, les a charmés. Dans la distribution de leurs villages, les bâtiments ne sont pas contigus, comme chez nous. Chacun laisse autour de sa maison un espace vide, soit pour parer au danger des incendies, soit par ignorance de l'art de bâtir. Ils n'ont ni moellons ni tuiles, et se servent dans toutes leurs constructions de bois brut. » [1]

Ce qui n'empêchait pas les Germains d'avoir des lieux de défense, et Tacite lui-même parle des *camps* et des *grands espaces retranchés* dont le circuit, visible encore de son temps, indiquait l'ancienne puissance et les nombreuses armées des Cimbres [2]. Ces peuples étaient divisés en *pagus* comme les Gaulois ; les Semnones en formaient cent. Quant aux Gaulois, cette avant-garde des Germains, leurs institutions ne différant pas de celles de leurs frères, le régime des municipes leur était tout aussi étranger. D'après le témoignage de Polybe, deux siècles avant l'ère chrétienne, les Gaulois, même d'Italie, n'avaient

---

[1] Tacite. De moribus Germanorum, XVI.
[2] Tacite. Ibid. XXXVII.

pas de villes, pas même de *bourgs fermés de murailles* ¹, bien qu'ils eussent de fréquents contacts avec les Étrusques et les Romains. Les Gaulois de la Transalpine n'étaient certainement pas plus avancés à la même époque, puisque cent cinquante ans plus tard ils n'avaient encore que des terrassements, des murs en pierres sèches et en bois. César place-t-il la demeure de leurs chefs dans des villes? Non. Il les établit au bord des rivières et des bois ². Dans un clan il n'y a pas de ville; l'oppidum lui-même, y compris son vicus, n'est qu'une forteresse construite pour des besoins momentanés, un lieu de refuge contre l'ennemi, mais sans existence juridique dans la cité.

Aussi quand César parle d'Uxellodunum, de cet oppidum qui le dernier avait défié les Romains, et qui n'avait succombé qu'après une défense acharnée, sous le poids de toutes leurs forces réunies, croit-on qu'il le désignera comme ayant été la demeure ou le siège de la puissance de Lutérius? Il se contente de dire que cet oppidum avait *fait partie de son clan* « quod in clientela fuerat ejus », et qu'il réunit ses troupes aux gens qui l'occupaient ³. Avant de décrire la cité et l'oppidum gaulois, toutes questions réservées, nous donnerons un texte de Strabon digne d'être médité par ceux qui cherchent des villes dans la Gaule. Ce texte fut écrit sous Auguste, au moment même où s'opérait la transformation de la société gauloise; il s'applique à l'une des provinces les plus riches et les plus puissantes, voisine de la Narbonnaise et de l'Italie, et réunie depuis un siècle à la Province romaine. Voici la description de sa capitale : « Autrefois, dit Strabon, les Allobroges ont fait des expéditions avec des armées exces-

---

¹ ἔχουν δὲ κατὰ κώμας ἀτειχίστους, τὰς λοιπὰς κατασκευὰς ἄμοιροι καθιστάμενοι. — Polybii, lib. II, c. XVII.
² Cæsar. De bello Gall. lib. VI.
³ Hirtius. De bello Gall. lib. VIII.

sivement nombreuses, mais aujourd'hui ils s'occupent à cultiver les plaines et les vallées des Alpes. Ils *vivent généralement dans des villages*, excepté les plus riches qui *habitent Vienne dont ils ont fait une ville, car ce n'était autrefois qu'un village, quoiqu'elle fût dès lors regardée comme leur métropole* [1]. » Walckenaer a accompagné cette citation d'une réflexion concluante : « Strabon nous donne dans ce passage une idée de ce qu'étaient les capitales gauloises. » [2]

Au moment où les Romains l'envahirent, la Gaule était divisée en un nombre assez considérable de peuplades, les unes indépendantes et se suffisant à elles-mêmes ; les autres plus faibles, ayant besoin de se rallier, par le lien de la clientèle, à une nation plus puissante. C'est dans cette position que se trouvaient les Brannoves, les Ambarres, les Ségusiaves, vis-à-vis des Éduens leurs voisins. La nation suzeraine les prenait sous sa protection, et en cas de guerre, ses clans devaient s'armer pour sa cause. Cette association formait ce que, faute d'une dénomination plus précise, mais juste toutefois dans son sens légal, les Romains appelaient une Cité. Dans une telle organisation, l'expression de cité correspond à l'idée d'une province plus ou moins étendue, non à celle d'une ville. La cité, c'est le lien politique de la fédération ; c'est une nationalité, c'est un peuple avec ses habitations, ses bourgades, ses places fortes, lieux de refuge ou oppidum, et tout ce que comprend son territoire. Voilà l'idée vraie de la cité. De toutes les formes d'État modernes le canton suisse est peut-être, avec la tribu arabe, ce qui s'en rapproche le plus. [3]

---

[1] Strabon, liv. IV.
[2] Walckenaer, t. I, p. 275.
[3] V. Rev. des Deux Mondes, 1" avril 1865, p. 270. — La passion d'individualité une fois satisfaite, chaque village kabyle, sentent

Ces observations ne s'appliquent pas, nous le répétons, à la Gaule méridionale nommée plus tard Gaule narbonnaise. Là s'étaient formés à l'ombre de la domination romaine des centres importants de population, de véritables cités, Toulouse, par exemple, Carcassonne et Narbonne, constituées en municipe, comme les villes d'Italie, et que César désigne comme frontières de la Province [1]. Mais un pareil état de choses n'avait rien de commun avec le régime intérieur de la Gaule centrale. Nous voyons ici que le nom de cité s'applique non à un lieu particulier, mais à tout l'ensemble du pays. L'oppidum, la place forte, n'impose pas son nom à la cité. César ne dit pas la cité de Bibracte, comme il dit la cité de Toulouse ou de Narbonne; il dit : la cité des Éduens. « Il envoie des courriers dans toute la cité des Éduens [2]. » Il s'agit évidemment de toute la nation.

Veut-on un texte plus péremptoire encore? Nous citerons celui où César rend compte du motif qui le détermine à mettre le siège devant Avaricum, cette vaste et puissante forteresse des Bituriges; c'est parce qu'il espère, dit-il,

---

quelle serait sa faiblesse le jour où un puissant ennemi du dehors le viendrait attaquer, a dû se chercher des alliés; les plus naturels étaient les plus voisins, et une alliance fondée quelquefois sur d'antiques liens de famille, mais commandée toujours par la configuration du sol, a réuni un certain nombre de *dechras* en un groupe qui est *l'arch*, c'est-à-dire la tribu. Par une logique extension de ce principe, les tribus les plus voisines se sont respectivement associées pour former les ligues nommées *kebila*. C'est la réunion de toutes les kebilas qui forme la nation Kabyle. L'étymologie indique que le peuple Kabyle est le peuple de la fédération. — Les Kabyles du Djurdjura, article de M. le prince Bibesco.

Les plus gros villages kabyles ne dépassent pas 3,000 âmes. Ibid.

[1] Cœs. lib. III, c. xx. — « Tolosa, Carcasone et Narbone quæ sunt civitates finitimæ Gallicæ provinciæ... » — Et encore est-il visible que César fait allusion au territoire plus qu'aux villes elles-mêmes.

[2] « Nuntios tota civitate Æduorum dimittit. » — Id. lib. VII.

que la reddition de cet oppidum entraînera la soumission de la cité entière des Bituriges. L'oppidum et la cité sont mis en opposition dans la même phrase : « Quod, eo oppido recepto, civitatem Biturigum se in potestatem redacturum, confidebat. » Lib. VII, c. XIII.[1]

Les Commentaires ne disent pas davantage la cité de Genabum, la cité de Gergovie, la cité d'Alise; ils ajoutent invariablement aux noms de ces localités celui du peuple auquel elles appartiennent : Genabum des Carnutes, Gergovie des Arvernes, Alise des Mandubes. Ces différents lieux ne sont pas la cité; ils en font seulement partie.

Nous sommes donc complètement de l'avis de M. Walckenaer. Il faut une grande force d'imagination ou de parti pris pour transformer en villes les oppidum, les vicus de la Gaule, pour en faire ces capitales fantastiques, ces centres florissants de population qui flattent l'amour-propre local. De pareilles évocations sont tout à fait en dehors des réalités de l'histoire; on ne peut les soutenir à l'encontre de tous les textes, à l'encontre de Strabon, de Tacite, de Polybe, de Dion Cassius et de César lui-même.

Il est vrai que ce dernier a employé quatre fois, dans les huit livres de ses Commentaires, l'expression de *urbs*, au grand enthousiasme des partisans des villes gauloises. Ces passages ne prouvent absolument rien contre notre thèse, puisque Strabon nous avertissait tout à l'heure que ces villes n'étaient que des villages. Mais il vaut mieux opposer à César César lui-même, comme dans l'exemple suivant. Pour les nécessités de son héroïque défense, Vercingétorix avait ordonné de détruire par le feu toutes les

---

[1] Ce que Perrot d'Ablancourt traduit ainsi : — César alla ensuite mettre le siège devant Bourges, sur l'espérance qu'après la prise de cette place il serait maître de tout le Berry, dont elle est la capitale. — Inutile d'ajouter que cette dernière réflexion n'appartient qu'au traducteur.

habitations comprises entre le Cher et la Loire, d'Avaricum à Gergovie des Boïens; et César en rendant compte des résolutions de son ennemi nous dit : « Viginti amplius urbes Biturigum incenduntur. » Plus de vingt villes sont brûlées. Qu'était-ce donc que ces villes? Rien autre chose que des bourgs et des maisons isolées, *vicos atque œdificia incendi oportere*; nous tenons cette explication de Vercingétorix lui-même, dont César reproduit quelques lignes plus haut les exhortations adressées aux cités, et qui furent comme le mot d'ordre de cette guerre à outrance, « vicos atque ædificia incendi. » Rien n'échappa aux flammes; les oppidum eux-mêmes, qui ne présentaient pas une sûreté suffisante, furent brûlés par l'ordre du chef arverne; et les autres « cités » suivirent cet exemple, brûlèrent leurs oppidum, leurs villages, leurs maisons. Le récit de cette catastrophe embrasse toute l'organisation de la Gaule. Il n'y a de villes que dans le texte de César, mais rectifié et expliqué par Vercingétorix.

Et si l'on prétend que César a confondu ici l'*urbs* avec l'*oppidum*, nous prétendrons avec autant de raison qu'il l'a confondue avec le *vicus*. L'*urbs* n'était pour lui qu'un lieu habité. Aussi d'Anville qui, dans sa dissertation sur Bibracte, a voulu tirer un argument de ce texte, a-t-il fourni une arme contre lui. « César, dit-il, *donne même la qualification d'urbs aux villages d'un ordre inférieur à celui d'Avaricum*. De l'aveu donc du savant géographe, l'*urbs* dans les Commentaires est tout autre chose qu'une ville.

Nous renvoyons à la description de l'oppidum la discussion des autres passages de César où se rencontre le mot *urbs*. Notre preuve nous paraît dès à présent complète. Comprendrait-on d'ailleurs que César ait pu compter vingt villes dans une seule cité, lorsque Strabon, qui écrivait sous Auguste, n'en mentionne qu'une seule dans tout le pays Éduen?

La cité se composait de toutes les agglomérations éparses sur son territoire. Ses principales subdivisions correspondaient sans doute aux configurations naturelles du sol, à l'étendue des vallées, aux cours des rivières, à la disposition des forêts qui séparaient les membres de la même tribu. C'étaient le pagus, le pays ou canton, c'est-à-dire une collection de villages, une « gens » un grand clan. — Le vicus ou village, qui n'était que la réunion de quelques huttes ou chaumières, — et l'ædificium ou la maison isolée, qu'elle fût la demeure du chef ou celle du serf ou colon. Dans cette énumération ne doivent être compris ni l'oppidum, qui était l'armure de la cité, la cuirasse où elle s'enfermait au besoin pour parer les coups de l'ennemi, ni ces postes militaires appelés *dunum*, qui couronnaient les hauteurs voisines de l'oppidum et l'entouraient de petites forteresses. Ces dunum étaient assez nombreux dans les cités celtiques ; ils complétaient la défense des grands oppidum.

Tout cet ensemble formait la cité. Celle des Helvètes, la seule dont César ait exactement donné le dénombrement, possédait quatre pagus, douze oppidum et quatre cents vicus ; c'est-à-dire, autant qu'on puisse établir une relation entre ces divers éléments, cent villages et trois forteresses par pagus [1]. Le nombre des dunum variait probablement selon les accidents topographiques et la richesse du pays ; et la question de savoir s'il était régulièrement déterminé par l'importance de la cité, du pagus ou de l'oppidum qu'il s'agissait de protéger, n'est pas encore éclaircie.

La division de la cité en quatre pagus se rencontre chez les Gaëls de l'Armorique et chez les Gaulois même de l'Asie [2]. Elle se retrouve en Italie chez les Insubriens. La cité des Suessions, au nord de la Gaule, compte, au dire de César,

[1] De bello Gall. lib. I, c. v.
[2] A. de Courson. Histoire des Origines et des Institutions des peuples armoricains, p. 103.

douze oppidum, comme celle des Helvètes [1]. Par une coïncidence assez remarquable, les Étrusques, selon le récit de Tite-Live, après avoir étendu leurs conquêtes dans la Gaule transpadane, n'augmentent pas le nombre de leurs cités, mais chacune d'elles fonde une colonie dans le pays conquis [2]. Les Gallois conservent très longtemps ce même nombre de forteresses dans chacun de leurs clans [3]. Plutarque, dans la Vie de César, nous ramène à peu près à cette proportion, lorsqu'il évalue à trois cents nations les peuples soumis par lui dans la Gaule, et à plus de huit cents les places prises d'assaut [4]. Ces nations ne sont évidemment que des pagus, puisque le nombre des cités sous Auguste ne dépassait pas soixante. Si l'on suppose trois oppidum par pagus, on arrive, pour toute la Gaule, au chiffre de neuf cents qui s'éloigne peu de l'approximation donnée par Plutarque. Le faible nombre des oppidum achève de démontrer qu'ils ne pouvaient être autre chose que des lieux de refuge et des places de guerre. L'immense majorité des groupes d'habitations épars dans la cité consistait en hameaux.

D'un bout à l'autre des Commentaires, César ne désigne les lieux habités que sous les noms d'*oppidum*, de *vicus*, d'*ædificium*, la forteresse, le hameau, la case. Ici les Belges brûlent les *bourgs* et les *maisons isolées* des Rèmes [5]; plus loin, Vercingétorix met le feu aux *bourgs* et aux *maisons* des Bituriges [6]; ailleurs, les Ménapes occupent des *bourgs* et des *maisons* isolées [7]. Les seules dénominations qu'il emploie sont celles de cités, de bourgs, de cantons

---

[1] Cæs. De bell. Gall. lib. II, c. IV.
[2] Tite-Liv. V, xxxIII.
[3] Leges Wallicæ, lib. II, c. XIX.
[4] Plut. de Cæsare, XV.
[5] Cæs. Bello Gall. lib. II, c. VII.
[6] Ibid. VII, II.
[7] Ibid. IV, IV.

ou pagus, de maisons [1]; au livre IV, les Ménapes retournent dans leurs *bourgs* [2]; leurs *maisons* sont occupées par l'ennemi. Nulle part il n'est question de villes ouvertes ni dans la Gaule, ni dans la Bretagne [3]. C'est seulement après la conquête romaine que l'expression de ville, urbs, πόλις, se rencontre dans les auteurs. On la trouve pour la première fois dans Strabon appliquée au pays Éduen, mais à une époque où Chalon est devenue une station commerciale d'une très grande importance : « Les Éduens, dit-il, ont une *ville*, Chalon sur la Saône, et une *forteresse*, Bibracte [4]. » Pomponius Méla, vers l'an 43 de l'ère chrétienne, nomme Augustodunum [5]; Ptolémée, au second siècle, Augustodunum et Cabillonum [6]. Le petit nombre de bourgs devenus des villes, mentionné par les historiens ou par les géographes du premier siècle, montre bien, même à cette époque, leur rôle restreint dans la cité. César, qui a nommé un si grand nombre d'oppidum, n'emploie pas une seule fois le terme de *caput gentis* ou de *metropolis*, dans la Gaule celtique, et ne cite pas une seule capitale. Ces désignations n'apparaissent que sous Auguste et ses successeurs. Le texte le plus ancien qui fasse mention d'Augustodunum comme capitale est celui de Tacite qui se rapporte à la révolte de Sacrovir, l'an 21 de Jésus-Christ, et qui donne à cette ville le titre de caput gentis. [7]

Si ces dénominations n'existaient pas sous César, il est naturel de conclure que la chose qu'elles expriment n'existait pas davantage; autrement le terme eût été créé.

[1] Cæs. Bello Gall. VI, 11.
[2] Ibid. IV, IV.
[3] Dio Cassius, in Sev. lib. XXVI.
[4] Strabon, lib. IV.
[5] Pomponius Méla. De Situ Orbis, lib. III, p. 166, 167. Basileæ, 1557, in-f°.
[6] Geograph. Ptolemæi, lib. II. c. VIII. Venetiis, 1562, in-4°.
[7] Tacite. Annales, lib. III, c. XLIII.

Même à une époque postérieure de quatre ou cinq siècles, par exemple, lorsque l'influence romaine eût développé dans la Gaule tous ses germes de prospérité, multiplié la population et organisé les premiers municipes, les villes étaient encore très rares. En s'éloignant du littoral de la Saône et de la voie de Lutèce, les stations perdent toute importance. Plusieurs ont disparu sans laisser la moindre trace; à huit lieues gauloises d'Autun (16 kil. environ), on cherche en vain la situation de BOXVM. On n'a pas découvert à Toulon, *Teionum*, une seule ruine de quelque valeur; *Pocrinium*, Perrigny-sur-Loire, passage d'un bac, n'était qu'un hameau; *Aquis Nisinœi*, à moins de le placer à Saint-Honoré, est incertain comme *Alisincum*. Entre la Saône et la Loire, de Mâcon à Roanne, de Tournus à Digoin, de Saulieu à Bourbon-Lancy, les itinéraires n'indiquent aucun centre habité. Le Morvan, de Boxum à Decize, n'a de lieu notable que les thermes de Saint-Honoré. Sans doute les guides n'ont pas donné de nomenclature complète; ils se sont bornés au parcours des grandes voies; mais comme ils mentionnent des localités d'une très faible importance, on doit supposer que celles qu'ils omettent n'en avaient guère plus. Les explorations archéologiques n'ont signalé en effet aucun point remarquable. La plupart des petites villes ou des bourgs actuels du pays Éduen annoncent peu de traces de ruines romaines. Les tuiles à rebords, l'indice le plus certain de ces constructions, sont au contraire très fréquentes, mais toujours disséminées; ces débris marquent encore l'emplacement de quelques belles villas, d'un grand nombre de mansus ou de cases, mais ils ne peuvent se rattacher à aucune agglomération urbaine.

L'infériorité de la population expliquerait seule, à défaut des causes générales que nous avons indiquées au début de ce chapitre, comment il ne pouvait exister de villes dans la Gaule. Non-seulement les villes ne se forment que quand l'état de la civilisation est assez avancé pour faire sentir aux hommes le besoin de se rapprocher, d'unir leurs intelligences et leurs efforts dans des entreprises et pour des buts que la barbarie ne conçoit pas encore; mais il faut que les populations elles-mêmes puissent alimenter ces grands réservoirs humains. Or, des statistiques établies sur des bases aussi solides que le permet ce long intervalle de siècles, n'élèvent pas à plus de huit millions d'habitants la population des Gaules du temps de César, y compris la Narbonnaise[1]. Il faut, de plus, déduire les pertes énormes causées par la guerre de la conquête et que d'après les *Commentaires* on ne peut évaluer à moins du quart des habitants. Les chiffres donnés par Plutarque sont plus significatifs encore; cet historien raconte que sur trois millions d'ennemis que César eut à combattre dans la Gaule, il en tua un million et fit autant de prisonniers.[2]

Ce n'est donc qu'à partir de la pacification définitive que la création des routes, d'établissements financiers, et l'exploitation d'une immense richesse agricole jusqu'alors négligée, imprimèrent à la population un essor vraiment prodigieux. Les arts, le commerce s'y développèrent avec une rapidité tellement surprenante que l'histoire la constate sans pouvoir l'expliquer. César lui-même avait préparé ces résultats avant son départ pour l'Italie. Ses largesses, les privilèges accordés aux cités, ses prévenances pour les chefs, motivées ou non par la politique, montraient son intention d'améliorer promptement la situation des Gaules[3]. Cette tâche fut réalisée par son successeur.

---

[1] Valentin Smith. Notice sur l'Origine des peuples de la Gaule transalpine et sur leurs Institutions politiques. Mémoires lus à la Sorbonne, 1864. Histoire, p. 512 et suiv. Moreau de Jonnès, Statistique de la Gaule.
[2] Plutarque. Vie de César.
[3] Hirtius. De bello Gall. lib. VIII.

La transformation de la Gaule fut l'œuvre d'Auguste. Il n'eut qu'à suivre en cela les errements de la politique séculaire de Rome, qui consistait à établir des colonies au cœur des pays nouvellement conquis. La fondation d'une colonie était la prise de possession du sol, l'acte définitif de la conquête. Rome s'emparait des terres, expulsait ou vendait comme esclaves les habitants dépossédés et créait un établissement militaire composé presque toujours de vétérans, dans tous les cas d'un élément exclusivement romain, qui maintenait au milieu des vaincus la discipline d'une garnison et l'hostilité menaçante des vainqueurs. Le nouveau municipe s'entourait de murailles, frappait des contributions sur les vicus de sa circonscription et leur imposait des corvées. Il était administré par des triumvirs ou des quinquevirs et conservait tous les droits afférents à la cité romaine. Sa religion, son culte, ses magistrats, sa curie, ses tribuns, sa division par ordres, son régime municipal, ses spectacles, reproduisaient l'image de la mère-patrie. Les colonies prenaient ordinairement le nom de la légion d'où sortaient leurs fondateurs : Arles s'appelait Colonia Sextanorum ; Orange, Colonia Secundanorum. C'est ainsi que s'étaient formées les villes de la Province romaine qui devinrent par la suite de puissantes cités. L'an 629 de Rome, Sextius, vainqueur des Saliens, avait fondé la colonie d'Aquæ Sextiæ (Aix); celle de Narbonne le fut en 635. Toulouse datait de l'an 651, un siècle avant Jésus-Christ. Nous ne parlons pas de Marseille, colonie phocéenne, qui formait un petit État isolé, et dont les institutions grecques n'avaient rien de commun avec celles de la Gaule.

Les colonies rattachées entre elles par les liens de la cité romaine formèrent autant de points solides pour l'occupation. Chefs-lieux administratifs et militaires, elles jouissaient de droits politiques étendus, d'une police régulière et uniforme, d'une protection fortement organisée. Grâce à ces avantages, elles ne tardèrent pas à devenir des centres populeux. Par elles le régime municipal étendit ses ramifications sur la Gaule et constitua la prépondérance définitive des villes sur les vicus. Elles développèrent leur population et leur commerce à proportion des avantages qu'elles assuraient à leurs citoyens, et finirent par commander à tout le pays. Strabon nous en donne un exemple dans la colonie de Nîmes récemment fondée et augmentée par Auguste. « Cette ville, dit-il, située sur la route de l'Ibérie, surpasse de beaucoup Narbonne par le nombre de ses citoyens. Elle possède vingt-quatre bourgs, tous bien peuplés et habités par la même nation. Ils lui paient des contributions et jouissent d'ailleurs du droit des villes latines. De telle sorte que ceux des habitants de Nîmes qui parviennent à la questure et à l'édilité sont Romains. C'est pourquoi ce peuple n'est pas soumis aux envoyés de Rome [1]. » On comprend dès lors ce grand épanouissement de la prospérité de la Gaule, sous l'impulsion intelligente et forte de l'administration romaine; cette transformation inouïe qui s'opère sous le règne d'Auguste, et ces dénominations nouvelles répondant à un ordre de choses nouveau, qui abolissent avec la langue *des vaincus* jusqu'aux souvenirs du vieux monde celtique.

Nous avons essayé de dire ce qu'était la cité dans la Gaule; c'était, on l'a vu, un élément politique de premier ordre, puisqu'il constituait non un corps de ville, comme on l'a cru longtemps sur la foi d'une expression inexacte, mais un corps de nation. La Gaule était donc une vaste confédération de cités, c'est-à-dire de nationalités indépendantes, souvent en guerre les unes contre les autres, et

---

[1] Strabon, liv. IV, p. 186.

qui ne s'unissaient que sous la pression d'un danger imminent. Malheureusement pour la commune patrie, les cités étaient sans lien entre elles et déchirées souvent, comme nous le dit César, par leurs propres factions. Dépourvues de villes et de capitales, elles manquaient de ce puissant moyen d'entente et d'action qui constitue la vie des sociétés modernes. Toutes les forces vives de la nation se trouvaient disséminées sur l'étendue de son territoire et ne pouvaient s'organiser pour la résistance que lentement et mal. Il n'y avait d'initiative et d'impulsion nulle part. Si quelques clans se soulevaient à la voix d'un chef, à l'instant même leur action se trouvait paralysée par des influences rivales. Les cités étaient donc à vrai dire un corps sans tête. Ce fut une des grandes causes qui préparèrent leur ruine. L'habile politique du général romain profita largement de leurs dissensions intestines pour se ménager des alliés et isoler ses ennemis [1] ; et lorsqu'au moment suprême une partie de la Gaule répondit à l'appel de Vercingétorix, bien des cités manquèrent à ce dernier rendez-vous de l'indépendance.

Nous allons maintenant pénétrer plus avant dans l'intérieur de la cité barbare.

---

[1] Cette politique se révèle dans une lettre de Cicéron à Atticus, au début de la guerre des Gaules. Après avoir annoncé l'inquiétude que donnait à Rome l'émigration des Helvètes et les dangers qu'elle pourrait créer si l'entente s'établissait entre eux et les Gaulois, il ajoute : « Nos frères les Éduens sont en guerre, les Séquanes se sont laissé battre ; *des députés sont envoyés dans les cités de la Gaule pour les empêcher de se concerter avec les Helvètes* » — « Legati cum auctoritate mitterentur, qui adirent Galliæ civitates, darentque operam ne eæ cum Helvetiis se jungerent. » Cicero, ad Atticum, lib. I, epist. 19. Lemaire.

CHAPITRE QUATRIÈME.

Le Clan ou Pagus. — Sa constitution. — Son territoire. — La féodalité gallique.

Plus on remonte le cours des origines historiques, plus on retrouve vivaces dans l'homme les sentiments qui se rattachent au souvenir de sa race et de son berceau. C'est que la famille est le commencement de toutes les agrégations humaines; elle façonne les lois et les mœurs à son empreinte, et tout dérive d'elle. Homère raconte volontiers la généalogie de ses héros; chez les peuples de race saxonne et celtique, le titre de la filiation s'ajoute encore aujourd'hui au nom patronymique, et cet usage existe également chez les peuples d'origine slave. Ce fait si universel et si simple n'a pas besoin d'explication. Dans les sociétés à l'état d'enfance, la famille est le seul lien qui puisse unir les hommes, le seul établi par la nature en l'absence des autres institutions, et en dehors de toute convention politique.

Les Gaulois du temps de César en étaient encore à cette forme patriarcale des sociétés primitives. Ils avaient, il est vrai, un instinct confus de leur nationalité, et comme un vague souvenir des communs ancêtres; mais cette idée ne dépassait guère chez eux le seuil de la cité, c'est-à-dire les limites du territoire occupé par les tribus de la même famille. La notion de l'État était restée pour eux si imparfaite qu'elle n'était parvenue qu'à constituer une simple fédération entre les cités ; encore ce lien était-il sans cohésion et sans force ; il se brisait au moindre choc. Ce fut, nous l'avons dit, une des principales causes qui facilitèrent la conquête. Toute l'organisation politique se concentrait dans la cité, et encore la cité elle-même n'était-elle qu'une création artificielle, un peu factice, à peine ébauchée, et formée par l'union souvent précaire des tribus qui la composaient. Le monde gallique, a dit un historien, est le monde de la tribu [1]. Rien de plus exact que cette définition. La tribu est l'élément vital, l'unité vraie de ce système de confédérations superposées qui unissaient par des ligues aussi éphémères que fragiles les différents peuples de la Gaule. Nous l'appellerons désormais le clan, pour lui restituer sa véritable physionomie celtique.

César traduisait parfois cette expression par celle de clientèle ou de famille (clientela, familia). Issu lui-même d'une race patricienne, il était trop versé dans l'histoire de son pays pour n'être pas frappé de cette prépondérance de la famille chez un peuple encore neuf où il retrouvait l'image de l'ancienne constitution de Rome [2]. Mais si cet aspect du patriarcat gallique et sa puissance redoutable s'imposaient à son esprit en mettant en scène un personnage aussi important qu'Orgétorix, il négligeait le plus souvent ces petites souverainetés de clans qui ne pouvaient lui présenter d'obstacles sérieux, pour ne s'occuper que des nations qu'il avait à contenir ou à combattre, et qui seules pouvaient lui opposer une résistance efficace. Toutes ses préoccupations se tournaient donc du côté de ces grandes ligues des cités qui faisaient face à ses armées et qui constituaient à ses yeux la Gaule militante. Le clan, réduit à son existence isolée, échappait à son attention. Ajoutons qu'en dehors de cette idée d'une hiérarchie poli-

---

[1] Michelet. Hist. de Fr., t. I, p. 13.
[2] L'Empereur Napoléon. Vie de César, liv. I, c. I, p. 3 et 4.

tique fondée, comme autrefois à Rome même, sur la *cognatio* ou parenté, rien n'était plus opposé en général à l'esprit positif et dur des conquérants que ce mélange de croyances élevées, de superstitions grossières, d'instincts héroïques, de nonchalance et de brutalité, qui formaient, dans l'intérieur du clan, le fond de la vie barbare. Aussi, ne rencontrons-nous dans les écrivains latins et dans César lui-même que fort peu de renseignements sur le clan proprement dit, sur les rapports du chef avec ses subordonnés et la réciprocité de droits et de devoirs qui en résultaient. Mais à défaut de cette source d'informations à la fois incomplète et suspecte, parce qu'elle émane de vainqueurs et de vainqueurs dédaigneux, nous trouvons dans les documents celtiques toute l'abondance et toute l'authenticité désirables. Ces documents, ne l'oublions pas, se réfèrent à un état social dont nous sommes presque contemporains,— qui ne s'est perpétué, il est vrai, que dans quelques cantons de l'Écosse, de l'Irlande et de l'Armorique, mais qui s'y est maintenu à peu près intact, et qui a conservé presque jusqu'à nos jours les principaux traits de ce type essentiel de la féodalité celtique, le clan.

Les Romains, habitués à concevoir l'État sous sa forme générale et abstraite, ne voyaient dans le clan, dans ce qu'ils appelaient le *pagus*, qu'une subdivision de la cité. Mais cette notion, rapprochée de la réalité des faits, serait certainement inexacte. Le clan avait son existence propre et son autonomie ; il n'était pas une partie, mais un tout. La cité n'était qu'une confédération de clans. Le pagus, d'où vient le mot pays, était le territoire ou la propriété de la tribu ; il n'était pas la tribu elle-même qui existait en vertu de relations personnelles entre ses membres. Ces relations, fondées sur la parenté ou le vasselage,— formant une hiérarchie ayant à son sommet un chef ou roi, un *brenn*, selon l'expression celtique,— étaient complètement indépendantes du fait seul de l'habitation sur les terres de la tribu. Ces notions une fois dégagées, nous nous occuperons de l'assiette territoriale du clan et de la constitution du pagus qui formait son domaine.

Le pagus résume l'état de la Gaule. Toutes les formes, toutes les variétés de l'habitation gauloise, depuis la forteresse, l'oppidum, jusqu'à l'ædificium ou la case isolée, étaient comprises dans le pagus. Les agglomérations fixes se répartissaient dans les vicus ou villages. Cette nomenclature des lieux habités se complète par le dunum ou forteresse de moindre importance concourant avec l'oppidum à la défense du pays, et par le mænor, manoir ou mansus, demeure du chef de famille.

Si nous continuons de prendre pour type la cité helvète, le pagus se composait généralement de cent villages [1]; et, ce qui ne laisse pas de donner une certaine importance historique à cette organisation, c'est qu'elle se retrouve dans la constitution territoriale de l'ancienne France. Nous remarquons, en effet, que les provinces se partageaient en trente-neuf gouvernements militaires divisés eux-mêmes en trois cents pays, qui sont le nombre exact des pagus de la Gaule, d'après les indications de Plutarque. Il est intéressant de rencontrer de semblables concordances et de retrouver dans la géographie moderne ces traces d'un monde oublié. Ce qu'il faut constater surtout, c'est la continuité de la tradition populaire, qui a irrévocablement attaché la désignation de pays au territoire de l'ancien clan ou pagus, et qui en a en quelque sorte imposé les limites aux anciennes divisions administratives.

Cette division par cent existait chez les Bretons insulaires, et la dénomination de *cantref*, d'où dérive notre

---

[1] De Bello Gallico, I, 5.

mot contrée, désignait dans la Cambrie un pays de cent villages, et formait, comme le pagus, une tribu sous l'autorité d'un chef de clan. C'est à cet ordre de choses que se rattache certainement le vieux dicton historique : « Si le seigneur possède plus de quatre-vingt-dix-neuf clochers, le roy s'en empare. » Il n'y avait en définitive dans la Gaule d'agglomération à peu près fixe que le vicus. Son emplacement n'avait rien de régulier ; il était déterminé par des conditions toutes locales, tantôt par la proximité des forêts et des cours d'eau qui favorisaient la chasse et la pêche, tantôt par la fertilité des terres ou des pâturages, quelquefois aussi par la sécurité qu'inspirait le voisinage d'une forteresse, d'un dunum, d'un oppidum, où la peuplade pouvait s'enfermer à la première alerte. L'étymologie peut seule aujourd'hui nous faire reconnaître ceux de nos villages qui occupent les emplacements des anciens vicus celtiques ; mais tout porte à croire que le nombre en est fort considérable.

Autour des vicus étaient dispersés de nombreux ædilicium, des mænors, des mansus, — més ou meix des chartes féodales. L'importance de ces constructions isolées et celle des tènements qui en dépendaient variaient selon la qualité de leurs propriétaires et le rang qu'ils occupaient dans le clan ou dans la cité. Quelques-unes étaient la résidence de personnages puissants et riches, ayant autour d'eux un grand étalage de serviteurs et tout le train d'une opulence barbare ; les autres, en bien plus grand nombre, étaient habitées par des serfs ou colons. L'aspect de celles-ci était le plus souvent misérable ; elles n'avaient ni fenêtre ni cheminée ; la fumée s'échappait par le toit. Dans les contrées peu fournies de bois, ces huttes étaient construites en branches et en terre, formant une sorte de pisé, quelquefois en moellons, mais bruts, sans mortier, et couvertes en chaume. On en trouve la description dans Diodore de Sicile. « Les Bretons, nous dit-il, habitent de viles cases, convertes ordinairement de paille et de bois [1]. » On a même reconnu, à la *cité de Limes*, sur les côtes de l'Océan, des maisons rondes, simples trous creusés en terre, dont la toiture, formée de pièces de bois réunies en faisceau à leur extrémité supérieure, s'élevait seule au-dessus du sol, et présentait l'aspect d'une tente. Dans le Morvan et dans la partie boisée du pays éduen, les cases étaient construites en poutres croisées. Quelques spécimens de ce mode d'habitation existent encore dans certaines localités isolées, autour du Beuvray. Les intervalles formés par les pièces de bois sont remplis d'un grossier mélange de terre et de pierres, conformément à la description de César; la fenêtre y est un luxe, et la cheminée une invention toute récente.

Le mænor avec quatre vicus formait chez les Gallois le domaine d'un chef, une sorte de seigneurie féodale. On ignore si dans la Gaule le nombre des villages qui se groupaient sous la protection de l'oppidum était ou non régulièrement déterminé. Mais leur réunion formait le clan, que César nomme famille, *familia*, parce que primitivement les membres du clan descendaient d'une souche commune, *cognatio*, et formaient ainsi une même race. Cette organisation existait chez tous les peuples d'origine gaëlique, même chez ceux d'Italie. On en retrouve encore des traces dans la Gaule, sous la domination romaine, mais elle se conserva tout entière chez les Bretons. La famille, dans certains cas, occupait une grande étendue de territoire, un pagus par exemple. César mentionne la réunion d'un clan helvète où assistaient plus de dix mille hommes. Ce chiffre nous donne une idée de la puissance du clan et justifie la définition que nous en avons donnée plus haut.

---

[1] Diodore, liv. V, c. xxII.

L'oppidum était, nous l'avons dit, un lieu de refuge contre les incursions de l'ennemi. Il y en avait chez les Gallois vingt-quatre par cent villages, un pour quatre ; mais cette proportion comprenait les *mænors* fortifiés des chefs, les *dunum* et toutes ces petites citadelles désignées dans les Commentaires sous le nom de *castellum*. Rien de précis sur le système territorial et défensif des Éduens n'est parvenu jusqu'à nous. Dans les nombreux passages que César leur a consacrés, quatre oppidum ont seuls été nommés : Bibracte, Cabillonum, Noviodunum, Gergovia Boïorum, — Bibracte, Chalon, Nevers et Gergovie des Boïens dont on n'a pu encore retrouver l'emplacement. Ces forteresses étaient chacune l'oppidum principal d'un *pagus* ; mais, comme César ne les a mentionnées que dans l'ordre où les évènements militaires les plaçaient sous sa plume, on est réduit aux conjectures pour compléter une statistique que des études scrupuleuses rendraient néanmoins possible. Mâcon, dans les Commentaires, ne porte pas le titre d'oppidum : « Matiscone in Æduis ad Ararim [1]. » Au dernier chapitre du livre VII, César y place Sulpicius, en même temps que Q. Cicéron à Chalon, pour veiller aux fournitures de grains. Cette désignation étant étrangère à un fait de guerre, la position fluviale méritait une mention spéciale dans le récit, sans qu'il en résulte, ce qu'il serait difficile d'admettre, qu'à cette époque Mâcon fût dépourvu de moyens de défense. L'archéologie révèle du reste, à défaut de l'histoire, un nombre considérable de châteaux gaulois autour des forteresses principales. Leur importance varie d'après leur position stratégique, l'étendue de terres, le nombre de vicus et d'habitants qu'ils devaient protéger. Les uns ont conservé leur destination sous les Romains et au moyen-âge ; les autres ne sont plus reconnaissables

---

[1] De Bello Gallico, lib. VII, 90.

qu'à l'aplanissement des sommets qu'ils occupaient, à quelques terrassements, à des pierres écroulées, à quelques substructions. Tels sont Château-Beau, Dun-le-Roi, Suin, etc. Les dunum étaient des forts secondaires situés généralement sur les hauteurs et à l'entrée des défilés. Nous y reviendrons ultérieurement.

La distribution régulière des oppidum et des vicus signalée chez les Gallois se reproduisait dans les subdivisions territoriales. Sur douze manoirs, quatre étaient occupés par des hommes de condition servile et chargés envers le *brenn* de servitudes diverses, telles que de nourrir neuf fois par an ses chiens et ses chevaux. Les huit autres étaient tenus par des hommes libres [1]. Il est naturel de voir dans les chefs de ces manoirs ceux qui sont désignés par César sous le nom collectif d'*equites*, abstraction faite de leur degré hiérarchique. Chaque pagus, chez les Éduens comme chez les autres peuples celtiques, avait un chef spécial relevant du vergobret et ayant autorité sur les chefs inférieurs des dunum et des familles de sa tribu.

Nous n'avons que peu de données sur la population de la Gaule au temps de la conquête. Le chiffre de huit millions d'habitants auquel s'arrêtent les savants qui se sont occupés spécialement de cette question [2], paraît sans doute bien peu élevé pour une surface aussi étendue. Mais il faut se rappeler que la France, même sous Louis XIV, ne comptait que seize millions d'habitants. L'état de la Gaule ne comportait d'ailleurs ni des agglomérations urbaines, ni même des campagnes populeuses. Ses immenses forêts coupées çà et là de clairières où paissaient le bœuf et l'aurochs, l'imperfection ou l'absence complète des voies de communication entre les diverses parties du territoire, sont

[1] Leges Wallicæ, lib. II, c. xix.
[2] Supra, p. 16.

des faits qui témoignent de la prédominance des mœurs pastorales et de l'isolement de la vie rustique. La charrue n'avait pas encore entamé la forêt; les familles, disséminées dans leurs vastes et improductifs domaines, redoutaient plus qu'elles ne recherchaient les voisins, et ne se sentaient en sécurité qu'au fond de leurs solitudes. Selon Diodore de Sicile, les cités les plus peuplées s'élevaient au chiffre de deux cent mille ames; les autres, à celui de cinquante mille. Plutarque, comme nous l'avons dit, évalue à trois millions le nombre de combattants que la Gaule mit sur pied pendant les huit années que dura la guerre contre les Romains; en prenant la proportion du quart de la population totale, on arriverait au chiffre de douze millions d'habitants. Mais ces indications n'ont rien de précis et ne peuvent être soumises à aucun contrôle sérieux. Les uns, par amour-propre national, exagèrent la puissance de ce peuple; les autres la rabaissent par esprit de système. Entre ces points de vue si divergents, il est bien difficile d'obtenir une approximation satisfaisante. Le seul dénombrement exact de la population d'une cité est celui que nous donne César à propos des Helvètes [1]. La cité helvétique comptait en tout deux cent soixante-trois mille têtes [2], femmes, vieillards, enfants, et César prend soin de nous édifier sur l'origine et l'authenticité de ce document: ce chiffre de deux cent soixante-trois mille ames, réparti entre les quatre cents vicus qui composaient la cité, donnerait cinq cent trente-sept habitants pour chacun d'eux, dont le tiers au moins vivait disséminé dans les

---

[1] De Bello Gallico, I, 29.
[2] La population de la Suisse est aujourd'hui de deux millions six cent mille habitants. Ce chiffre diffère encore plus, on le voit, du dénombrement précis donné par César, que le chiffre actuel de la population de la France ne s'éloigne de nos évaluations pour la Gaule.

campagnes. Mais il faut déduire de ce dernier nombre la population des douze oppidum que renfermait la cité et qu'on peut évaluer à cinq mille pour chacun d'eux, ce qui réduirait à cinq cents têtes la population du vicus, y compris celle des ædificium, des meix, des maisons isolées, qui étaient fort nombreux.

La cité des Helvètes ne renfermait, au dire de César, que trois oppidum par pagus. Il est évident que ces forteresses ne pouvaient contenir une population de vingt à vingt-deux mille habitants que dans des cas extrêmes, et lorsqu'un péril imminent obligeait tous les habitants du voisinage à s'y renfermer. L'oppidum central de la cité pouvait, il est vrai, servir de refuge à des populations beaucoup plus nombreuses. Mais la destination même de ces forteresses étant surtout d'offrir un abri momentané en temps de guerre, on ne peut leur attribuer un chiffre quelconque de population fixe, si ce n'est dans une proportion très restreinte.

Le trait caractéristique des institutions de la Gaule était le principe électif. Il s'appliquait à tous les degrés de la hiérarchie, et tous les pouvoirs relevaient de lui. Il conférait le commandement aux chefs, et nulle autorité ne s'exerçait dans la cité et sur les associations qui en dépendaient qu'il ne l'eût sanctionnée. Un fait aussi important ne pouvait échapper à un politique comme César, et il ne manque pas de nous le signaler. « Dans la Gaule, dit-il, non-seulement dans toutes les cités, dans tous les clans (pagus), dans toutes les subdivisions du pays, mais presque dans chaque maison il existe des factions. Ceux-là en sont les chefs, qui passent pour avoir la plus grande autorité, au sentiment des personnes à qui revient le pouvoir de juger et de décider souverainement sur tout ce qu'il faut faire ou résoudre. Le but de cette institution qui remonte à l'antiquité parait avoir été d'assurer au plus faible citoyen un recours certain contre le plus fort; et, par le fait, il n'est pas un chef qui soit disposé à laisser opprimer ou circonvenir un des siens, et cela par cette raison, que s'il agissait autrement, il perdrait toute autorité parmi eux. »[1]

Ainsi, le commandement n'était pas héréditaire, bien que la noblesse le fût[2]. Chez les Gallois, comme dans la Gaule, le chef du clan n'était que le chef électif de la faction dominante. Tous les peuples de race gaëlique ont toujours été en défiance contre l'hérédité. Leur susceptibilité de barbares était aussi ombrageuse à cet endroit que celle des démocraties d'Athènes et de Rome. Vercingétorix est chassé de Gergovie, parce que son père ayant usurpé autrefois l'autorité suprême, on craint qu'il ne veuille suivre cet exemple. Orgétorix, chez les Helvètes, est, pour le même motif, obligé de se donner la mort. Le vergobret, magistrat électif chez les Éduens, était changé chaque année. Aucun de ses proches ne pouvait, de son vivant, prétendre à cette charge, ni même entrer au sénat. Le chef de guerre était élu par l'assemblée générale des chefs de clans; le chef de clan était lui-même choisi soit par le vergobret ou son conseil, soit par le sénat, c'est-à-dire par l'assemblée des autres chefs.

Les chefs des oppidum répartis dans les pagus devaient être élus conformément aux mêmes usages. Les manoirs

---

[1] Bello Gall. VI, 11. « In Gallia, non solum in omnibus civitatibus atque in omnibus pagis partibusque, sed pene etiam in singulis domibus, factiones sunt; earumque factionum sunt principes, qui summam auctoritatem eorum judicio habere existimantur, quorum ad arbitrium judiciumque summa omnium rerum consiliorumque redeat; idque ejus rei causa antiquitus institutum videtur, ne quis ex plebe contra potentiorem auxilii egeret; suos enim opprimi quisque et circumveniri non patitur; neque, aliter si faciat, ullam inter suos habeat auctoritatem. »

[2] « Reges ex nobilitate; duces ex virtute sumunt. » Tac. Ger. VII.

libres, qui n'étaient en définitive que des maisons particulières et qui ne dépendaient à aucun titre des pouvoirs publics, échappaient naturellement à l'administration et au droit qu'elle exerçait de désigner les chefs militaires. Néanmoins le principe électif tenait si profondément aux mœurs, et ses conséquences étaient poussées si loin, que, même dans la communauté rurale, le chef n'était point le père ou l'aîné, mais celui que choisissaient les membres de la famille. Peut-être César avait-il en vue les communautés, lorsqu'il parle des factions qui existaient dans chaque maison. Cet état de choses devait entretenir dans la Gaule une compétition qui ne pouvait manquer de tenir l'esprit démocratique en éveil, si comprimé qu'il fût par la prédominance de l'esprit aristocratique. Si les rangs de la hiérarchie féodale ne pouvaient s'ouvrir aux hommes nouveaux, l'ambition de ceux-ci trouvait parfois un stimulant soit dans la protection des chefs de la cité, soit dans la faveur populaire. Nous avons, dans les Commentaires, l'exemple de Virdumar. C'était, nous dit César, un jeune homme de très grande espérance, mais d'une naissance obscure. Placé, sur la recommandation de Divitiac, dans un poste de confiance auprès du général romain, il s'éleva aux plus hautes dignités de la République. Il est permis de supposer que de pareils faits se renouvelaient assez souvent, et que le gouvernement de la cité gauloise était une aristocratie tempérée. On ne voit pas que César ait introduit de changement dans ces institutions; il imposait sa volonté lorsque les circonstances l'exigeaient, mais il respectait ordinairement dans leurs formes les coutumes des Gaulois.

Les attributions des divers chefs de cette hiérarchie féodale ou militaire nous sont bien peu connues; il serait téméraire de chercher à déterminer les pouvoirs que leur titre conférait à chacun d'eux, et les rapports suivant lesquels s'échelonnaient les membres de cet organisme. Nous nous bornerons à quelques indications générales.

Le chef de la cité n'avait, nous l'avons dit, qu'un pouvoir temporaire, mais dont il serait difficile de définir la nature et l'étendue. Il devait exercer une sorte de dictature, d'autant plus absolue qu'elle était plus limitée par le temps, et qu'elle impliquait dès lors une responsabilité plus immédiate. Il devait naturellement commander à tous les chefs des clans qui composaient la confédération, et avoir une influence décisive sur les affaires de la cité, notamment sur la paix et sur la guerre. Il était magistrat suprême, dans quelques cités, généralissime. Comme reconnaissance de son autorité, la cité prélevait en sa faveur une part sur le revenu de tous. On était dans l'usage, selon Tacite [1], de lui offrir, comme don volontaire, et par chaque tête d'habitant, soit du bétail, soit des grains, qu'il acceptait à titre d'hommage, et qui formaient ce que nous appellerions aujourd'hui sa liste civile. Mais aucun présent n'était plus agréable au chef d'une cité que les offrandes envoyées soit par des particuliers, soit par des cités voisines, et qui consistaient en chevaux de prix, en grandes armes ou phalères, en colliers ou torques. Plus tard, les Romains leur apprirent à recevoir de l'argent [2]. C'était un hommage rendu à un chef puissant dont on recherchait le patronage, ou qui représentait des intérêts communs. Ces échanges de procédés entretenaient les rapports de cité à cité, de reconnaissance d'un côté, de protection de l'autre. Ainsi s'expliquerait le pouvoir de Dumnorix, qui avait établi son influence non-seulement sur sa cité, mais sur les cités limitrophes [3], et cela, parce qu'il était le représentant sym-

[1] Tac. Germ. XV.
[2] Idem.
[3] De Bell. Gall. I, 18. Non solum domi sed etiam apud finitimas civitates largiter posse.

pathique de l'esprit national, et qu'il personnifiait le parti de la résistance aux Romains.

Le chef de clan, bien qu'électif en principe, réunissait, en fait, à peu près tous les attributs d'une souveraineté héréditaire. En Germanie, il était grand justicier, comme tous les rois; il jugeait seul ou en faisant siéger à ses côtés des assesseurs. Mais, dans la Gaule, où le druidisme était prépondérant, il avait à compter avec le pouvoir religieux, qui revendiquait, comme rentrant dans ses attributions, le droit de rendre la justice. En Germanie même, où les druides n'avaient pas la même influence, ils conservaient encore, au temps de Tacite, le droit d'infliger des réprimandes et des punitions corporelles.

La principale fonction du chef de clan et des chefs gaulois en général, était la guerre. Avec la chasse et les festins, elle remplissait à peu près toute leur existence. Lorsque la cité faisait un appel aux armes, le chef de clan se mettait à la tête de son contingent et le conduisait au combat. Il était en toute circonstance le protecteur naturel des hommes de sa tribu; ceux-ci lui devaient en retour une fidélité inviolable, un dévouement à toute épreuve. L'Éduen Litavic, près de tomber entre les mains de César, s'enfuit à Gergovie, accompagné de tous ses clients. « C'est une honte chez les Gaulois, disent les Commentaires, d'abandonner le chef, même dans un danger suprême [1]. » Orgétorix, accusé par les Helvètes d'aspirer à la royauté, se présente escorté de tout son clan, au nombre de dix mille hommes, de sa famille seulement, sans compter ses clients ni ses débiteurs, brave ses juges et échappe au supplice. Le dévouement des compagnons du chef, — *comites* chez les Germains, — leur faisait un point d'honneur de périr avec lui, dussent-ils se tuer eux-mêmes. Quiconque man-

---

[1] De Bello Gallico, VII, 40.

quait à ce devoir était réputé infâme. Les *soldures*, chez les Aquitains et dans le midi de la Gaule, formaient, comme les *comites* germains, une garde autour de la personne de leur chef, et, comme eux, ils devaient partager ses exploits et sa mort. Au moment où Crassus, lieutenant de César, prenait possession de l'oppidum des Sotiates, en Aquitaine, leur chef Adcantuann s'élança de la ville avec six cents dévoués. — « On les appelle soldures, dit César ; voici leur condition : ils se lient à la vie et à la mort, à la bonne et à la mauvaise fortune d'un chef ; s'il périt, ils périssent avec lui ou se donnent la mort ; et, de mémoire d'homme, aucun n'a manqué à ce serment. »

Diodore de Sicile dit que les suivants des chefs étaient de condition libre et choisis parmi les prolétaires ; qu'ils les accompagnaient à la guerre comme gardes ou conducteurs de chars [1]. Ne serait-il pas naturel de voir dans ces suivants prolétaires les fils des colons libres qui, à quatorze ans, d'après les lois galloises comme d'après l'usage féodal, étaient présentés au chef de race, tenu dès lors de les nourrir ? Dans cette jeunesse se recrutaient les *serviteurs à la limite de l'enfance* [2], employés comme échansons aux banquets dans la demeure du princeps. Nourris sous son toit, grandissant auprès de lui, apprenant le maniement des armes dans son *hall*, auprès des soldures, bercés des chants composés en son honneur, ils devaient être préparés de longue date à faire partie de ses *dévoués*. Dumnorix, chef des cavaliers éduens, ne montait jamais à cheval sans être suivi d'une troupe d'écuyers *qu'il nourrissait en tout temps à ses frais, et qui ne le quittaient jamais.* [3] Le même usage existait chez les Germains.

---

[1] Diodore, liv. V, ch. xxix.
[2] Diodore, liv. V, ch. xxviii.
[3] De Bell. Gall. I, 18. « Magnum numerum equitatus suo sumptu semper alere et circum se habere. »

L'importance d'un chef dépendait surtout du nombre de ses adhérents et de ses subordonnés, parmi lesquels figuraient en première ligne les chefs des mænors, qui disposaient à leur gré des colons qui habitaient les terres de leur domaine. — « Selon que leur naissance ou leur richesse les recommandent, ils réunissent autour d'eux un plus grand nombre d'ambactes ou de clients [1]. » Chez les Germains, « la foule se rallie aux plus forts et aux plus éprouvés. [2] » Le sens de cette expression de clients n'est pas encore nettement défini. Cependant on les regarde comme de petits propriétaires « recommandés, » des « suscepti, [3] » dans les conditions qui se généralisèrent pour une classe nombreuse d'habitants, à la fin de l'empire romain et sous la féodalité [4]. C'était sans doute cette classe intermédiaire qui fournissait ces archers que la Gaule, comme la Bretagne, possédait en si grand nombre, et qui se rassemblèrent, après la prise d'Avaricum, sous les ordres de Vercingétorix [5]. Leurs flèches étaient empoisonnées avec le suc de l'ellébore et de quelques autres substances, d'après Strabon. Chaque chef de famille devait être armé. Chez les anciens Bretons, « il y a trois espèces d'armes dont la loi s'occupe : l'épée, la lance et l'arc, avec ses douze flèches dans le carquois. Tout chef de famille doit les tenir prêtes, en cas d'attaque d'une armée ennemie, d'étrangers ou d'autres pillards [6]. » Mais le corps des ambactes, dont nous avons parlé tout à l'heure, se prenait en dehors de la clientèle.

Un peuple chez lequel l'élection intervenait si fréquemment, qui était si souvent appelé à décider de ses propres affaires, devait avoir des lieux et des époques de réunions

---

[1] Bello Gallico, VI, 15.
[2] Tac. Ger. XIII.
[3] Salvien. De Gub. dei.
[4] A. de Courson, p. 89 et suiv.
[5] Bell. Gall. VII, 30.
[6] La Villemarqué. Romans de la Table ronde. Owen, n. IX, p. 229.

générales. L'assemblée se tenait en plein air, souvent dans les bois ou dans quelques lieux sauvages, mais où les accidents du terrain se trouvaient combinés de manière à faciliter la mise en scène de ces sortes de drames populaires. Tacite nous raconte la formation de ces assemblées. En Germanie, elles avaient lieu à des époques déterminées, à de certaines périodes de lune, mais sans convocation ni heure assignée ; chacun s'y rendait de son côté : un jour, deux jours s'écoulaient en attendant que l'on fût en nombre. Lorsque l'affluence était jugée suffisante, les chefs prenaient place tout armés : « considunt armati[1]. » Les assemblées générales de la cité gauloise n'étaient pas autre chose, et c'était ce que César appelait le Sénat.

Le clan, comme la cité, avait ses assemblées solennelles; la Vie de saint Patrice les mentionne plusieurs fois. Nous donnons le texte même de l'hagiographe, parce qu'il décrit leur composition et résume leur physionomie :

« Dans la province de l'Ulster, un chef avait réuni un grand conseil avec ses druides, ses fils et la foule de ses sujets. C'étaient les sept fils de Amhlayd, homme illustre par sa naissance, sa dignité, ses richesses et sa puissance, avec une troupe de leurs gens dont le nombre dépassait douze mille[2]. » C'est la reproduction du chiffre des *Gentiles* d'Orgétorix. Là, ces grands Hiberniens, *adorateurs de pierres*[3], *armés de longues lances de frêne*, ou tenant en laisse des dogues féroces qu'ils lançaient sur le passant ou sur l'ennemi, discutaient, comme dans la Gaule, leurs projets belliqueux. « Les Bretons se faisaient entre eux des prétextes de guerre. *Armés à la manière des Gaulois*, ils s'attaquaient souvent les uns les autres par l'unique ambi-

---

[1] Tac. Ger. XI.
[2] Boll. Vita S. Patricii, XVII mart.
[3] *Cultores lapidum*.

tion de commander aux vaincus [1]. »—« Adopter les haines soit d'un père, soit d'un parent, aussi bien que ses amitiés, est un devoir [2]. » Ces mœurs étaient tellement enracinées que saint Columb-Kill lui-même passa un jour dans l'Ulster pour *rassembler sa famille* qui, réunie à un autre clan, tira vengeance d'un meurtre odieux commis par un chef [3]. Ce que Méla dit des Bretons, Diodore et Strabon le disent des Gaulois. L'injure faite à l'un d'eux était faite à tous ; impressionnables, violents et téméraires, ils étaient toujours prêts à se battre [4]. « Avant l'arrivée de César, ils étaient en guerre presque tous les ans, soit pour attaquer, soit pour se défendre [5]. » Cet esprit de solidarité persista longtemps en Gaule ; il était le principe des haines de village à village, de métier à métier, qui n'ont guère disparu qu'après la révolution de 1789. [6]

La population d'un clan comprenait aussi des esclaves. Cet élément se composait soit de prisonniers de guerre, soit de colons réduits à vendre leur liberté pour payer leurs dettes. Les historiens latins ne nous donnent que très peu de renseignements sur cette classe d'habitants qui ne comptait pas, dans l'antiquité, parmi les personnes, mais parmi les choses. Leur silence s'explique aussi par une autre raison ; c'est que l'institution de l'esclavage chez les Gaulois n'y présentait aucune analogie avec ce qu'elle était à

[1] Pomponius Méla, liv. III, ch. VI.
[2] Tacite. De moribus Germanorum, XXI.
[3] Vita S. Columb-Kill, Boll. IX junii. — V. également infra (ou Dunum).
[4] Strabon, liv. IV.
[5] Bell. Gall. VI, 15.
[6] « Chez les Germains, chez les Bretons, comme chez les Gaulois, et dans la Gaule par extension, le système des compositions était en usage, et l'homicide même pouvait être racheté moyennant une certaine quantité de gros et de menu bétail ; la famille entière accepte cette expiation. « La haine est dangereuse là où est grande la liberté. » Tacite. Germ. XXI. — Vies des saints Bretons. — Leges Wallicæ, passim.

Rome. Les esclaves n'y étaient pas distribués par classes dans les différentes espèces de services, ni attachés isolément à un maître. Chacun d'eux avait son habitation, ses pénates, où il se gouvernait à son gré. Sa condition était celle d'un fermier, nous dit Tacite [1]; il payait à son maître un certain tribut en blé, en bestiaux, en vêtements; l'esclave ne devait rien au-delà [2]. Dans l'état encore barbare des mœurs gaëliques, la condition de l'esclave ne pouvait différer que fort peu de celle du colon, et l'esclavage lui-même, qui était à la fois le besoin et le fléau des sociétés raffinées de l'antiquité, n'avait pas sa raison d'être dans la Gaule, où tout le monde, excepté les grands, était appelé à remplir les plus rudes fonctions manuelles. [3]

L'esclave gaulois subissait donc un état qui le rapprocherait plutôt du serf du moyen-âge. Il était rarement frappé; mais si on le tuait dans l'emportement de la colère, le meurtre restait impuni. La loi galloise nous donne l'explication de cette coutume; elle était motivée sur ce que la victime n'avait pas de parents, *gentiles*, qui pussent légalement réclamer la compensation. [4]

L'état des propriétés dans la Gaule correspondait à l'état des personnes. De même que les hommes du clan n'étaient qu'une famille, n'avaient qu'un chef, les terres du pagus n'étaient qu'un seul héritage, n'avaient qu'un propriétaire, le clan tout entier, personnifié dans son chef qui administrait, tout porte à le croire, la propriété commune. Il présidait à la distribution des cultures, assignait à chaque *gens* ses cantonnements, suivant l'importance ou la con-

---

[1] Tac. Ger. XXV.
[2] De Servis. Mém. de la Société Archéol. de Touraine.
[3] Tac. Ger. XX. « Dominum ac servum nullis educationis deliciis dignoscas. »
[4] La Wehrgeld.

dition de chacune [1]. Cette répartition n'était d'ailleurs que provisoire; elle formait un métayage de courte durée qui renouvelait à des intervalles très rapprochés les cultivateurs du sol, la propriété restant indivise pour toute la tribu. Ces mœurs nous reportent aux époques primitives dont la Bible nous a retracé le tableau, et qui se sont maintenues jusqu'à nos jours en Orient et chez les Arabes. Dans le pays de Galles, le chef était seigneur de toutes les terres de son clan; il concédait aux chefs de maisons des possessions privées dont nous parlerons tout à l'heure, et sans préjudice de leurs droits dans la propriété commune.

Chez tous les peuples de race gaëlique, comme dans la Germanie, la communauté était la règle, la propriété l'ex-

---

[1] Tac. Ger. XXVI. Les chartes féodales rappellent exactement les divisions primitives des terres par les chefs de tribus. Nous en citons un exemple pris dans le Morvan, la partie la plus celtique de la cité éduenne.

« Je Girars de Chastoillon, chevaliers, sires de la Roiche de Milay, fais savoir que pour ce que Pierres de Chevraux, cognoit et confesse que il est mes hons, pour tel que si il y a chouse en ce que je li baille qui *soit dou fié de aucuns seignoure, li quel sires y metit empeschement, je ne li suis tenuz à garantir*, je promets pour moy et pour les miens, donne, octroye, délivre et quiete au dit Pierre et *ès siens, à touz jourz*, mais les choses qui s'enségant : c'est assavoir le *Mez de la Gouloyne*, qui meust de par li et de par sa famme, le *Mex Martin*, le *Mes au Marcheaut*, qui meust de li et de sa famme, le *Mes Reberget* et ses frères, le *Mes Adam Brutin*, et le *Mes au Bergier*, etc., item l'usaige pour peschier en tout le droit que j'ay en la rivière d'Arroul à la Gouloyne, à tous engins... Item l'usaige de doux porcs en tous mes *bois de la Gouloyne*, item dou bois mort, item *dix bois pour l'estenoir de son hostel*, retenu à moy et ès miens, la justice, juridiction et seigneurie, et en payant à moy et ès miens chascun an quatre livres et demi bons petit tornois ès *termes des foires de Burrail*, l'an de grâce M III XXX III. »

Cette charte nous donne l'image de la clientèle rurale, la remise à perpétuité du lot de terre héréditaire dans la famille, à condition d'hommage et de redevance. Les lois d'Hoël ne mentionnent pas d'autre constitution; rien dans les textes de l'antiquité n'est en contradiction avec elle.

ception. Les textes de Tacite, de César, les lois d'Hoël-le-Bon, ne laissent aucun doute sur ce grand fait historique. La communauté était tellement dans les mœurs que, même dans la plupart des propriétés ou tènements possédés à titre distinct, et en dehors des domaines du clan, la terre restait indivise entre les membres de la famille; elle était sa propriété, son domaine, son patrimoine commun, et non celui des individus qui la composaient, toujours sous l'autorité d'un seul choisi par les siens. De là ces Communautés rurales qui ont traversé sans altération, avec leur principe électif, l'époque romaine, tout le moyen-âge, pour arriver jusqu'à nous. Notre siècle, qui a vu tant de ruines, assiste aujourd'hui à la dissolution de ces derniers restes de la nationalité des Gaëls. Nous n'hésitons pas à leur attribuer cette antique origine, malgré l'opinion des jurisconsultes qui se contentent de les faire remonter au régime féodal. La propriété du colon, sous la féodalité, ne différait pas d'ailleurs très sensiblement de sa constitution à l'époque gauloise; mais le principal caractère de la Communauté, telle qu'elle s'est maintenue parmi les populations d'origine celtique, dans le Morvan, dans la Nièvre, dans tout le pays situé entre l'Arroux et la Loire, celui qui la rattache authentiquement à la famille gauloise et à la *Gens* germanique, c'est, nous l'avons dit, son principe électif. Ce droit d'élire le chef en dehors de la hiérarchie naturelle de la famille, et qui a survécu aux temps et aux révolutions, qui existe aujourd'hui tel qu'il existait à l'époque de César, donne à la Communauté une physionomie à part qui tranche profondément sur les institutions créées par le moyen-âge.[1]

La communauté rurale était constituée chez les Germains comme dans la Bretagne et dans la Gaule. César l'a définie

---

[1] Dupin et le Morvan, Communauté des Jault, p. 86.

avec sa concision habituelle. C'était une association d'hommes de même famille ou de même race, qui se réunissaient pour cultiver ensemble la quantité de terres, et dans les localités qui leur étaient assignées par le chef. « Magistratus ac principes in annos singulos gentibus cognationibusque hominum, qui una coierint, quantum et quo loco visum est, agri attribuunt atque anno post alio transire cogunt [1]. » Dans ces terrains, dont l'étendue dépasse tous les besoins, on reconnaît de suite les communaux. Le colon peut leur demander une récolte; mais il ne pourra s'y perpétuer. Au bout d'un an, le clan rentre dans sa propriété; la terre redevient commune. Aussi le témoignage de Tacite confirme-t-il celui de César. « Leurs
» champs, dit-il, sont occupés tour à tour par tous les
» vicus, suivant le nombre des cultivateurs, et ensuite ils
» les partagent entre eux, suivant leur condition. La vaste
» étendue des terres en facilite le partage. Ils en changent
» chaque année, et il en reste encore. Ils n'excitent point
» par le travail la fécondité du sol; ils ne luttent pas contre
» l'espace pour planter des vergers, enclore des prairies,
» arroser des jardins; ils n'exigent de la terre que des
» céréales [2]. » Il ne vient pas à la pensée d'un colon annuel de planter pour ses successeurs. Dans la loi galloise, la propriété n'était point héréditaire, mais elle ne se dissolvait qu'à la mort du père de famille. Les biens qui en faisaient partie rentraient alors dans le domaine du vicus.

Les terrains communs, les droits d'usage dans les bois et les pâturages, étaient la conséquence naturelle de la dépaissance des troupeaux, le revenu le plus net des habitants. Les clans défendaient leurs parcours, comme les pasteurs de la Bible défendaient l'herbe et l'eau. Saint

[1] Bell. Gall. VI, 22.
[2] Tacite. Germ. XXVI.

Cadok, disciple de saint Patrice, énumérant tout ce qui lui paraît mauvais ou défectueux, disait : « J'ai horreur d'un clan sans patrimoine [1]. » La féodalité vécut sur les mêmes coutumes ; les seigneurs de la Roche-Milay, par exemple, au pied du Beuvray, suivaient depuis bien des siècles la méthode gauloise, en concédant, moyennant de faibles redevances, le droit de glandée et d'usage dans leurs immenses forêts qui s'étendaient jusqu'aux bords de l'Arroux [2]. » La suppression de ces droits par la législation moderne est un des griefs douloureux de l'habitant du Morvan, qui n'a jamais cessé de protester, au moins par ses infractions, en faveur de la communauté des pâturages, des bois et des eaux, *de ce qui vient tout seul*, suivant son expression.

Dans l'esprit de ces populations restées primitives, le souvenir des droits d'usage et des communaux est une tradition, la propriété personnelle, une atteinte aux droits du colon. On pourrait presque reconnaître les cantons qui ont conservé les mœurs celtiques, à l'importance des communaux et à la répulsion qu'éprouvent les plus pauvres à les voir mettre en valeur. Dans le département de la Creuse, où l'agriculture gauloise a persisté jusqu'à nos jours, l'administration forestière a pu à grand'peine obtenir des communes le reboisement de deux à trois cents hectares, sur seize mille complètement improductifs.

La forêt était avec le pacage le grenier d'abondance du vicus. Elle avait, du reste, peu de valeur vénale chez les Gaulois, surtout lorsqu'elle était loin des rivières. Les forêts n'avaient d'utilité que pour la chasse et la paisson, aussi l'arbre remplaçait-il la pierre dans les pays même où elle abondait. Les murs de l'oppidum, l'habitation du chef et du colon, provenaient des futaies ; chacun y prenait le chauf-

---

[1] Bolland. Vita S. Cadoci.
[2] Chartes manuscrites du château de la Roche-Milay.

fage et les pièces de construction à volonté. S'il en eût été autrement, le colon eût eu bénéfice à tirer de la carrière les blocs nécessaires à sa clôture ou à sa maison. Nous rappelons en passant l'exemple cité par Scymnus de Chio, de cette peuplade barbare des Mosynæci, qui habitait au-delà de l'Euxin, dans des tours de bois [1]. Aujourd'hui, comme au temps du géographe grec, et comme dans la Gaule il y a deux mille ans, le paysan russe, armé de la hache qui ne le quitte jamais, coupe et façonne dans la futaie de son seigneur sa hutte de poutres entre-croisées. Le colon du Morvan, par une habitude traditionnelle, ne visite guère sa propriété sans la hache sur l'épaule; elle lui tient lieu de couteau, de serpe, de tous les outils. Jamais il ne *lie ses bœufs* sans fixer l'indispensable instrument à une entaille réglementaire dans toutes les charrettes du pays. La hache à abattre le bois était de même la compagne inséparable du colon gaulois, et conservait dans la famille, qui lui devait de si précieux services, un caractère presque sacré. D'après le code d'Hoël-le-Bon, le père n'avait pas le droit de la léguer. Elle formait, dans sa succession, avec la chaudière et le couteau paternels, un apanage privilégié en faveur du plus jeune fils, comme un dernier enseignement, et comme les témoins muets des luttes du père de famille [2]. La marmite héréditaire participait au même prestige : « A la dissolution de la *Communauté des Gariots* (Nièvre), le maître de la communauté avait emporté et conservait comme un trophée la marmite en fonte, ou, pour employer le terme populaire, *le pot* de la communauté [3]. » A la dissolution de communautés semblables, dans d'autres parties du pays éduen, la possession de cet

---

[1] Geographi minores, supra, p. 26.
[2] « Et lebete et securi ad dessicanda ligna et cultro. » Leges Wallicæ, lib. II, cap. xii.
[3] Dupin et le Morvan, p. 47.

ustensile était pareillement un point d'honneur ou un privilège. Cette coutume dans les *communautés*, qui, selon nous, remontent à l'organisation rurale de la Gaule, semble être un des derniers signes du pouvoir et une prérogative du chef de famille. Chez les Germains, les chevaux paternels n'appartenaient point à l'aîné, comme les autres biens, mais au plus brave et au meilleur cavalier.[1]

Les nombreux *ædificium* disséminés dans le voisinage des vicus et des oppidum étaient entourés de quelques arpents de terre qui constituaient la propriété héréditaire et divisible des colons libres ou petits propriétaires recommandés[2]. Ces exploitations, distinctes de la grande communauté du clan, rappelaient ces maisons des Germains mentionnées par Tacite, séparées entre elles et dispersées, selon qu'une source, un champ, un bois, avaient plu au colon[3]. Dans chacune d'elles vivait une famille gauloise, au milieu d'un petit domaine renfermant terres, pacages, animaux. On ignore l'origine de cette catégorie de propriétés, et comment elles ont pu se former en dépit des institutions et des mœurs si opiniâtrement répulsives de toute appropriation individuelle. Cependant on doit croire qu'elles furent tolérées d'abord, établies ensuite comme le seul moyen de rendre possible la culture des pays peu fertiles, et d'encourager les efforts des colons qui avaient à lutter contre un sol ingrat. Toujours est-il que le clan comptait une classe assez nombreuse de petits propriétaires. César mentionne fréquemment l'ædificium rural, comme on l'a vu; et, dans sa huitième campagne, ses éclaireurs chez les Bellovaques vont aux renseignements dans ces chaumières[4]. Dans le pays éduen, à une époque

---

[1] Tac. Ger. XXXII.
[2] Leges Wallicæ, lib. II, cap. XII. De Courson, p.
[3] Tac. Ger. XVI.
[4] Bell. Gall., lib. VIII, cap. 7.

contemporaine de la rédaction des lois de Hoël-dda, la propriété se trouvait exactement soumise au même régime que chez les Gallois de la Bretagne insulaire. La même distinction entre les *tènements libres* et les *tènements serviles* y existait [1]. Ces tènements, avec la maisonnette, l'œdificium et son modeste domaine, étaient souvent insuffisants pour nourrir une famille, qui trouvait alors dans les communaux et les *usages* le complément de ses ressources. C'est à la persistance de ces coutumes dans le Morvan et dans l'Autunois qu'on attribue avec raison l'abstention de cette contrée dans le mouvement communal [2] qui entraîna autour d'elle tous les pays dont le sol plus riche se prêtait à la division. Tous les rapprochements tendent à prouver que le mansus était d'origine gauloise dans le pays éduen. Il formait le lot de ces colons indépendants, mais pauvres, que les charges d'un domaine trop limité faisaient passer si souvent dans la classe des *obœrati*, des débiteurs.

Le colon libre, *immunis*, avait le droit de disposer de sa petite propriété; il la partageait entre ses enfants, et le partage pouvait être recommencé à la troisième génération. La Vie de saint Patrice fournit un exemple de ces mêmes usages en Irlande : « Dans un lieu appelé Élam, douze frères, fils de Cyllad, dominaient. L'un d'eux, Saran, tenait le *principal* dans cette terre. Aussitôt leur père mort, ils s'étaient réunis pour partager son héritage, et ils avaient spolié de sa portion leur plus jeune frère, etc. [3] » Le droit d'aînesse n'existait ni dans les lois galloises ni dans la Gaule. D'après le code d'Hoël, tous les privilèges, même celui d'hériter de la maison paternelle, étaient en faveur

---

[1] A. de Charmasse. Cart. de l'Église d'Autun, Introd., p. LXXIV. ch. du prieuré de Perrecy, de 969.

[2] A. de Charmasse. Cart. de l'Égl. d'Autun, Introd., p. LXXVI.

[3] Bolland. Vita S Patricii, XVII mart.

du plus jeune. Chez les Germains, les neveux héritaient au même titre que les enfants; leur lien de consanguinité ou d'agnation paraissait même, dans quelques circonstances, comme plus étroit et plus sacré que la filiation directe. Ils ...ent ordinairement préférés comme otages.[1]

Malgré ce privilège de la transmission héréditaire, la position du colon libre était le plus souvent, comme nous l'avons dit, précaire et misérable[2]. C'est à lui surtout que s'applique l'observation de César sur la triste condition de la plèbe gauloise, si souvent écrasée par les impôts et les dettes, souvent aussi par les exactions et les injustices des puissants, et obligée de se mettre à leur service[3]. Ils tombaient d'abord dans la classe des obærati, ces débiteurs libres mais insolvables mentionnés par les Commentaires dans le clan d'Orgétorix, comme dans les lois d'Hoël, presque dans les mêmes termes[4]. En devenant les serviteurs de leurs créanciers, ils avaient quelque chance de s'acquitter envers eux et de recouvrer leur condition première. Cette déchéance des obærati est exprimée par une disposition de la loi galloise. S'ils étaient tués, leur compensation n'était que d'une livre, attendu, dit la loi, qu'ils avaient volontairement déshonoré leur état en se rendant mercenaires[5]. S'ils ne pouvaient se libérer, il ne leur restait pour ressource que d'aliéner entièrement leur liberté. Employés au travail de la maison ou des champs, ils finissaient par se perdre dans cette classe infortunée et trop nombreuse, — plerique, dit César, — qui subissait un joug fort peu différent de la servitude, et que les Commentaires caractérisent ainsi : « Leurs patrons ont sur eux tous

---

[1] Tac. Ger. XX.
[2] Leg. Wall., lib. II, c. XII.
[3] Bell. Gall., VI, 13.
[4] Bell. Gall., I.
[5] Leg. Wall., lib. III, c. II.

les droits, comme les maîtres sur leurs esclaves. — Pene servorum habentur loco. [1]

Les colons des manoirs serviles, serfs de naissance, étaient soumis à diverses redevances envers le chef, outre la nourriture de ses chiens et de ses chevaux neuf fois par an; mais ils étaient exempts de lui donner l'hospitalité à lui-même; cette charge concernait les manoirs libres. Une servitude de même genre assujettissait au moyen-âge certaines terres aux droits de gîte et de parée envers leurs seigneurs. En revanche, les colons serfs devaient loger les émigrants accueillis par le chef, lorsqu'ils retournaient dans leur pays. Leurs enfants n'héritaient de rien; ils ne pouvaient même labourer leurs terres qu'après la distribution des lots à chacun. A eux incombait la charge de construire l'ædificium du chef avec ses dépendances, celle de lui fournir par chaque domaine, lorsqu'il partait pour la guerre, un homme avec sa hache pour construire sa baraque au camp, et des chevaux et transports pour ses bagages. [2]

Dans les mœurs que nous avons essayé de décrire, l'homme tenait plus à sa race qu'à la terre; il appartenait à la tribu avant d'appartenir à un pays. Il a fallu la propriété pour constituer la patrie. De là cette mobilité presque nomade des clans, ces mouvements d'émigrations et d'immigrations, que ne cesse de nous présenter l'histoire des peuplades celtiques. Si une bande d'émigrants se présentait au seuil d'une cité et venait, en invoquant les souvenirs d'une antique parenté, demander un asile et des terres, elle essuyait rarement un refus. Souvent on transplantait des familles et quelquefois des clans entiers pour lui faire place. Lorsqu'après la défaite des Helvètes, les Éduens réclamèrent de César les prisonniers Boïens pour

---

[1] Bell. Gall. VI, 13.
[2] Leges Wallicæ, lib. II, c. xxv. § 3.

les fixer parmi eux, il est évident que cet acte de générosité ne put s'accomplir qu'en déplaçant un certain nombre de colons. On trouve dans la cité éduenne des établissements de Parisii¹ et de Senones², accueillis à titre d'hospites. Ainsi les Bituriges, les Bellovaques et d'autres nations, essaimèrent des colonies sur divers points de la Gaule. Les nouveaux-venus étaient d'abord reçus comme hôtes, advenæ ; on leur distribuait des terres³ dont il fallait cantonner les colons sur d'autres domaines. Ils reconnaissaient la souveraineté du chef qui leur avait accordé l'hospitalité et leur part au soleil⁴. A la quatrième génération, ils étaient définitivement incorporés dans la nouvelle cité et faisaient partie du clan qui les avait accueillis, « entrant alors en possession de la même liberté et des mêmes droits que les autres citoyens »⁵. Ces immixtions de peuples étaient fréquentes dans la Gaule. Après la défaite des Cimbres par Marius, d'autres Boïens avaient reçu des terres dans le pays de Buch où leur race s'est perpétuée jusqu'à nos jours. Beaucoup de clients des cités devaient avoir cette origine. Si le patron renvoyait ses hôtes avant la quatrième génération, il ne pouvait rien retenir de ce qui leur appartenait. Si au contraire les hôtes rompaient le contrat, le patron avait droit à la moitié de leurs biens. Celui qui prenait la fuite était vendu. ⁶

En résumant la constitution et les rapports du clan gaulois, on est frappé des analogies qu'il présente avec le régime féodal. Il se composait d'un chef et de vassaux,

¹ Paris-l'Hôpital, Sens, Sennecey.
² Sens, près Sennecey.
³ Leges Wall., l. II, c. xviii.
⁴ Id.
⁵ Bell. Gall. I, 28.
⁶ Bell. Gall. II, 3.

d'un château, de villages, de chaumières, et de toute une hiérarchie qui entraînait une réciprocité de droits et de devoirs. Mais il y avait aussi cette différence fondamentale qu'en droit, sinon en fait, la transmission du pouvoir reposait, dans la féodalité gauloise, non sur l'hérédité mais sur l'élection. C'était peut-être le même principe qui, avant et après Charlemagne, avait maintenu entre les mains du prince ces commandements civils et militaires que les grands travaillaient à immobiliser dans leur race. Il n'est guère possible de mettre en doute la communauté d'origine des institutions gauloises et germaniques. C'étaient deux branches de même souche, dont l'une avait devancé l'autre au contact des Romains. Lorsque, au cinquième siècle, les Germains de Clovis et de Gondebaud arrivèrent dans la Gaule, le clan gaulois subsistait dans les campagnes, et les *gentiles* d'outre-Rhin y trouvèrent des coutumes qui ne différaient pas très sensiblement des leurs. Cette ressemblance dut puissamment contribuer à la fusion des peuples. L'introduction des nouveaux-venus produisit un effet analogue à celui des anciennes immigrations. Les clans se serrèrent pour faire place, mais la propriété se maintint sur ses anciennes bases, et la féodalité conserva dans son organisation territoriale une grande part de celle des Gaulois.

CHAPITRE CINQUIÈME.

Le clan (suite). — Aspect du pays celtique. — Le pâtre. — Le colon. — La forêt. — La culture.

Les immenses friches de la Gaule, où la culture n'occupait que des terrains isolés, ouvraient à la dépaissance des espaces sans limites. La terre n'employant qu'un petit nombre de colons, quelques pâtres suffisant à la garde des troupeaux, presque toute la population, les hommes jeunes et valides, restaient libres pour la guerre, le seul passe-temps qui satisfît leurs instincts. Ce régime était donc approprié au caractère d'une race indolente et belliqueuse. Le fond de la vie rurale, lorsque les émotions des querelles et des combats n'y faisaient pas diversion, était la torpeur et l'ennui. Les chasseurs se jetaient dans la forêt, mais le colon, qui n'était point admis à ce noble exercice, se confinait dans sa cabane, et le pays était triste et désert. Peu ou point de communications d'ailleurs d'un vicus, d'un ædificium à l'autre, si ce n'est ces chemins creux, ces charrières défoncées qui se retrouvent encore dans les pays celtiques, et sur lesquels les passants étaient aussi rares qu'aujourd'hui. La campagne ne s'animait que lorsque les hommes du clan se réunissaient pour quelque expédition, ou que les gens du pagus se mettaient en marche pour se rendre à l'Emporium ou à l'assemblée. Hors de là, les chemins qui aboutissaient aux villages étaient plus souvent pétris par le pied des bestiaux que par celui des voyageurs. La culture ne pouvait prospérer avec un état de choses continuellement troublé, et qui ne laissait aux populations d'autre alternative que l'oisiveté ou l'inquiétude.

Le travail de l'homme manquant à la nature, l'arbre envahissait toujours, et le souvenir des grandes forêts conserva son prestige bien des siècles encore après leur disparition. La plus vaste partie du territoire en était couverte; elles imprimaient au paysage un caractère de grandeur qui frappait l'étranger. Aux yeux du Romain politique et sceptique, elles ne pouvaient être que le repaire du brigandage ou le refuge plus redoutable encore de l'indépendance d'un peuple, et la hache en faisait bientôt justice [1]; mais, pour le voyageur, le philosophe, le poète, pour ces hommes complets qui, après avoir conquis le monde, s'intéressaient, par la science ou le sentiment, à la beauté de ses spectacles, elles renfermaient des merveilles inconnues de l'Italie. « Ce qui la rend si belle, disait Pomponius Méla, ce sont ses immenses bois sacrés. » [2]

Pline y admirait les bouleaux, dont les indigènes tiraient une résine, et parlait en artiste « de cet arbre gaulois admirable par sa blancheur et sa ténuité [3]. » Il cite encore le chêne, le hêtre, l'orme, le saule, le buis, peut-être le châtaignier. [4]

Mais, mieux que les naturalistes et les savants, le Gaulois comprenait ses forêts. Nourri de l'enseignement spiritualiste du druidisme, elles lui offraient plus qu'un spectacle et qu'une richesse, étant pour lui un temple, presque un

---

[1] De Bello Gall. III, 29. « Reliquis deinceps diebus Cæsar silvas cædere instituit. »
[2] Pomponius Méla, lib. III, 2. « Amœna lucis immanibus. »
[3] Pline. Hist. nat. XVI, 30. « Hæc arbor Gallica mirabilis candore atque tenuitate. » Ed. Lemaire.
[4] Alfred Maury. Forêts de la Gaule.

être vivant. Leurs moindres brises devenaient à son oreille le souffle des dieux ou l'esprit des ancêtres ; son imagination, formée aux doctrines de l'Orient, les peuplait d'êtres surhumains. Lucain, dans sa description de la forêt de Marseille, semble avoir emprunté à quelque barde oublié la peinture de ces intérieurs où la nature ajoutait ses mystères à ceux de la religion. Les fontaines que n'avait jamais atteintes un rayon du soleil, les dieux informes et moussus, débrutis à peine dans des troncs d'arbres, les chênes enlacés dans les replis de wivres monstrueuses, étaient des créations du génie gaulois, entrevues pour la première fois par la poésie romaine [1]. La *forêt de Belen*, les oracles de Baranton, ne lui étaient pas inconnus ; c'est le même souffle qui inspire encore, quelques siècles plus tard, les chanteurs de la Table-Ronde, derniers interprètes des sentiments de la race celtique. Le peuple, qui grandit tout ce qu'il regrette, conserva aux futaies le prestige des âges héroïques. Les personnages de ses légendes traversent des déserts entrecoupés de marécages et de clairières, image de l'ancienne Gaule, pour gagner quelque *hall* perdu dans les bois, où l'attendent les combats singuliers, si fréquents dans la vie aventureuse des anciens chefs. Ils en affrontent les dangers, les monstres, les enchantements, les géants velus et cruels, les dragons gardiens de trésors, les sources dont l'eau remuée produit la grêle et les orages, tous ces souvenirs des sacrifices, des trésors, des superstitions d'autrefois. Lorsqu'au cinquième siècle les premiers monastères reprirent l'œuvre du défrichement, interrompue par les invasions des barbares, lorsque saint Patrice

---

[1] Arboribus suus horror inest, tum plurima nigris
Fontibus unda cadit, simulacraque mœsta deorum
Arte carent cæsisque extant informia truncis...
.....Jam fama ferebat
Roboraque amplexos circumfluxisse dracones.
Lucain. Pharsale, lib. III.

portait le fer dans le *Champ des Chênes* [1] (Dearmach), et desséchait, après les avoir exorcisés, les *lucus* dédiés aux dieux païens, les derniers bardes pleuraient en même temps sur la destruction de ces forêts, et Merlin, à moitié converti, maudissait à son tour les *loups romains* et les *moines voraces*, dont la hache avait anéanti les bois.

Au milieu de ces solitudes habitées alors par l'aurochs et l'élan, paissaient les immenses troupeaux des Éduens et des Séquanes. Ces peuples étaient renommés parmi tous ceux de la Gaule pour ce genre de richesse. « Ils engraissaient en plein air des bandes de porcs qui surpassaient ceux des autres pays en taille, en force, en vitesse, et devenaient aussi redoutables que des loups pour ceux qui n'avaient pas l'habitude de les approcher [2]. » Dans la Vie de saint Patrice, le fils d'un chef, Ellell, est dévoré par les porcs de son père [3]. Au moment de la vente, on les enfermait dans l'enclos de bois d'une *porcherie* [4], d'une *villa porcaria* [5], où l'on comptait ceux qui étaient destinés à l'Emporium, et dont la chair salée, transportée par les bateaux de la Saône jusqu'en Italie, devait figurer à la foire aux jambons, lard et saucissons gaulois, tenue dans la métropole. Il était d'usage à Rome de les conserver dans des fosses contenant jusqu'à trois et quatre mille pièces de lard gaulois [6]; mais les censeurs interdisaient de manger la tête de ces animaux. « Les troupeaux de moutons et de cochons étaient si nombreux, ajoute Strabon, qu'ils

---

[1] Bolland. Vita S. Patricii, p. 183 E.
[2] Strabon, liv. IV, p. 197.
[3] Boll. Vita S. Patricii, XVII mart. « Filius ejus a porcis conculcatus, et in parte magna imminuitur et devoratur. »
[4] Ce nom est resté à la Porcherosse, près Autun, sur le plateau d'Auxy.
[5] Villapourçon, au pied de la forêt de la Gravelle, près du Beuvray.
[6] Varron. De re rustica, liv. II, ch. iv.

fournissaient l'Italie entière de saies et de porc salé [1]. Le plus estimé provenait de la Séquanie. » Les Morins, au temps de Pline, conduisaient à pied des troupeaux d'oies jusqu'à Rome.

Avec les futaies qui entouraient l'œdificium ou le dunum des chefs, des landes couvertes de genêts et de bruyères, parsemées de touffes de houx et de genévriers, complétaient le parcours du *porcaire*. Elles étaient entourées de clôtures en branches entrelacées, comme on le voit encore dans le Morvan, et telles que César et Strabon les mentionnent dans l'Ardenne et chez les Morins. Suivi de ses chiens celtes, féroces comme le troupeau et non moins terribles [2], — quoique leur aboiement faible et plaintif imitât la voix gémissante des mendiants [3], — bravant la pluie et le soleil en cachant sa tête chevelue sous le capuchon d'une saie en laine rousse, dont la forme et l'étoffe se sont perpétuées dans le pays Éduen, le porcher gaulois n'était pas l'habitant le moins farouche de ces solitudes. Armé d'une gæse dont le bois durci au feu se terminait par un croc de fer et une pointe ondulée, comme la pique en usage encore aujourd'hui chez les gardes forestiers du Morvan, il s'en servait pour écarter la dent des animaux qui l'entouraient, et pour les diriger à la glandée. Si le troupeau se dispersait dans les bois, il le rappelait à son de trompe ; chaque animal discernait avec une finesse d'ouïe incroyable le son particulier de celle de son gardien [4]. Observant les présages et les nuages orageux, conduits par le druide, tremblant à la pensée des génies

---

[1] Strabon, liv. IV, p. 197.
[2] A Innbher-slan, les païens, *lapidum cultores*, lancent contre saint Patrice un chien féroce pour le dévorer. Vita S. Patricii, apud Boll.
[3] Arrien. De Venatione.
[4] Polybe, liv. XII.

qui hantent les carrefours et qu'il entend courir sur les feuilles [1], il craint de rencontrer l'*Homme noir* sur le dolmen [2] et évite le bois sacré, « où les oiseaux eux-mêmes craignent de se poser, où brille dans les ténèbres la lueur de l'incendie [3] ; » il habitait jour et nuit dans les bois.

Cette vie d'isolement disposa, lors de l'établissement du christianisme, le porcher gaulois à la vie érémitique. Saint Patrice avait un pâtre qui, en gardant ses troupeaux, se livrait à la contemplation et à l'étude. Un autre de ses disciples, Mochua, était un jeune porcher qu'il rencontra près de l'oppidum de *Brettan*, et à qui il enseigna l'alphabet [4]. Lui-même, noble Gallo-Romain, enlevé par des pirates sur la côte d'Armorique, il fut durant six ans porcher d'un chef irlandais nommé Melcho. Il a tracé de sa main le tableau de ce genre de vie. « Chaque jour, dit-il, je paissais les animaux... Ma demeure était les bois et la montagne. J'étais levé avant jour, par la neige, la gelée et la pluie ; je logeais dans une cabane [5]... J'ai été humilié par la faim et la nudité [6]. » — « Il n'avait pour nourriture que des racines d'herbes ou des aliments sans substance, et couchait sur la terre [7]. » S'étant enfui en Bretagne, et devenu une seconde fois captif, des chrétiens de la Gaule le rachetèrent au prix d'une chaudière d'airain.

Après les invasions barbares, une loi réglait la propriété de la glandée. Une clochette servait alors à diriger la bande de porcs, qui en reconnaissait le son comme autrefois celui de la trompe gauloise. Les rois de la première race

---

[1] Bolland. Vita S. Germani, c. III, p. 81, XXVIII maii.
[2] La Villemarqué. Contes des anciens Bretons, p. 94.
[3] Lucain. Pharsale, liv. III.
[4] Bolland. Vita S. Patricii, p. 569, 4 et passim, XVII mart.
[5] Bolland. Confessio S. Patricii, c. II, XVII mart.
[6] Ibid. c. III, p. 335.
[7] Ibid. Vita S. Patricii, c. II, p. 343.

s'étaient réservé le droit de pâture pour leurs cochons dans les forêts enclavées dans leurs domaines ; Clotaire renonça à ce privilège. Rappelons encore, comme souvenir des usages celtiques, l'impôt que percevaient les rois mérovingiens sous le nom de « decima porcorum. » Cette dîme des porcs représentait évidemment l'un de ces tributs dont parle César, et qui existaient au profit des chefs de clan. On nous pardonnera ces détails, qui étaient vrais au premier comme au cinquième siècle.

Au neuvième et au dixième siècle, les traditions pastorales étaient en pleine vigueur dans le pays Éduen comme sous les Gaulois. En 858, l'évêque Jonas cède à l'abbaye de Saint-Andoche d'Autun une *vaste forêt pour engraisser les porcs*. En 990, l'évêque Hervé donne à son église, sur les montagnes qui dominent la ville, un lieu inculte appelé *Porcaria* [1], « qui n'était propre qu'à la dépaissance de ces animaux. » En 937, l'église d'Autun possédait à Tillenay une autre forêt pouvant nourrir deux mille porcs [2]. En 1269, la nourriture d'un porc à la glandée dans les bois de l'église est réglée à deux deniers [3]. « On élevait dans la Gaule, dit Strabon, du bétail de toute sorte, principale richesse du pays [4]. » Les prairies de la Saône et de la Loire, les pâturages de l'Aron et de l'Arconce, dans le pagus des Nivernes et des Brannoves, nourrissaient le bœuf ; le Morvan et l'Autunois, le porc ; les montagnes calcaires, couvertes de plantes aromatiques, du pagus Alesiensis et du pagus Arebrignus, des bandes de moutons. La nature même du pays Éduen, comme les traditions, entretenaient les habitudes pastorales que les Gaulois avaient apportées de l'Asie.

[1] La Porcheresse, commune d'Auxy.
[2] A. de Charmasse. Cart. de l'Église d'Autun, passim.
[3] Ibid. p. 202.
[4] Strabon, liv. IV.

Dans les siècles antérieurs à César, la dépaissance était, comme on l'a vu, un obstacle absolu aux progrès de l'agriculture. Le sol, d'après Appien, ne fournissait que du grain, à l'exclusion des autres fruits, et c'est à l'insuffisance de ses produits qu'on attribuait les émigrations et la faiblesse de constitution des Gaulois [1]. Divitiac, dans un de ses entretiens avec César, lui disait que les barbares germains, informés « de la nature des champs de la Séquanie, de leur culture et de leur fertilité, y avaient été attirés en grand nombre [2]; » mais il ne faut pas attacher à ce texte une portée trop générale; il indique simplement que l'état actuel des terres de la Séquanie était supérieur à celui des Germains. Or, ces derniers, d'après Pomponius Méla, mangeaient encore à cette époque de la chair crue; quelques-unes de leurs peuplades, voisines de la Gaule, commençaient seulement à avoir une agriculture qui languissait encore soixante ans plus tard [3]. La suite du passage montre assez clairement que dans la pensée de Divitiac il ne s'agissait que d'une comparaison et d'une supériorité toute relative : « Le sol des Séquanais, dit-il, est le meilleur de toute la Gaule, et leur manière de vivre bien préférable à celle des Germains : Neque enim conferendum esse Gallicum cum Germanorum agro... qui esset

---

[1] « Galli vino ceterisque rebus affatim se replebant, quippe natura intemperantes, ac terram incolentes, præterquam frumento, cæteris fructibus inhabilem atque infœcundam. Quare corpora illorum natura magna ac delicata, et molli carne distenta, præ nimia ubi et potus copia in tumidam molem et iners pondus effusa erant; ut cursus ac labores neutiquam ferre possent, sed sudore atque anhelitu, ubi molestia quædam exanthenda erat cito diffluerent » (Appien. apud Suidam. Voce ΑΔΗΝ, t. 1, p. 81, ed. Schweighæuser.)

Camille tourne en dérision la mollesse physique « corpus molle » des Gaulois. Ibid., p. 82.

[2] De Bell. Gall., lib. I, c. xxxi.

[3] « Nam ne sua quidem enixe colunt. » P. Méla, lib. III, c. III.

optimus totius Galliæ... neque hanc consuetudinem victus cum illa comparandam. » [1]

La conquête romaine et l'accroissement de la population amenèrent seuls les Gaulois à se livrer aux travaux de l'agriculture jusqu'alors antipathiques à leurs goûts. « Les hommes de ce pays, dit Strabon, sont plus portés aux exercices de la guerre qu'à ceux des champs. *Aujourd'hui cependant*, forcés de mettre bas les armes, ils s'occupent de la culture. » « Ce changement de mœurs, ajoute-t-il, a nui beaucoup au commerce de Marseille, qui s'enrichissait en fabriquant une grande quantité de machines de guerre [2]. » « Mais à mesure que *les barbares ses voisins*, soumis aux Romains, se civilisent, ils quittent les armes pour l'agriculture [3]. » Ce renseignement sur lequel Strabon revient à trois reprises est assez précis en lui-même et dans la circonstance rapportée par cet auteur pour établir la certitude qu'avant César la Gaule n'était pas une nation agricole, qu'elle ne l'est devenue qu'après la pacification. Parmi les peuples du Midi que concerne le dernier passage de Strabon, les Allobroges étaient en première ligne ; « ils cultivent, ajoute le géographe, depuis qu'ils ne peuvent plus se battre [4]. » Aussi la Gaule narbonnaise était-elle, sous le rapport de la fertilité et de la culture, bien supérieure à la Gaule celtique. « Elle est mieux cultivée que l'autre, plus productive et plus riche en végétaux, dit P. Méla [5]. » Le monopole de la vigne lui appartenait, quoique Diodore et

---

[1] De Bello Gall., lib. I, c. xxxi.
[2] La possession de ces engins par les Gaulois du centre n'est donc pas, pour le dire en passant, et comme on l'a prétendu, un argument en faveur de la civilisation de ces peuples. Ils les achetaient à Marseille.
[3] Strabon, liv. IV, p. 180.
[4] Strabon, ibid., p. 186.
[5] Pomponius Méla. De Situ Orbis, liv. II, c. v. « Est magis culta, magis consita, hisque lætior. » Edit. Didot, trad. Nisard.

Strabon parlent d'essais tentés au Nord, mais où il fallait recourir à des procédés artificiels pour mûrir le vin. La température alors plus rigoureuse en Gaule que dans la Bretagne même, selon le témoignage de César [1], devait refouler la culture de la vigne dans les climats du Midi. Dans les pays du centre, on récoltait le blé, le millet, le gland qui s'y trouvait en très grande abondance. [2]

L'agriculture, une fois introduite dans la Gaule, y fit de rapides progrès. Ce changement se manifesta du vivant même de César, et il fut assez complet pour renouveler en peu d'années l'aspect du pays. Ses vastes friches se transformèrent en des champs fertiles; ses colons, chargés de dettes et réduits à se faire les serfs des grands, revirent des jours meilleurs. Tous ces symptômes d'une agriculture en décadence et qui reparurent quatre siècles après, à la fin de l'empire romain, firent place à une prospérité jusqu'alors inconnue. La Gaule fut cultivée comme l'Italie [3] et lui fournit des approvisionnements de grains. Cette industrie était assez fructueuse pour solliciter les capitaux romains. Cicéron plaide pour Quintius contre un certain Nævius, crieur public à Rome, qui s'était associé pour exploiter une terre considérable dans la Gaule narbonnaise [4]. Sous le règne d'Auguste, on ne voyait presque plus de parties complètement incultes; on rencontrait des habitants jusque dans les bois et dans le voisinage des marais [5]. Les défrichements avaient du reste commencé aussitôt après la conquête, et la Gaule leur dut trois cents ans de bien-être et de richesse. Par cette opération, les Romains achevaient d'éteindre le culte national en supprimant les

[1] Bell. Gall., liv. V, c. xii.
[2] Strabon, liv. IV, p. 178.
[3] Dion Cassius, lib. XLIV, p. 312. Éd. Didot.
[4] Cicero, Pro Quintio.
[5] Strabon, lib. IV, p. 178.

forêts, ses derniers asiles, et par là ils excitaient les plaintes des vaincus. « On use nos corps et nos bras, disait Galgac aux Bretons, à exploiter au milieu des coups et des injures les bois et les marais [1]. » Mais en revanche, ils mettaient en valeur une immense étendue de terres vierges d'un produit exubérant.

Tous les autres renseignements que nous possédons sur l'agriculture de la Gaule sont postérieurs à la conquête et ne donnent par conséquent qu'une base d'appréciation très inexacte, si on les applique aux époques précédentes. Au milieu du premier siècle de l'ère chrétienne, « la Gaule était riche en grains et en pâturages, selon Méla : Terra est frumenti ac pabuli ferax [2]. » Pline donne de précieuses notions sur l'industrie et l'agriculture, mais contemporain de Vespasien et de Titus, son témoignage reporte trop loin de César. Tous les auteurs de systèmes préconçus l'ont invoqué pour soutenir leurs théories et ont propagé sous son nom une multitude d'erreurs, en forçant les conséquences et brouillant les époques. Ils affirment, d'après le savant naturaliste, que les Gaulois devaient être très civilisés; ne leur doit-on pas, disent-ils, le savon, les cribles en crin, les tonnes de bois, les matelas? Ces inventions, en effet, la dernière surtout, nous paraissent très remarquables chez un peuple qui persistait, au temps de Strabon, à coucher sur la dure [3]; mais cette conclusion va beaucoup plus loin que les faits, plus loin surtout que la pensée de Pline dont le champ d'observation, en ce qui concerne la Gaule, ne s'étend guère plus loin que la narbonnaise; ajoutons que les inventions qu'il attribue aux Gaulois lui sont en grande partie contemporaines ou de fort peu antérieures, qu'il n'en fixe pas la date et qu'il écrivait plus d'un siècle après

[1] Tac. Agricola, XXXI.
[2] P. Méla, lib. V, c. xxxii.
[3] Strabon, liv. IV, p. 197.

César. Les agriculteurs gaulois, durant ce siècle, avaient été en communication constante avec le monde romain ; ils étaient donc en possession des découvertes faites par les agronomes de l'Italie et de la Grèce. Il est impossible de préciser où commencent et finissent l'influence qu'ils ont subie, les enseignements qu'ils ont reçus. Les Gaulois, dit-on encore, inventèrent la charrue à roues et l'introduisirent dans la haute Italie [1]. Cette charrue, originaire des Alpes, avait été inventée dans la Rhétie, et les Gaulois *cisalpins* lui ajoutèrent simplement des roues [2]. Virgile, né à Mantoue, en prit chez eux le modèle et le décrivit dans ses Géorgiques. Il est bien à croire au contraire qu'on ne connaissait alors dans la Gaule que le simple *araire* composé d'un timon et d'une pointe en fer, que le laboureur dirigeait de la main gauche, comme la charrue égyptienne et étrusque. On le retrouve encore aujourd'hui dans plusieurs départements, et notamment dans la Creuse et dans l'Allier, tel qu'il était sans doute il y a deux mille ans. Les Phéniciens avaient fait diverses importations, celle entre autres des chevaux d'Afrique en Espagne et dans la Gaule ; les Carthaginois avaient propagé, pour battre le blé, un traîneau composé d'une réunion de soliveaux garnis de dents et de roulettes, mis en mouvement par des animaux de trait [3]. On s'en sert encore dans l'Anatolie [4]. Dans l'impossibilité de préciser la date des procédés mentionnés par Pline chez les Gaulois, nous nous contenterons de les enregistrer sans commentaires. L'illustre naturaliste romain nous apprend que « les Pictons et les Éduens ont rendu leurs

---

[1] Collection de Dissertations sur l'histoire de France. Leber, t. XVI, p. 9.

[2] « Vomeris genus non pridem inventum in Rhætia, Galliæ duas illi addiderunt rotulas. » Plin. Hist. nat., lib. XVIII, c. XLVIII.

[3] Varro. lib. I, c. LII.

[4] Voyage autour du monde. Charton.

champs très fertiles par l'emploi de la chaux [1]; » et que « les Gaulois et les Bretons ont trouvé moyen d'amender la terre par elle-même avec la marne [2].» Ils cultivaient alors une certaine espèce de blé qui produisait plus de pain que toute autre [3]. Il est peu probable que ces résultats fussent antérieurs aux Gaulois de Strabon, qui ne *cultivaient qu'avec répugnance et par nécessité*; et encore moins aux Celtes du temps de Polybe, dont Annibal connaissait la *mollesse* et le *dégoût pour le travail* [4]. L'état agricole, mentionné par Pline, correspondait donc à celui de la civilisation générale du pays à ce moment. La Gaule alors ne le cédait en rien à l'Italie, déjà épuisée et nourrie par les provinces; l'écoulement facile des produits était un stimulant naturel pour les Gaulois. Cette prospérité avait encore une autre source, comme on l'a vu; le défrichement des forêts mit entre les mains des colons une immense quantité de terrains neufs; la chaux et la marne créaient des merveilles; mais comme toutes les cultures qui ne reposent pas sur une base rationnelle ou scientifique, elles ne donnèrent que des résultats momentanés. Le sol s'épuisa, comme s'étaient épuisés ceux de la Grèce et de l'Italie centrale. Au commencement du quatrième siècle, le colon libre, la force des nations, disparaissait de nouveau dans l'empire romain [5], comme autrefois avant César; et tandis que l'historien cherche la raison de ce déclin des

---

[1] Pline, Hist. nat., liv. XVII, c. VIII. « Hedui et Pictones calce uberrimos fecere agros. »

[2] Pline, Hist. nat., ch. VI. « Alia est ratio quam Britannia et Gallia invenere alendi terram terra, quod genus vocant margam. »

[3] Pline, liv. XVIII, c. VII. « Quod fere quaternis libris plus reddit panis quam far aliud. »

[4] Polybe, liv. III. « Quorum mollitiem et laboris impatientiam norat. »

[5] Liebig, trad. de l'allemand par Scheler. — Les lois naturelles de l'agriculture, t. I, p. 120.

populations dans les causes extérieures, l'économiste l'aperçoit dans ces causes cachées qui agissent dans l'ombre avec la force de la fatalité en minant la substance des générations dans le sol même qui les porte. Aussi quand nous arrivons à Constantin, quelques années après Dioclétien, l'agriculteur éduen ne fait plus entendre que des lamentations.

Eumène, dans son Discours d'actions de grâces[1], se plaint du peu de valeur des terres, et « de la *perfidie du sol* bien inférieur, dit-il, à celui des Rhèmes, des Nerviens ou des Tricasses, nos voisins. Un champ dont les revenus ne sont pas en rapport avec les dépenses est nécessairement abandonné, quand il n'y aurait d'autre cause que *l'indigence* des habitants de la campagne qui, pliant sous le poids des dettes, n'ont pu ni détourner les eaux ni *abattre les forêts*[2]. » Ce passage reporte naturellement l'esprit à celui des Mémoires de César que nous citions tout à l'heure[3] sur le même sujet. « Et même, continue Eumène, c'est à regret qu'on ensemence le *pagus Arebrignus*[4], *seule localité où se fasse sur une très petite échelle la culture de la vigne*, car au-delà on ne rencontre que des rochers inaccessibles, où les bêtes sauvages ont une retraite assurée. *Quant à la plaine adjacente et qui s'étend jusqu'à la Saône*, elle était, dit-on, *autrefois* d'une délicieuse fécondité, entretenue par une culture non interrompue,

---

[1] Eumène. Panégyriques. Ad Const. Aug., c. vi. Édition publiée par la Société Éduenne, 1854.
[2] Eumène, ibid.
[3] Bell. Gall., liv. VI, 13.
[4] Tout porte à croire qu'il désigne la plaine comprise entre la chaîne du mont Afrique ou de la côte d'Or, de Chagny à Dijon, et la rive droite de la Saône. Au-delà sont les montagnes de l'Auxois et du bassin de la Seine, pays de rochers et de forêts. On sait que la plaine de Cîteaux n'était qu'un marécage au moment où les premiers moines en prirent possession.

dont le travail dirigeait le cours des eaux à travers les vallées ouvertes, et dans les *terres de chaque particulier.* Mais aujourd'hui la dévastation a fermé ses canaux, et tous les lieux bas, que cette position même rendait fertiles, *sont changés en fondrières et ensevelis sous les eaux dormantes.* Les vignes elles-mêmes, qu'admirent ceux qui n'en jugent que sur l'apparence, ont tellement vieilli que la culture leur est presque inutile, car les racines des ceps, dont nous ignorons l'âge, réunies en mille replis, ne permettent pas de creuser suffisamment *les fosses, et le provin,* trop à découvert, subit l'action corrosive des eaux et les ardeurs brûlantes du soleil; nous ne pouvons, selon l'usage de l'Aquitaine et des autres provinces, *planter partout* de nouvelles vignes; car dans les régions supérieures on ne trouve *qu'un sol toujours pierreux,* et, ailleurs, *des bas-fonds exposés à la gelée blanche...* La physionomie de ces contrées est telle que nous regardons comme un très grand bienfait qu'elle ne vous en ait pas inspiré l'horreur... Connaissant la difficulté de nos routes et l'aspect âpre et hideux de notre pays, vous avez daigné y détourner votre marche illustre [1]. » Ce portrait du pays Éduen par Eumène n'est sans doute pas flatté, mais on doit reconnaître que les traits en sont exacts. La température s'était déjà notablement adoucie à la suite des défrichements des trois siècles précédents, et des travaux d'assainissement des Gallo-Romains. Mais après une période de fertilité factice, le sol s'était appauvri, ainsi que ses colons. Les conditions sociales et agricoles des Éduens avant César ne peuvent pas, en l'absence de preuves, laisser supposer une agriculture plus forte ni plus avancée que celle dont parle Eumène; leur pays, à cette époque, ne devait pas offrir un aspect plus séduisant.

[1] Eumène. Discours d'Actions de Grâces, trad. par MM. les abbés Landriot et Rochet. Société Éduenne, 1854. Autun.

Polybe, dans le passage que nous avons cité, reprochait aux Gaulois leur peu de goût pour le travail. Ce même trait de caractère, signalé après lui par Appien, qui les accuse d'être lents, de suer, de perdre haleine au moindre effort, l'est aussi par Eumène [1]. Parmi les causes qui ont amené la détresse de l'agriculture cet orateur dénonce, à côté de la perfidie du sol, la lenteur, l'apathie des colons, « hominum segnitia. » Ceux qui ont pratiqué le Morvan et les contrées adjacentes reconnaîtront la vérité de ce grief et se diront qu'un défaut datant de vingt siècles est un défaut de race. L'habitude de conduire leurs bœufs, de passer leur vie autour de leurs chars, dans les bois, dans les solitudes, de suivre les pas traînants de leurs attelages dans des chemins défoncés et déserts, et aussi peut-être une nourriture peu substantielle, ont certainement aggravé l'indolence naturelle du Celte de nos campagnes et éteint sa vivacité. Il n'en est pas moins curieux de constater avant et après l'ère chrétienne une disposition contre laquelle on lutte encore aujourd'hui. Cette tendance à l'inertie, nous n'hésitons pas à l'attribuer à la persistance des habitudes pastorales. Seul durant de longues journées à errer sans but sur la lisière des forêts ou dans les herbages, le pâtre tombe peu à peu dans cet état d'esprit qui n'est ni la réflexion ni le rêve; sorte d'engourdissement qu'on observe généralement chez les pasteurs, et dont ils ne sont tirés que par de fortes excitations. Tel a toujours été le caractère de cette race celtique qu'on a si justement comparée au caillou dont un choc violent peut seul faire jaillir l'étincelle [2]. Aussi, « par un usage qui leur était commun avec beaucoup d'autres peuples barbares, dit Strabon, — on pourrait même ajouter avec tous les peuples peu

---

[1] Appien, lib. II.
[2] La Villemarqué. Myrdhinn ou l'enchanteur Merlin, ch. I.

civilisés, — les Gaulois abandonnaient-ils aux femmes toutes les occupations pénibles¹. » Le souvenir de cet état d'infériorité est resté dans les mœurs du Morvan ; dans la plupart des familles, les femmes ne se mettent jamais à la table de leurs maris, surtout en présence des étrangers. Les hommes se croyaient libres de tout devoir, celui de la guerre excepté, et encore dans le péril de leurs époux, les femmes gauloises les égalaient-elles en force et en courage² : « de leurs grands bras blancs, dit Ammien Marcellin, elles lançaient de grosses pierres avec la roideur d'une catapulte. »³

Avec ces colons lents et mous, ennemis du travail de la terre, et quand le rude labeur des champs était laissé aux femmes, l'agriculture gauloise pouvait-elle présenter cet aspect florissant où se complait l'imagination de certains érudits ? Nous regrettons, quant à nous, de ne pouvoir souscrire à leurs descriptions trop flattées. L'agriculture, pour prospérer, a besoin d'autres éléments ; il lui faut, entre autres choses, des centres populeux qui stimulent ses efforts et assurent un débouché à ses produits. Ces conditions économiques ne se réalisèrent que sous Auguste. Les villes, les routes, les constructions dont il couvrit la Gaule occupèrent une multitude de bras, dont l'agriculture dut être le premier et le plus indispensable moteur. Ce double courant constitua la richesse et eut pour conséquence une de ces crises bienfaisantes qui se comptent à travers les siècles, et qui consolent trop rarement l'histoire des sévères réalités dont elle forme la trame de ses récits.

¹ Strabon, lib. IV, cap. 4, p. 197.
² Diodore, liv. V, ch. III.
³ Amm., liv. XV, ch. XII.

CHAPITRE SIXIÈME.

L'oppidum militaire. — Aspect et position des retranchements gaulois. — Leur destination. — Ce sont des campements et non des villes. — Leur abandon ou leur transformation sous les empereurs.

Si vastes que fussent les forêts de la Gaule, elles ne pouvaient offrir aux peuplades disséminées dans leurs solitudes qu'une sécurité imparfaite. Les pâtres, les colons, les malheureux habitants de ces vicus et de ces ædificium isolés, qu'un état de guerre permanent exposait sans cesse aux incursions et au pillage, s'y ménageaient des retraites plus ou moins sûres contre des bandes de maraudeurs, mais insuffisantes contre la poursuite d'un ennemi victorieux. Les forêts fournissaient sans doute, dans les pays de plaines et de marécages, des lieux de refuge et des points de résistance aux clans envahis; mais dans les pays de montagnes, où semblent s'être concentrés les éléments les plus énergiques de la nationalité celtique, la nature offrait à ces populations belliqueuses des ressources que leur stratégie intelligente, quoique grossière, n'avait garde de négliger.

La géologie semble, au premier aspect, avoir fait à elle seule tous les frais de construction de l'oppidum gaulois, tellement qu'aujourd'hui, après tant de siècles écoulés sur les derniers vestiges humains, la plupart de ces forteresses profilent encore comme des énigmes, sur nos horizons, leurs bastions écrêtés. Certains traits caractéristiques les distinguent cependant des formations purement naturelles. mais il faut les étudier de très près pour retrouver avec certitude les traces ineffacées du travail de l'homme. On le reconnaît, non sans hésiter quelquefois, aux arêtes plus vives des rochers, aux escarpements artificiels, aux pentes rendues plus abruptes sur les flancs des montagnes; et souvent la réflexion s'étonne de la puissance de ce travail qui semble se confondre, au premier coup d'œil, avec celui de la nature.

Dans tous les pays primitifs, le système de défense a été le même; il a consisté à occuper les lieux élevés. Les premières villes de la Grèce et de l'Italie, des Pélasges et des Étrusques, étaient situées au sommet des montagnes et des rochers. Des quartiers de pierres brutes en formaient les murailles; ces enceintes suivaient la configuration du terrain; elles étaient généralement dépourvues de tours. Argos, Thèbes, Sparte, Athènes, Mycènes, ont été bâties dans ces conditions. A l'origine de Rome, chaque *gens* occupe un oppidum séparé sur l'une des sept collines; et la tentative d'escalade des Gaulois au mont du Capitole nous reporte à cet antique système des défenses naturelles. « Les maisons des habitants, dans l'oppidum des premiers âges historiques, étaient disposées sans ordre dans l'intérieur de l'enceinte fortifiée. Une place était réservée pour les assemblées publiques, et des sièges de pierre y étaient disposés pour les chefs du pays qui venaient s'y asseoir dans les circonstances nécessaires [1]. » Voilà l'oppidum dans toute sa simplicité. Chez les Gaulois, le génie des arts en général, et particulièrement celui de l'architecture, fut loin de devancer la Grèce et l'Italie. Nous avons vu, d'après le témoignage de Polybe, que, deux siècles avant Jésus-Christ, les Gaulois dans la Cisalpine n'avaient encore ni villes fermées ni murailles [2]. Ce génie ne se révéla chez eux, comme dans toutes les races de l'Occident, qu'après

---

[1] Batissier. Histoire de l'Art monumental, p. 145.
[2] Polybe, liv. II, ch. vi.

de longs siècles et au contact de la civilisation romaine. La religion des Gaulois, pas plus que leur état politique, ne leur imposait des constructions publiques; les druides n'avaient pas de temples. Les seuls monuments qui nous soient restés de cette civilisation sont des pierres brutes que l'homme n'a touchées que pour les fixer sur le sol : des cairn, tumulus de pierres; des men-hir, pierres levées; des dol-men, tables de pierres; des cromlech, allées couvertes; des cercles de pierres, etc. On ne connaît pas une seule construction gauloise en pierre taillée. Les indications que nous donnent César, Strabon et Vitruve, sur l'art de bâtir en Gaule, au moment de la conquête, font présumer que sept ou huit siècles auparavant cet art ne différait en rien de celui des peuples sauvages.

L'oppidum gaulois ne devait donc pas présenter un aspect moins rude que ces antiques citadelles dont parle Virgile, « præruptis oppida saxis. » Dans César, il est toujours un lieu retranché, quelles que soient la position et la nature des moyens de défense [1]. Il consistait, près des cours d'eau, en îles situées au milieu des fleuves [2], détachées des terres par un fossé ou entourées de marais; chez les Bretons, il était formé par des abatis d'arbres et des fossés [3], parfois par des amoncellements de terre, comme ceux qui entouraient les *hall* des chefs [4]; chez les Nerviens et les Morins, par des remparts de branchages entrelacés [5]; chez les Allobroges, les Séquanais, les Arvernes,

---

[1] « Non erat oppidum quod se armis defenderet. — Ils n'avaient pas d'oppidum en état de défense », dit-il en parlant des Éburons. Bell. Gall. VI, 34.

[2] Bell. Gall. VII, 57.

[3] Bell. Gall. V, 21.

[4] Au sixième siècle, saint Cadok, nommé évêque de Bewon, entreprit, pour garantir la ville des barbares, de remplacer les murs en terre à demi ruinés par une muraille en pierres. La Villemarqué. Légende celtique, p. 212.

[5] Bell. Gall. II, 17, 22.

les Éduens, les Cadurques, etc., il occupait des sommets escarpés et munis de différents ouvrages [1]. Sa première condition était donc de pouvoir résister à l'ennemi. César disait d'Avaricum « que la nature du lieu en facilitait la défense; que des marais l'entourant de tous côtés, on ne pouvait l'aborder que par un passage étroit [2]. » Mais dans les pays de montagnes, l'oppidum était constamment placé sur les points culminants, dans les positions les plus fortes; et à la suite du terme qui le désigne, César ajoute presque invariablement : « natura et opere munitum, — fortifié par l'art et par la nature. » « Vesontio (Besançon), dit-il, le plus grand oppidum des Séquanes, était défendu par la nature du lieu... Le Doubs l'entoure presque d'une ceinture; l'espace délaissé par la rivière n'a pas plus de cent vingt pas, et il est occupé par une montagne de grande hauteur, dont le pied baigne des deux côtés dans l'eau. Le mur dont elle est entourée en fait une citadelle et la réunit à l'oppidum [3]. » Les textes relatifs aux dispositions générales de ces forteresses se reproduisent à chaque pas dans les Commentaires, et leur multiplicité ne laisse que l'embarras du choix.

Lorsque Crassus, après avoir battu les Sotiates en Aquitaine, met le siège devant leur oppidum et le reçoit à discrétion, les peuples voisins sont étonnés qu'il ait en si peu de jours forcé à se rendre « un lieu fortifié par l'art et par la nature : — Crassus ex itinere oppidum Sotiatum oppugnare cœpit... natura loci et manu munitum [4]. » « Gergovie, dit César, était placée sur une très haute montagne; elle avait de tous côtés des accès difficiles; il désespéra de l'enlever d'assaut. — Gergovia quæ posita in altissimo

---

[1] Bell. Gall. passim.
[2] Bell. Gall. VII, 17.
[3] Bell. Gall. I, 38.
[4] Bell. Gall. III, 23.

monte omnes aditus difficiles habebat, de expugnatione desperavit. » [1]

« L'oppidum d'Alise était situé dans un lieu tout à fait élevé, au sommet d'un pic, de telle sorte qu'il semblait impossible de s'en emparer sans un siège en règle. — Erat quippe oppidum in colle summo, admodum edito loco, ut, nisi obsidione, expugnari videretur. » [2]

La position d'Uxellodunum sur la frontière des Cadurques n'était pas moins redoutable. « Cet oppidum est merveilleusement fortifié par la nature du lieu,... entouré de toutes parts es rochers les plus abrupts, et que des hommes armés auraient peine à atteindre, lors même qu'il ne serait pas défendu. — Uxellodunum oppidum natura loci egregie munitum;... omnes oppidi partes præruptissimis saxis esse munitas, quo, defendente nullo, tamen armatis adscendere esset difficile [3]. » Il craint que si cette place n'est pas promptement réduite, les autres nations de la Gaule ne s'imaginent qu'il suffit d'une bonne citadelle pour résister aux Romains.

Chaque cité avait plusieurs oppidum, comme on l'a vu chez les Helvètes; les divisions secondaires du sol en possédaient aussi. Une place forte centrale servait, par excellence, de point d'appui aux autres lieux retranchés; c'était l'*oppidum maximum*. Ainsi les bandes d'Atuatiques, qui venaient au secours des Nerviens, apprenant en route leur défaite, abandonnent tous leurs autres *oppidum et leurs forts* pour se retirer corps et biens dans un *seul oppidum* « merveilleusement défendu par la nature et entouré partout de hauts rochers. Il n'avait qu'une avenue de deux cents pieds de large qu'ils fortifièrent d'un double mur soutenu de gros quartiers de pierres et de poutres pointues

---

[1] Bell. Gall. VII, 36.
[2] Bell. Gall. VII, 69.
[3] Bell. Gall. Hirtius, VIII, 32, 33.

fichées dans le mur [1]. » L'oppidum avait partout le caractère d'une forteresse naturelle à laquelle une science peu développée avait ajouté ses ressources. Lorsque les rochers étaient à pic, on n'élevait pas même un parapet ; quelquefois on formait une clôture en pierres sèches, comme à Alise, aux Barres, à Château-Beau [2]. Le mur de Gergovie, où échoua l'attaque de César, avait six pieds de haut ; L. Fabius, centurion de la huitième légion, soulevé par ses soldats, le franchit et le fit escalader après lui. Des femmes arvernes, saisies de terreur, descendirent de ce rempart en s'aidant de leurs mains pour sortir de l'enceinte et se rendre aux Romains. On ne peut voir dans ce mode de construction rien qui rappelle l'acropole des Grecs ou la forteresse des Romains. Tandis que l'art de la fortification s'était développé chez ces peuples, il était resté dans la Gaule à l'état d'enfance. On peut en juger par la description que fait César des murailles.

« Presque tous les Gaulois, dit-il, construisent leurs murailles de la manière suivante : ils se servent de pièces de bois droites dans toute leur longueur, les couchent à terre parallèlement, les placent à une distance de deux pieds l'une de l'autre, les fixent transversalement par des troncs d'arbres, et remplissent de terre l'intervalle qui les sépare. Ils posent ensuite de front un rang de grosses pierres ou fragments de rochers, et lorsque ceux-ci sont fortement joints, ils établissent un nouveau rang de pièces de bois disposées comme les premières et conservant entre elles un semblable intervalle, de telle manière que les rangs de pièces de bois ne se touchent point, et ne portent absolument que sur les assises de rochers interposés. L'ouvrage est ainsi continué jusqu'à hauteur convenable.

---

[1] Bell. Gall. II, 29.
[2] Oppidum de la Bourgogne.

Cette construction, la variété de ses matériaux, ces rangs alternatifs de pièces de bois et de rochers, forment un parement régulier et n'ont rien de désagréable à la vue. Ces murailles sont d'une grande commodité pour le service et la défense des places, car les pierres qui les composent résistent aux incendies, et les pièces de bois aux coups du bélier. D'ailleurs les poutres étant liées entre elles dans l'épaisseur de la muraille, et ayant environ quarante pieds de longueur, il est aussi difficile de les détacher que de les rompre. » [1]

« On doit remarquer, dit un commentateur, que les pièces de bois couchées parallèlement à terre, n'étant séparées entre elles que par un intervalle de deux pieds romains et pouvant avoir chacune deux pieds d'équarrissage, ces murs ne devaient porter qu'environ six pieds de large ; les quarante pieds dont parle César ne mesurent que la longueur des poutres de face. » Un échantillon de ces constructions a été retrouvé parmi les habitations lacustres du lac de Zurich ; l'épaisseur était de quatre pieds.

Sur ces murailles les Gaulois élevaient des tours de bois, et à Avaricum ils les avaient couvertes de peaux fraîches, afin qu'elles pussent résister au feu ; il faut remarquer toutefois que ces ouvrages furent improvisés, et que la suite du récit semble indiquer des tours mobiles. [2]

On voit d'après la description de César que les Gaulois ne creusaient pas de fondations, qu'ils ne taillaient pas la pierre, n'employaient ni ciment ni mortier, que les pièces de bois servaient seules de lien et constituaient entre les assises de rochers la solidité de la muraille. Cette absence de fondation est un des signes auxquels on reconnaît les murailles gauloises. Après la destruction des

---

[1] Bell. Gall. VII, 23.
[2] Bell. Gall. VII, 22.

poutres, il n'est resté d'autre vestige que l'aplanissement du sommet et l'escarpement des pentes sur l'arête desquelles étaient assis les murs de l'oppidum. Les retranchements de Bibracte et ceux des montagnes voisines nous en offriront plusieurs exemples. A l'intérieur de la forteresse, ou sous sa protection, étaient distribués les campements des pagus, selon l'habitude des Gaulois qui était de cantonner les clans dans des quartiers distincts.

Pendant les sièges de Gergovie et d'Alise, une partie de l'armée gauloise est postée en dehors de l'oppidum, *par nation*, suivant la coutume, et se retranche simplement derrière un mur en pierres sèches, haut de six pieds. Tandis que les Romains s'entouraient de circonvallations, les Gaulois laissaient, la plupart du temps, leurs camps et leurs oppidum sans fossés. Ce ne fut qu'après la prise d'Avaricum et sur l'ordre de Vercingétorix, que, consternés de leurs revers, ils se décidèrent à en creuser autour du camp.[1]

Dans la cinquième campagne de César, « les Nerviens enfermèrent le camp romain dans un rempart de dix pieds de haut, bordé d'un fossé profond de quinze. C'étaient des soldats romains prisonniers qui, dans les années précédentes, leur avaient, au dire de César, enseigné ce travail. Dépourvus des outils nécessaires, ils creusaient la terre avec leurs mains et leurs épées, et se servaient de leurs sayons pour la transporter. »[2]

La guerre une fois déclarée, les populations éparses dans les campagnes se réfugiaient en masse dans les oppidum. On en trouve de nombreux exemples dans les Commentaires. Critognat, à Alise, rappelle que, pendant la guerre des Cimbres et des Teutons, les ancêtres des Gaulois, entassés dans les oppidum, « *in oppida compulsi*, »

---

[1] Bell. Gall. VII, 30.
[2] Bell. Gall. V, 42.

et réduits à la famine, ont mangé ceux qui ne pouvaient combattre¹. Au début de la guerre des Gaules, les Éduens se plaignent que les Helvètes dévastent tout dans leur pays, font des esclaves, *forcent leurs oppidum*²; les Ambarres, leurs amis et alliés, annoncent que leurs champs sont ravagés, qu'ils ont peine à tenir *dans leurs oppidum*; et César, après la levée du siège de Gergovie, rappelant ces souvenirs à Eporédorix et à Virdumar, leur disait qu'à son arrivée en Gaule, les Éduens étaient chassés de leurs champs et refoulés *dans leurs oppidum.* ³

Au moment du soulèvement des Sénons, Accon, chef du complot, ordonne à la multitude de s'y retirer. ⁴

Les Suèves envoient des messagers, incertains de savoir s'ils doivent abandonner ces lieux retranchés ou cacher leurs femmes, leurs enfants et leurs biens, dans les bois ⁵. Avaricum était un vaste oppidum où les Gaulois, pendant le siège, jetèrent dix mille hommes ⁶, quoiqu'il en renfermât déjà trente mille. Une armée tout entière put se réfugier à Gergovie et à Alise. ⁷

Lorsque César, à sa huitième campagne, arrive chez les Bellovaques, ses cavaliers lui rapportent que les ædificium sont à peu près abandonnés, et que les quelques hommes qu'ils y ont rencontrés ne sont pas restés pour cultiver les terres,—tout le monde s'était enfui précipitamment,—mais pour espionner leur marche. Ne sachant où une pareille multitude avait pu se retirer, il apprend que tous les Bellovaques en état de porter les armes se sont réunis en un seul

---

¹ Bell. Gall. VII, 77.
² Bell. Gall. I, 11.
³ Bell. Gall. VII, 54.
⁴ Bell. Gall. VI, 4.
⁵ Bell. Gall. IV, 19.
⁶ « Statuunt ut decem millia hominum delecta in oppidum submittantur. » Bell. Gall. VII, 21.
⁷ Bell. Gall. VII, 51, 80.

lieu avec les Ambiens, les Aulerques, les ..., les Vélocasses et les Atrébates ; qu'ils sont campés sur une haute montagne, environnée d'un marais.[1]

Enfin, dans sa campagne d'hiver contre les Bituriges méditée à Bibracte, sa cavalerie surprit les habitants des campagnes *avant qu'ils aient pu gagner les oppidum*.[2]

L'oppidum était approvisionné, en temps de guerre, de tout ce qui était nécessaire pour soutenir un siège et nourrir la garnison employée à sa défense. Quant aux populations qui venaient s'y réfugier, elles pourvoyaient elles-mêmes à leur subsistance, chacun s'empressant d'y transporter ses vivres, ses grains, ses troupeaux, son mobilier, tout ce qu'il possédait, tout ce qu'il pouvait du moins soustraire au pillage de l'ennemi. Les Vénètes, aussitôt après leur soulèvement, préparent leurs oppidum et y emmagasinent tous les grains des campagnes, « frumenta ex agris in oppida comportant[3]. » En Bretagne, nombre d'hommes et de troupeaux s'étaient réfugiés dans le grand oppidum de Cassivellaun, entouré de bois et de marais[4]. L'oppidum de Besançon était très abondamment pourvu de tout ce qui est nécessaire à une armée, « namque omnium rerum quæ ad bellum usui erant summa erat in eo oppido facultas[5]. » César ordonne aux Ubiens « de conduire dans les oppidum leurs troupeaux et toutes les provisions des champs[6]. » La nation des Atuatiques s'enferma, hommes, femmes, enfants, bestiaux, dans un seul oppidum. Après la prise d'Avaricum, le vainqueur trouva

---

[1] Bell. Gall. Hirtius, VIII, 7.
[2] « Rura colentes prius ab equitatu opprimerentur quam confugere in oppida possent. » Bell. Gall. Hirtius, VIII, 3 et 6.
[3] Bell. Gall. III, 9.
[4] Bell. Gall. V, 21.
[5] Bell. Gall. I, 38.
[6] Bell. Gall. VI, 10.

dans cette place une immense quantité de grains et de vivres de toute sorte, « summamque ibi copiam frumenti et reliqui commeatus nactus [1]. » Enfin, l'une des considérations qui déterminent L. Caninius à faire le blocus d'Uxellodunum, c'est la quantité de bagages et d'approvisionnements « magna impedimenta » dont les assiégés « oppidani » ont encombré la ville, et la certitude que cette riche proie ne pourra lui échapper. [2]

Ces citations déterminent suffisamment, nous l'espérons, la nature et la destination de l'oppidum, en l'absence de tout commentaire. Mais lorsqu'il est question de la Gaule, on peut s'attendre à rencontrer à chaque pas des notions inexactes. Il n'est pas, nous l'avons dit, de supposition plus contraire à la vérité que celle qui est si généralement accréditée par la plupart des historiens, de l'existence de grandes et nombreuses villes dans les Gaules. Sous l'impression de cette idée préconçue, qui consistait à voir des villes dans les cités gauloises, il est naturel qu'on retrouve aussi des villes dans les oppidum. Cette double confusion est en quelque sorte inévitable, lorsqu'on veut à tout prix caresser ce préjugé archéologique et national. Nous croyons avoir dissipé l'erreur en ce qui concerne les cités; il nous reste à établir que les oppidum n'étaient pas et ne pouvaient être des villes.

Nous ne reviendrons pas sur les considérations générales invoquées contre la thèse de l'existence des villes au commencement de notre étude sur la cité gauloise. Une ville est une agglomération permanente d'habitants adonnés au commerce, à l'industrie, exerçant des professions diverses, cherchant dans les conditions de ce voisinage les encouragements et la protection d'une mutuelle sécurité, vivant

[1] Bell. Gall. VII, 32.
[2] Bell. Gall. VIII, 33.

sous une administration composée de citoyens chargés de représenter les intérêts communs [1]. Or, rien de pareil n'existait dans la Gaule. Les mœurs, l'état social du pays, l'organisation presque féodale des clans, la prédominance exclusive de l'élément rural et militaire sous l'autorité de chefs absolus, qu'ils fussent héréditaires ou électifs, étaient radicalement incompatibles avec le développement de ces associations qui ont été le berceau des villes. On ne trouve historiquement dans la Gaule aucune trace du régime municipal qui avait constitué les villes antiques de la Grèce et de l'Italie, et qui a formé nos villes modernes. La cité n'était qu'une dénomination latine qui désignait une fédération de clans. L'oppidum n'était qu'une forteresse où, comme nous venons de le voir, les populations disséminées dans les campagnes s'enfermaient aux approches de l'ennemi.

Si l'expression de *civitas*, employée fréquemment par les écrivains latins, prêtait à l'amphibologie et permettait, à la rigueur, de prendre les cités gauloises, — c'est-à-dire des peuplades, — pour des villes, le terme d'*oppidum*, si précis dans sa signification, rendrait inexcusable toute méprise de ce genre. Les Romains avaient, pour caractériser la ville et la place forte, deux expressions parfaitement tranchées, et qui se faisaient en quelque sorte opposition l'une à l'autre. Ce contraste est admirablement accusé dans ces deux vers de Virgile :

> Adde tot egregias urbes, operumque laborem,
> Tot congesta manu præruptis oppida saxis. [2]

Les écrivains du siècle qui précède l'ère chrétienne n'appliquent jamais le mot *urbs* aux lieux habités dans la Gaule. César et Cicéron, les deux auteurs les plus compétents, se servent toujours du mot *oppidum*.

---

[1] « Cœtus hominum jure sociati, quæ civitates appellantur. » Cic.
[2] Georg., l. II.

La forteresse gauloise était d'ailleurs sans analogie avec les établissements militaires des Romains; elle n'était ni le castrum, ni l'urbs, et c'est pourquoi les Romains ne l'ont jamais appelée qu'oppidum. Elle avait, il faut le dire, une destination mixte et transitoire qui la rapprochait tantôt du castrum, tantôt de l'urbs, selon les circonstances. Ce caractère complexe a pu embarrasser les commentateurs latins qui ont essayé de la définir, mais il ne nous permet, à nous, de la confondre ni avec l'un ni avec l'autre.

L'oppidum gaulois n'était pas, comme le castrum romain, un établissement formé en vue d'un but précis, d'une circonstance déterminée, soumis à un système régulier de fortifications et de défenses, occupé par une garnison permanente. La permanence et la régularité sont des qualifications qui ne peuvent s'appliquer à rien de gaulois. En fait d'organisation militaire, tout était chez eux confusion et désordre; ils n'avaient pas d'armée proprement dite. Les contingents levés parmi les hommes des clans s'assemblaient tumultueusement sous les enseignes de leurs chefs; dans les marches, dans les combats, ce n'était qu'une multitude sans discipline [1]. Aussitôt l'expédition terminée, la troupe se dispersait, chacun regagnait sa case ou son vicus, et nul ne s'inquiétait de la défense de l'oppidum.

Il ne différait pas moins de l'urbs des Latins, ne fût-ce que par l'irrégularité de sa population. Il était à l'urbs ce qu'une hôtellerie est à une maison habitée, ce qu'un campement est à une ville. Tantôt il suffisait à peine à contenir l'affluence des soldats et des fugitifs qui se pressaient dans ses retranchements, tantôt il présentait l'image de l'abandon et de la solitude. L'oppidum, occupé la veille par cinquante ou cent mille hommes, se trouvait réduit le lendemain à la proportion d'un gros village.

[1] Tite Live, liv. V, c. XLII.

On ne comptait, nous l'avons dit, que deux ou trois oppidum par pagus. Si l'oppidum eût été une ville occupée par de nombreux habitants enfermés dans ses remparts, il eût manqué à sa destination essentielle, qui était de s'ouvrir, à un moment donné, à des populations entières refoulées par l'ennemi. Non-seulement il fallait recevoir les fugitifs, mais leurs bœufs, leurs porcs, leurs moutons, la nourriture des hommes et celle des troupeaux qu'ils chassaient devant eux [1], tous ces bagages, tous ces encombrements que les colons traînaient à leur suite, et qui étaient leur unique richesse. Pour répondre à ces conditions imposées par la nature des choses, il était nécessaire que, si l'oppidum avait en temps de paix une population fixe, cette population fût au moins très restreinte, eu égard à l'enceinte libre et à l'espace exigé pour abriter, en temps de guerre, tout ce qui venait s'y entasser.

Les Commentaires fournissent sur les oppidum assiégés par César des détails on ne peut plus concluants dans le sens de ces observations.

Dans l'oppidum des Atuatiques, après avoir tué quatre mille hommes, le vainqueur fait vendre cinquante mille prisonniers trouvés dans l'enceinte. Après le massacre d'Avaricum, César évalue à quarante mille âmes le nombre des assiégés. Les auteurs qui prennent parti pour les villes gauloises ont vu dans cette évaluation le chiffre normal de la population de Bourges. Avec un peu de réflexion, ils eussent évité cette erreur. César conduisait le siège en personne. On avait certainement rassemblé dans les murs de la place une garnison nombreuse; dès le début du siège, l'armée gauloise y avait jeté dix mille hommes [2]. De plus, le pays, à une assez grande distance, venait d'être entièrement

---

[1] « Pecus, cujus magna erat ab Mandubiis compulsa copia. » Bell. Gall. VII, 71.
[2] Bell. Gall. VII, 21.

brûlé par ordre de Vercingétorix. Tous les habitants des pagus et des biens incendiés, tous ces colons sans ressources et sans abri, fuyant l'armée romaine, cherchant un asile, s'étaient jetés dans Avaricum, et il faut bien les ajouter au chiffre, quel qu'il fût, de sa population ordinaire. Il faut tenir compte aussi de la question de superficie; les quarante mille assiégés qui vinrent se faire égorger dans ce malheureux oppidum n'y étaient pas arrivés seuls. Ils avaient, comme toujours, introduit avec eux leurs grains et leurs bestiaux, tout ce qu'ils avaient pu soustraire au désastre de l'incendie. De là cet immense amas de provisions de toutes sortes trouvé par César. Or, l'assiette d'Avaricum était beaucoup moins étendue que l'emplacement actuel de Bourges; les marais qui entouraient la vieille forteresse ont été en grande partie comblés, et enfin le castrum qui a succédé à l'oppidum gaulois, et dont on reconnaît encore les traces, n'occupe qu'une surface assez restreinte, évidemment insuffisante pour une population fixe de quarante mille ames. Ajoutons que l'expression d'*oppidani* employée par César ne peut désigner que la multitude qui s'était jetée dans la place, soit pour y chercher un abri, soit pour concourir à sa défense.[1]

La différence entre l'oppidum et la ville proprement dite était si nettement caractérisée dans la langue populaire, que les lexicographes latins cherchaient à justifier la spé-

---

[1] On pourrait encore établir une proportion calculée sur la population de la Gaule qui comptait jusqu'à la frontière du Rhin huit millions d'habitants, comparée à celle de la France qui, avec un territoire moins étendu, en a trente six millions. Comment admettre qu'Avaricum ait eu quarante mille habitants de population fixe, tandis que la ville actuelle, qui occupe certainement une plus grande surface, n'en a que vingt-cinq mille? La proportion calculée, disons-nous, sur le chiffre total de la population de la Gaule et de la France aux deux époques, serait de cinq à six mille ames, et nous pensons que la ville gauloise n'en comptait pas davantage.

cialité du sens par des raisons étymologiques. Ainsi Varron, contemporain de César, trouve l'origine du mot oppidum dans les considérations suivantes :

« Oppidum vient de *ops*, secours, parce qu'il est fortifié pour prêter secours, et parce qu'il en faut (opus est) pour protéger l'existence, — où l'on puisse habiter en sûreté. On peut encore faire dériver ce mot des travaux d'art (opere) dont on l'entoure afin de le mieux fortifier. »[1]

Pomponius Festus, grammairien célèbre, qui écrivait sous Auguste, le lendemain de la conquête de César, à un moment où la plupart des oppidum gaulois existaient encore, reproduit presque dans les mêmes termes le texte de Varron :

« L'oppidum est ainsi nommé parce qu'il prête secours, — quod opem præbet. »

Et ailleurs :

« Parce que les gens y transportent leurs biens, — opes suas conferunt. »[2]

C'est l'idée la plus exacte, celle d'un établissement temporaire, d'un lieu de refuge; mais elle n'indique aucune constitution particulière qui donne à la petite agglomération en permanence dans l'intérieur de l'oppidum un caractère distinct de celui d'un simple vicus.

Les fonctions diverses de l'oppidum ne nous paraissent avoir été bien rendues que par Servius, commentateur de Virgile, qui vivait au quatrième siècle.

Ce n'est pas que cet auteur ait eu lui-même une notion bien précise de l'oppidum, mais il l'a donnée en résumant comme au hasard les opinions émises avant lui. L'oppi-

---

[1] « Oppidum ob ope dictum, quod munitur opis causa ubi sint; et quod opus est ad vitam gerendam, ubi habitent tuto; vel oppida quod munibant opere mœnia, quo munitius essent. » Varron, IV. De Lingua latina.

[2] P. Festus. De Verborum significatione.

dum, par sa nature, n'ayant rien de déterminé rigoureusement, si ce n'est sa destination défensive, chacune des attributions énumérées par Servius est vraie, en lui donnant un sens local et restreint.

« Les uns, dit-il, distinguent l'oppidum du *vicus* et du *castellum* uniquement par sa grandeur;

» Les autres le définissent : un lieu renfermé par un mur, un fossé ou tout autre retranchement ;

» Ici, c'est un espace couvert d'*ædificium*, où l'on rencontre un *lieu sacré*, un *lieu d'assemblée*, une *place* et une *enceinte fortifiée*;

» Là, au contraire, on dit *oppidum*, de l'*opposition* des murailles, ou bien parce que le lieu est rempli d'hommes, *oppletus*, ou bien parce qu'ils y ont entassé leurs richesses derrière l'abri du retranchement. »[1]

Quand Vitruve veut indiquer les dispositions générales à observer pour l'établissement d'une place forte, c'est encore le mot oppidum qu'il emploie. Nous citons le passage qui n'est pas sans intérêt pour notre sujet :

« Le tracé de l'*oppidum*, dit-il, ne doit être ni carré ni formé d'angles saillants; il doit être circulaire, afin que l'ennemi soit en vue du plus de points possible. Il est essentiel aussi que les accès des portes ne soient pas directs mais obliques. »[2]

On voit par ce qui précède que ces écrivains étaient loin de confondre l'*urbs* avec l'*oppidum*. Ce n'est que dans les

---

[1] « Oppidum quidem a vico castelloque magnitudine secernunt. Alii locum muro, fossave, aliave qua munitione conclusum; alii locum ædificiis constitutum, ubi fanum, comitium, forum et murus sit; alii oppidum dici ab oppositione murorum, vel quod locus esset oppletus, vel quod opes illo munitionis gratia congestæ sunt. » Servius in IX Æneid.

[2] « Collocanda *oppida* sunt non quadrata nec procurrentibus angulis sed circuitionibus, uti hostis ex pluribus locis conspiciatur; et excogitandum ut portarum itinera non sint directa sed maça. » Vitr. de Arch., lib. I, c. v.

auteurs grecs, étrangers à la Gaule et postérieurs généralement à la conquête, que la confusion entre ces deux termes a commencé à s'introduire; mais d'abord on doit remarquer qu'à ce moment de l'histoire, la Gaule était, ou en voie de transformation, ou déjà transformée. La simplicité primitive des habitations des oppidum gaulois avait disparu; des constructions en maçonnerie, groupées avec un art plus ou moins régulier, y attestaient l'influence des ouvriers romains, et les faisaient ressembler à des villes. L'assimilation des termes avait donc alors une raison légitime. Ainsi Strabon est le premier géographe qui mentionne dans la Gaule quelques villes naissantes, Vienne, Chalon, par exemple. Les circonstances dans lesquelles il emploie cette expression méritent d'être remarquées. Il écrivait douze à quinze ans après les réformes d'Auguste, au moment même où la Gaule se couvrait de constructions. Aussi nomme-t-il *villes* la plupart des *oppidum* de César, à l'exception toutefois de Bibracte, à qui il conserve son nom de forteresse; il applique même la dénomination de ville à deux des principaux oppidum de la Gaule, à Gergovie et à Alise.

C'est que de César à Strabon de grands changements s'étaient accomplis. S'il est vrai que César ait anéanti Alise, comme le prétend Florus, elle n'était au temps de Strabon que la reconstruction gallo-romaine de l'oppidum des Mandubes, mais dans un tout autre but et dans des conditions bien différentes de celles des forteresses gauloises. La même transformation avait eu lieu partout plus ou moins promptement; Gergovie elle-même devint une ville et les substructions gallo-romaines y couvrent le sol.

Après Strabon, les autres Grecs, Plutarque au commencement du deuxième siècle, Appien vers 125, Dion Cassius au commencement du troisième siècle, continuent à employer le mot πόλις, même pour désigner les places fortes de la Gaule. César, disent-ils, prit *huit cents villes*[1]. Sans revenir sur les explications données précédemment, il est manifeste que ces auteurs n'ont eu d'autres notions sur la Gaule que celles des Romains. Écrivant un et deux siècles après les évènements, et n'ayant aucun document qui leur retraçât la Gaule primitive, si peu connue des Romains eux-mêmes, ils se servaient d'une expression suffisante pour caractériser l'état actuel des lieux historiques qu'ils avaient sous les yeux, sans se préoccuper de leur état antérieur. Ce terme πόλις se rencontre du reste fréquemment chez ces écrivains pour désigner un lieu fortifié, et particulièrement chez Appien lorsqu'il parle des forts élevés par les colonies romaines dans les provinces conquises, ou de leur installation dans les oppidum des peuples nouvellement soumis.[2]

La position des principaux oppidum militaires de la Gaule prouverait, à elle seule, qu'ils ne pouvaient être des villes. Qu'ils fussent placés sur des sommets de montagnes, de manière à commander l'entrée des vallées et le cours des fleuves, à couvrir de leurs escarpements, comme Gergovie, Alise, Bibracte, Hohenbourg, les vastes territoires qu'ils dominaient, ou cachés comme Avaricum derrière une redoutable enceinte de forêts et de marécages, ils étaient avant tout des postes de combat et des rendez-vous de guerre. Leurs emplacements avaient été choisis non en vue de l'habitation, mais de la défense. La vie et le mouvement nécessaires à toutes les agglomérations d'hommes, ce besoin de circulation, de communications et d'échanges, qui s'impose à tous les centres de population, n'auraient pu s'y développer sans beaucoup de difficultés et d'entraves, ne fût-ce qu'à raison des obstacles naturels résul-

---

[1] Plutarque in Cæsare. — Appien. De Rebus Gallicis, lib. IV, 35.
[2] Appien. De Bello Civilibus, lib. I, VII.

tant de la disposition des lieux et de leur isolement de toutes les voies ouvertes au commerce. Aussi, bien que l'oppidum renfermât, dans sa partie désignée sous la dénomination de *urbs*, un quartier réservé à la population qui y vivait à demeure, tout porte à croire, comme nous l'avons dit, que cette population ne dépassa jamais celle des principaux vicus. Ce noyau d'habitants sédentaires se réduisait, si l'on en croit les misérables vestiges que le temps nous a laissés et que l'archéologie a pu découvrir, à quelques artisans occupés d'industries grossières et que la nature de leurs travaux n'appelait pas nécessairement dans le voisinage des exploitations rurales. Charpentiers, forgerons, potiers ou tisserands, ils trouvaient un gîte dans l'oppidum, et pouvaient d'ailleurs, sans que le déplacement leur fût trop incommode, vendre leurs produits ou louer leurs services aux habitants des vallées et des plaines. Hors de là, et l'urbs exceptée, l'oppidum ne contenait plus, après les encombrements tumultueux de la guerre, que quelques troupeaux qui paissaient l'herbe dans son enceinte silencieuse et sur ses retranchements déserts.

L'abandon des oppidum, sous la domination romaine qui changea la face de la Gaule, fut moins un résultat de la politique des empereurs, comme l'ont pensé quelques historiens[1], qu'une conséquence amenée par la force même

---

[1] Voir entre autres M. Georges Perrot, la ville de Trèves, étude d'archéologie et d'histoire. Nous en extrayons ce remarquable passage, mais avec les réserves que comporte notre point de vue :

» On sait la politique qu'Auguste avait inaugurée en Gaule et que suivront ses successeurs immédiats, ce qu'ils tenteront, ce qu'ils voulurent avec persévérance et succès ; c'était détruire les anciennes associations, effacer les vieux souvenirs, dépayser les Gaulois, si l'on peut ainsi parler, ôter à la Gaule la conscience et la mémoire. » Rev. des deux Mondes, 1ᵉʳ avril 1865.

Les faits, en histoire, sont rarement d'accord avec ces affirmations absolues.

des choses. Sans doute ces vieilles forteresses, témoins des dernières luttes de l'indépendance, rappelaient des souvenirs dangereux ou importuns qui devaient par cela même déplaire aux vainqueurs. Mais il faut se rappeler aussi qu'après les premières rigueurs inséparables d'une guerre acharnée, et les sévérités nécessaires pour dompter les résistances, les nouveaux maîtres de la Gaule ne s'écartèrent jamais vis-à-vis d'elle d'une politique de tolérance et de ménagements. Grande et sage politique dont les conquérants devraient toujours s'inspirer. L'assimilation fut d'autant plus prompte que le joug était plus léger et que les empereurs payaient la soumission de la Gaule par des bienfaits. Il ne faut donc pas s'étonner si les légions gauloises devinrent, pendant plus d'un siècle, le plus ferme boulevard de l'empire contre les invasions du Nord. Sans détruire les oppidum militaires, sans chasser leurs habitants, les Romains, obéissant à une pensée plus libérale et plus haute, construisirent de véritables villes à côté de ces anciens refuges, et en attirant les populations dans ces lieux préparés pour les recevoir, les initièrent à des besoins nouveaux, aux habitudes du travail et des arts. Ils remplirent ainsi, sans pression ni violence, un rôle de civilisateurs intelligents et pacifiques.

Voilà ce qui explique l'abandon de certains oppidum militaires placés en dehors de ces nécessités nouvelles. Mais partout où les communications purent s'établir, partout où le commerce trouva des conditions favorables, les oppidum se transformèrent rapidement et devinrent les villes florissantes d'Avaricum, de Langres, de Chalon, de Noviodunum, de Genabum, de Lutèce et tant d'autres.

CHAPITRE SEPTIÈME.

L'oppidum commercial ou emporium. — Foires et marchés. — Commerce, trafic et industrie. — L'emporium comparé à l'oppidum militaire. — Influence romaine. — Conclusion.

Dans un pays aussi peu homogène que la Gaule, le commerce ne pouvait se faire d'une manière permanente et régulière. Il rencontrait partout, sur les limites des clans et des cités, des barrières, des péages, des obstacles de toute nature. Quelques cités du Nord repoussaient absolument les marchands, d'autres n'admettaient que certains produits; toutes prélevaient sur les marchandises de lourdes contributions. Les chefs de clans, de leur côté, ne négligeaient pas de rançonner au passage tout le trafic qui se faisait sur leur territoire. A ces entraves résultant de l'état social se joignait la difficulté des communications. L'absence de routes praticables isolait complètement les contrées, des peuplades entières, et la navigation seule pouvait ouvrir un accès aux pays situés sur le bord des rivières et des fleuves. Dans de telles conditions, les hommes et les marchandises subissaient la nécessité de ne voyager que par convois et sous escorte, tant à raison des frais énormes et des dangers des déplacements, que de la multiplicité des négociations qu'entraînaient les exigences fiscales rencontrées à chaque pas sur le parcours [1]. Ces

---

[1] C'est une des causes qui déterminent l'expédition de Ser. Galba chez les Véragres avec la XII° légion. — « Causa mittendi fuit quod iter per Alpes, quo magno cum periculo magnisque cum portoriis, mercatores ire consuerant, patefieri volebat. » B. G. III, 1.

complications, si elles ne paralysaient pas absolument l'esprit aventureux des marchands grecs, tyriens ou romains, n'en rendaient pas moins leurs entreprises très hasardeuses. Il fallait les préparer à l'avance, obvier aux difficultés, aux moyens de transport, se ménager la protection de certains personnages dont la faveur ne s'accordait jamais qu'à des conditions plus ou moins onéreuses. Il fallait de plus que l'entreprise fût conduite par des hommes intelligents et hardis, capables de négocier et au besoin de résister à une violence, comme aujourd'hui les voyageurs qui s'aventurent dans un intérêt scientifique ou commercial à travers les peuplades de l'Afrique. Les affaires se traitaient à peu près comme la guerre, et une opération mercantile devenait une véritable expédition.

On se donnait rendez-vous non plus dans des camps, dans les oppidum militaires, mais dans des campements qui se transformaient, pour la circonstance, en entrepôts de marchandises. On s'y préparait de toutes parts et longtemps à l'avance, car si le vendeur ne pouvait se présenter qu'à des intervalles plus ou moins éloignés, l'acheteur était obligé de s'approvisionner pour longtemps. Ces rendez-vous constituaient des sortes de marchés ou de foires; ils mettaient en mouvement une et quelquefois plusieurs cités. A l'époque déterminée, l'affluence des populations s'y portait, et de bien loin à la ronde, les barques et les chariots convergeaient vers ce lieu qu'on appelait un Emporium.

Presque tous les transports s'opérant par eau, pour une raison d'économie facile à comprendre, les grands emporium étaient tous placés sur les fleuves ou les rivières navigables. Dans la Gaule narbonnaise, communiquant avec le bassin de la mer Intérieure, étaient situés les emporium les plus renommés : Marseille, Arles, Narbonne. Cette dernière, colonie romaine créée cent vingt ans seulement avant notre ère, était, d'après Strabon, le plus grand emporium de la Celtique, le port de *toutes les Gaules*[1]. On l'appelait encore une *seconde Rome*; elle était plus peuplée que Lyon. Diodore en parle dans les mêmes termes que Strabon. C'était à Narbonne et à Marseille qu'arrivait, en traversant la Gaule, l'étain des îles Cassitérides, ces îles mystérieuses dont Diodore ignorait la position. Ce commerce, mentionné par Hérodote cinq cents ans avant l'ère chrétienne, était resté entre les mains des Phéniciens qui, durant des siècles, s'en étaient fait un monopole. Les fabrications auxquelles l'étain donnait lieu formaient, au commencement de l'ère chrétienne, une source de richesses pour les commerçants du Midi, qui les répartissaient ensuite, avec mille autres produits, dans l'intérieur du pays ou sur les côtes de la Méditerranée. La Province obtenait encore par l'évaporation des eaux de mer ou des sources salées, de grandes quantités de sel. Dans le Nord, on fabriquait le sel en versant l'eau de mer sur des charbons ardents; le produit de cette cristallisation était livrée au commerce[2]. Dans le pays Éduen, les salines de la Séquanie devaient former le principal approvisionnement. Les foires des emporium étaient considérables par l'importance des affaires qui s'y traitaient, et par leur durée : celles d'Arles étaient célèbres; Ausone parle encore de la foule qui venait y trafiquer[3]. *Ugernum*, Beaucaire, est mentionné dans Strabon; mais une fois sortis de la Province romaine, les géographes se taisent sur les emporium de la Gaule. César n'en nomme aucun. Strabon indique seulement, à l'embouchure de la Loire, celui de *Corbilo*[4], où s'entreposaient les étains de la Bretagne. Ce silence indique suffisamment

---

[1] Strabon, liv. IV, p. 181.
[2] Varron, liv. I, ch. vii. — Pline, liv. XXXI, c. vii.
[3] Ausone. De claris Urbibus, p. 216, éd. de 1730.
[4] Strabon, liv. IV, ch. ii, p. 190

que les habitudes commerciales n'étaient plus dans les mœurs des habitants. Sous Auguste seulement, Lyon, créé depuis moins de quarante ans, était, après Narbonne, le premier comptoir de la Gaule. Dans le même temps, Bordeaux, construit par le même prince, devint une place de commerce importante. Quoiqu'on ne connaisse historiquement aucun emporium de premier ordre dans la Gaule centrale, César ne laisse pas que de signaler trois oppidum dans lesquels on rencontrait quelques négociants romains qui avaient suivi ses légions : Noviodunum (Nevers), Cabillonum (Chalon-sur-Saône), Genabum (Orléans). Lorsque les oppidum de commerce n'étaient pas situés sur des cours d'eau, et que les ressources de la navigation venaient à manquer, le transport des denrées ne pouvait guère s'effectuer qu'à dos de bêtes de somme. Les marchands passaient d'un oppidum à l'autre ; le peuple les entourait autant pour savoir des nouvelles que pour vendre ou acheter : « Mercatores vulgus in oppidis circumstat [1]. » Cet état de choses persista toujours dans les campagnes, mais il cessa entre les villes au moment où Auguste créa les grandes voies qui, n'étant plus subordonnées aux exigences locales et à la défense des cités, sillonnèrent les provinces dans toutes les directions. A cette même époque, les vins de l'Italie et de la Narbonnaise circulaient sur des chariots [2]; l'étain débarqué à Vannes était transporté *à dos de cheval* jusqu'à Narbonne et Marseille, en trente jours [3]. Avec la rareté des grands centres de population, le colportage était, pour les menues marchandises, le principal mode de commerce. Il suivait parfois des routes spéciales, comme la *route des marchands*

---

[1] De Bell. Gall., lib. IV, cap. 2 et 5.
[2] Diodore. V. 26.
[3] Diodore, lib. V, cap. xxii.

qui traversait la Séquanie. Le vendeur accompagnait l'objet de sa vente et l'opérait pièces en main.

Sur le bord du fleuve, des baraques, des tentes, s'élevaient pour abriter la multitude nomade des vendeurs et des acheteurs, et présentaient ce coup d'œil animé qui caractérise encore aujourd'hui les foires de Beaucaire ou les pardons de la Bretagne. Peut-être donnerons-nous une idée plus exacte encore de l'emporium primitif en nous reportant au mode d'échange pratiqué entre les comptoirs de l'Amérique du Nord et les tribus indiennes disséminées de la baie d'Hudson à la mer Polaire. Deux fois par an, au printemps et à l'automne, les peuplades qui habitent ces hautes latitudes se réunissent aux rendez-vous convenus avec les agents des compagnies, leur vendent des fourrures, les produits de leur chasse, s'approvisionnent de poudre, d'armes et d'ustensiles, et disparaissent ensuite. Il ne reste à la station que quelques tentes gardées par une cinquantaine de sauvages trop vieux ou trop jeunes pour aller à la chasse.

Sismondi a comparé la Gaule du cinquième siècle aux provinces éloignées de la Russie [1]. L'analogie serait plus complète encore en prenant pour terme de comparaison la Gaule avant César. Les grandes foires de la Russie rappellent en effet d'une manière très frappante les conditions où devaient se trouver les emporium gaulois. La physionomie en est très bien indiquée dans ce récit que nous empruntons à un voyageur. « La première foire, celle de Kiew, commençant à la fin de janvier, dure tout le mois de février; elle se tient dans la ville basse nommée le Padol, sur la rive droite du Dniéper. C'est pendant sa durée que les grands propriétaires des pays voisins se

[1] Hist. de France, t. I. p. 48.

réunissent pour traiter les affaires importantes, vendre leurs blés et se procurer les produits des contrées dont l'industrie est plus avancée. Les banquiers d'Odessa y sont représentés et servent d'intermédiaires pour ces transactions. » La seconde foire et la plus importante est celle de Nijni-Novogorod, au confluent de l'Oka et du Volga. Elle a lieu en juillet et dure un mois. Pendant ce temps la population de la ville, qui s'élève à peine à douze mille ames en temps ordinaire, dépasse cent mille ames. Le Chinois y apporte son thé, le Sibérien ses fourrures, le Bokharien ses pierres précieuses. Le Français et l'Anglais établis à Moscou viennent à Nijni pour leur commerce, y coudoyant l'Indien, le Persan, le Grec ou l'habitant de la Mandchourie. Les transactions se font en partie par échange, le numéraire étant rare en Russie. Pour ces foires on construit de grandes baraques en bois; à Kiew un immense bazar réunit les produits de l'Europe et de l'Asie. »

Tous les traits de cette esquisse s'appliquent aux empoporium. Substituez seulement aux banquiers de Moscou et d'Odessa les chevaliers romains de la Narbonnaise qui étaient les grands prêteurs d'argent dans ces temps reculés [1], et vous aurez un rapprochement assez complet des deux époques. Il est à croire aussi que l'échange était le mode de transaction le plus usité dans l'emporium; car si, faute de numéraire, on est encore obligé d'y recourir assez fréquemment dans les grands marchés du Nord, l'argent n'était certes pas en plus grande abondance aux foires celtiques. Mais ce qui était surtout fort en usage dans la Gaule, ce sont les campements comme ceux de Kiew et de Nijni-Novogorod.

Les foules qui se rendaient à l'emporium, celles qui allaient aux assemblées de la cité ou du clan, celles qui

---

[1] Cic. pro Fontelo.

en temps de guerre se retiraient dans les oppidum, n'avaient pas d'autre gîte que la tente. Au cinquième siècle l'habitude de camper en voyage et de lâcher les chevaux dans le pâturage le plus voisin était général chez les peuples de race celtique. Nous la rencontrons, en Irlande, dans un petit épisode de la vie de saint Patrice : le saint campe sur les bords du Dabhall, pour y passer la nuit, en mettant ses chevaux dans un pré où l'herbe était abondante, « in agellum herbosum jumenta dimisit [1]. » Les romans de la Table-Ronde rappellent à chaque pas cet usage qui subsistait encore au dixième siècle dans la Gaule.

Les emporium avaient, comme les foires russes, une assez longue durée. Celui de Beaucaire se tenait pendant un mois; Bordeaux avait deux foires de quinze jours chacune; Vésone, où la métallurgie des Pétrocores attirait les acheteurs, en avait quatre qui duraient chacune seize jours [2]. Ces grandes foires du Midi, celles de Bordeaux surtout, étaient probablement d'origine romaine et contemporaines d'Auguste ; l'emporium du commencement de mai, à Bibracte, se rattache au contraire, avec la plus entière certitude, à des usages celtiques antérieurs aux Romains.

Le voisinage des emporium de la Narbonnaise plaçait la Gaule centrale comme un point intermédiaire entre la civilisation du midi et la barbarie du nord. Elle se procurait avec une certaine facilité les choses usuelles, *ad usus et copiam*, dit un texte déjà cité des Commentaires, et elle était aussi éloignée de la richesse de la Province que de l'état de dénûment et de privations où vivaient les Germains, « inopia, egestate, patientia, qua Germani permanent. [3] »

---

[1] Bolland. Vita S. Patrici. XVII mart. p 572-458.
[2] Antiquités de Vésone. t. I.
[3] De Bell. Gall lib. VI, cap. 21.

Doubs pour traverser en chariots le Jura, gagner l'Aar, le Rhin, la Moselle, et pénétrer jusqu'en Germanie [1]. Lyon, Chalon, Genabum des Carnutes, Trèves, Vannes, Mayence, devinrent des stations importantes où s'entreposèrent les marchandises de la Gaule pour la Bretagne, verroteries, bracelets, vases de terre, ustensiles, bijoux, armes, et parures, et celles de la Bretagne pour la Gaule, cuirs, esclaves, chiens, grains, etc. [2]

En dehors des produits du sol, la plus grande partie des denrées exposées en vente aux emporium était, selon toute probabilité, d'importation étrangère. L'Italie, d'après Diodore, envoyait des bateaux de vin et d'huile d'olives [3]. Beaucoup d'objets manufacturés provenaient du bassin de la Méditerranée ; quelques autres arrivaient du fond de l'Orient. En l'absence de documents bien précis, on est réduit sur ces détails à de simples conjectures. Mais si, en pleine domination romaine et dans les temps postérieurs, c'est-à-dire à une époque où la Gaule pouvait se passer du commerce étranger, les Tyriens et les Orientaux venaient, comme nous l'apprennent les inscriptions, y trafiquer encore, on doit présumer qu'à l'époque celtique ils ne négligeaient pas ses emporium. Ils fournissaient aux marchés du Midi des étoffes de luxe en drap d'or et des parures. Ce commerce continua même après la chute de l'empire, et, sous les Wisigoths, Marseille et Narbonne recevaient du dehors des objets en métaux précieux, comme le prouve le texte suivant : « Si un marchand d'*outremer* vend pour un prix convenable, à un Wisigoth, quelque ouvrage d'or ou d'argent, des habits précieux ou autres

---

[1] Leber. Collection des meilleures dissertations, Notices et Traités particuliers relatifs à l'Histoire de France. — Notice sur l'industrie et le commerce des Gaulois, t. XVI, p. 12.

[2] Strabon, lib. IV, p. 200, § 2 et 4. — Leber., loc. cit., p. 14.

[3] Diodore. V, 26.

parures, etc., le marché est bon, lors même que l'objet de vente aurait été volé. » [1]

Parmi les objets importés du dehors dans la Gaule pendant les siècles antérieurs à l'ère chrétienne, nous devons mentionner les armes de luxe et les ornements précieux, dont les chefs aimaient à faire parade un jour de combat. Ce n'était assurément pas un artisan éduen ou carnute qui avait fabriqué les armes, les colliers et les bracelets d'or qui étincelaient sur le guerrier gaulois dépouillé par Manlius. Tous ces produits façonnés par des mains habiles et délicates, à l'aide de procédés déjà savants, avec un art déjà perfectionné, étaient l'œuvre d'une civilisation que l'état général des mœurs repoussait encore.

Si les plus riches emporium du midi, sans en excepter ceux de la Narbonnaise, n'avaient rien de cette magnificence qu'étalaient alors les villes italiennes, les emporium de la Gaule centrale, malgré le négoce étendu dont ils étaient le centre à de certains jours, doivent encore bien moins présenter à notre esprit l'image de cités opulentes. Ces grossiers oppidum, entourés d'eau et de palissades, réveillent de tout autres souvenirs. Les commerçants qui s'y rendaient devaient éviter avec soin de heurter, par un luxe imprudent, les habitudes des rudes populations au milieu desquelles ils venaient trafiquer. Aussi, dans les moments même où elle était le plus animée, la physionomie de l'emporium n'avait-elle aucun trait de ressemblance avec une ville selon nos idées modernes.

L'élégance des mœurs y était inconnue. Ni la recherche du bien-être, ni celle des jouissances de l'art n'y accompagnaient la fortune. Les plus riches commerçants de Marseille habitaient des maisons couvertes de planches

---

[1] Les Wisigoth., lib. II, de transmarinis negotiatoribus.

et de terre glaise [1]; une loi leur interdisait d'employer plus de cinq pièces d'or à la parure de noces de leurs filles, et de leur en donner en dot plus de cent [2]. L'habitude d'entasser, d'accumuler, existait très généralement chez les peuples de l'antiquité, soit qu'elle fût le résultat de caractères plus forts, de tempéraments plus énergiques qui rendaient l'individu plus patient et plus dur pour lui-même, soit qu'elle fût simplement la conséquence d'un état social qui n'avait aucune notion de ce puissant instrument de la richesse que nous appelons le crédit. L'épargne d'une série de générations ne parvenait à créer que des valeurs dormantes et des capitaux improductifs, des trésors qu'on déposait dans des lieux sacrés, qui allaient s'enfouir à titre de dons ou d'offrandes dans les temples des dieux, ou qui restaient, sous la forme de métaux précieux, entre les mains de leurs possesseurs. Ces réserves monétaires ou métalliques n'avaient pas seulement l'inconvénient d'être stériles; elles étaient une prime offerte à l'esprit de rapine et aux entreprises des peuples voisins. Elles nous expliquent, pour le dire en passant, bien des guerres iniques, bien des violences que l'histoire a justement flétries, ces atrocités, ces pillages fructueux qui déshonoraient et enrichissaient les vainqueurs. Le pillage de la Gaule et de ses lieux sacrés fit affluer à Rome une grande quantité de matières d'or et d'argent. L'or était abondant chez les Helvètes, parce qu'ils étaient pillards et parcimonieux [3]; on parlait également de l'or des Kimris que le flot de l'émigration entraînait vers le Midi, loin de leur pays natal; ils ne possédaient, au dire de Polybe, que de l'or et des troupeaux, seules richesses qu'ils pussent transporter. Les chefs de la Celtique étaient vaniteux, comme tous les

---

[1] Vitruve, liv. I, c. I.
[2] Strabon, liv. IV (de 2 à 3,000 fr.), p. 181.
[3] Strabon, p. 188-193.

barbares, ils étaient renommés pour le luxe et la profusion qu'ils déployaient [1]. Malgré cette ostentation, l'avarice des Gaulois, disent tous les écrivains, n'en était pas moins proverbiale [2], et elle les portait à enfouir leur or. L'incertitude des positions dans un état de guerre permanent, les rapines auxquelles se livraient les chefs au détriment de leurs inférieurs, d'après César, étaient autant de causes qui obligeaient les marchands à dissimuler leur fortune; aussi se gardaient-ils bien de l'étaler dans des constructions ou dans des valeurs apparentes, sans cesse menacées de pillage et de destruction.

On chercherait en vain, nous le répétons, dans l'oppidum transformé momentanément en emporium, les éléments de ce qui pourrait constituer une ville : des habitations élégantes, régulièrement groupées, adaptées aux besoins d'une société polie; un centre de réunion pour une population industrieuse, ayant à sa tête des hommes lettrés, instruits, réunis par le lien des affaires ou du plaisir; une classe moyenne, laborieuse ou oisive, qui n'existait pas dans la Gaule, ou qui n'y tenait, tout au moins, que fort peu de place.

Quelle figure eût fait dans une société cultivée un chef illettré, sachant peut-être quelques ballades ou *amhra*, mais connaissant bien mieux la guerre, la chasse, le duel et les festins? Les druides, la caste éclairée de la nation, habitaient les bois. Dans les chants bardiques, il est question de forteresses, jamais de villes. Quant au peuple, aux artisans, ils disparaissaient sous le pouvoir absolu des chefs. Ce qui permit aux Gaulois de s'acclimater si vite à la civilisation dont Rome leur présenta le modèle, ce fut leur

---

[1] Strabon, liv. IV, ch. IV, § 2. — Diodore, V. 27.
[2] Diodore, liv. V, c. 27; Tacite, Vie d'Agricola.

génie d'imitation, remarqué par César et Strabon [1]; ce furent la souplesse de leur organisation, leur sentiment poétique, leur caractère sympathique et enthousiaste; ce fut surtout l'influence des écoles, que la politique impériale se hâta de propager, et dans lesquelles la jeunesse, en élevant son intelligence, sentit la nécessité d'ennoblir en même temps les conditions matérielles de l'existence; ce furent enfin, faut-il le dire, ces plaisirs énervants qui formaient, dit Tacite, une partie de la servitude des peuples conquis, et qui firent passer, presque sans transition, les grandes familles gauloises de la barbarie à la décadence.

Mais rien n'annonce, au temps de la conquête, que la Gaule fût dans un état quelque peu différent de la barbarie, que son commerce eût quelque étendue, qu'il embrassât une certaine variété de produits, qu'elle eût surtout une industrie à elle, ce qui est le signe le plus certain de la civilisation. Tout ce qu'on a écrit sur ce sujet ne repose sur aucun document authentique. Nous ne saurions accepter l'opinion d'un écrivain de mérite [2], qui voit dans quelques expressions de Divitiac, s'entretenant avec César de l'invasion d'Arioviste, l'indice d'une culture intellectuelle et morale dans la Gaule : « Posteaquam agros, cultum et copiam Gallorum homines feri ac barbari adamassent [3], etc. » L'auteur traduit : « Séduits par la fertilité de nos champs, par la douceur de nos mœurs et par nos richesses, les Germains, etc. » Ce texte ne concerne que l'agriculture. « Les barbares (qui ne cultivaient pas en Germanie) se sont épris de la fertilité du sol, de sa *culture* et des *produits* qu'en tiraient les Gaulois. » — Ils étaient beaucoup plus sensibles

---

[1] De Bell. Gall. lib. VII.— Strabon, lib. IV., p. 195.— On a observé chez certaines races sauvages ces mêmes étonnantes aptitudes : des Montagnais ont appris à lire et à écrire en trois semaines.

[2] De Fréville. Société Impériale des antiquaires de France, t. XXII, p. 119, troisième série.

[3] Cæsar de Bell. Gall., lib. I, cap. xxxi.

à ce résultat, à la *nature des vivres*. « consuetudinem victus [1], » ajoute Divitiac, qu'à une *politesse* contraire à leurs instincts et à leurs mœurs, et qui n'eût excité que le mépris de ces hommes habitués à la chair crue et au laitage.

L'aspect intérieur des oppidum gaulois était des plus tristes, et nous pouvons citer sur ce sujet l'opinion d'un écrivain contemporain, d'autant plus compétent qu'il avait formé le projet d'écrire lui-même un traité de géographie.
Lorsque Cicéron veut insister auprès du Sénat pour proroger César dans son commandement jusqu'à l'achèvement de la conquête des Gaules, il s'écrie : « Pourquoi César veut-il rester dans sa province, si ce n'est pour terminer son ouvrage? Dira-t-on que *les charmes du climat, la beauté des villes, l'urbanité des peuples, le retiennent dans la Gaule? Mais quoi de plus sauvage que ce pays, de plus laid que ses oppidum, de plus grossier que ses habitants?* » — « Quid illis terris asperius, quid incultius oppidis, quid nationibus immanius? [2] » L'opposition établie par Cicéron entre les mots *urbs* et *oppidum* est d'autant plus caractéristique, qu'en ce moment il était parfaitement au courant de l'état intérieur de la Gaule depuis plusieurs années. Telle était l'impression générale qu'elle laissait aux Romains.

La correspondance de Cicéron avec César, avec Trébatius, et surtout avec son frère Quintus, ne laissait pas cependant d'être assez active. On s'occupait beaucoup à Rome de cette expédition qui intéressait l'opinion publique à tant de titres, qui tenait tous les esprits en éveil, autant par l'attrait de la curiosité que par la grandeur de l'entreprise. Quel était ce pays? Quelles ressources pouvait-il offrir, au point de vue de la distraction, de l'étude

[1] De Bell. Gall. I, 31.
[2] De provinciis consularibus.

et du bien-être, à ces jeunes patriciens qui s'étaient attachés à la fortune de César? Quels étaient ses monuments, ses villes, ses richesses, sa religion, ses plaisirs? Avait-il des temples, des théâtres, des thermes, des palais? Ces questions assurément ne pouvaient manquer de leur être adressées sous mille formes, et les brillants officiers de César, dans les loisirs de l'hiver, n'avaient rien de mieux à faire que de répondre à ces renseignements demandés de toutes parts. On doit donc en inférer que le public romain et Cicéron lui-même étaient au courant de ce qui se passait dans la Gaule. Or, ni dans les lettres de Cicéron, ni dans celles que lui adressaient ses amis, on ne rencontre aucun passage qui ait trait à la moindre particularité indiquant la présence de la civilisation chez les Gaulois. Il n'est question que d'une seule localité, Samarobrive, où campait Trébatius, mais c'est pour parler de la rigueur du climat, et Cicéron engage Trébatius à faire bon feu pour ne pas se laisser geler [1]. Tout est âpre et ennuyeux. Les chefs sont des espèces de sauvages qui ne connaissent aucune langue étrangère, et avec qui on ne peut s'entretenir qu'au moyen d'interprètes. Leurs mœurs, leurs festins sont repoussants pour la délicatesse romaine. Aussi tous ces jeunes gens élégants et raffinés passaient-ils leur temps à s'enquérir des nouvelles de Rome et à regretter la patrie absente. Ils se considéraient, non sans de justes raisons, comme dans un pays barbare, où on ne pouvait faire autre chose que guerroyer. Ce silence complet des documents romains, que tant de circonstances devaient rendre abondants, de tant de personnages bien informés, prouve ce qu'était la Gaule, ou plutôt ce qu'elle n'était pas; et ce silence, déjà si digne de remarque, est rendu plus significatif encore par celui de César. A part la brève

---

[1] Ad Trebatium. Ep. 148, éd. Nisard.

description des murs d'oppidum, bâtis en bois et en pierres brutes, et dont la singularité avait frappé les Romains, pas un mot des Commentaires ne nous signale une construction, ni salle de conseil, ni aqueduc, ni tombeau, ni édifice civil d'aucun genre. Si de telles choses eussent existé, il est bien difficile d'admettre que, dans une guerre qui a duré dix ans, entremêlée de tant de négociations, de trêves, d'expéditions dans tous les sens, de séjours dans tant de lieux, un de ces monuments n'eût pas été le théâtre de quelque épisode qui eût fourni au narrateur l'occasion de le rappeler, ne fût-ce qu'accessoirement et comme fond de tableau [1]. La seule indication que donnent les Commentaires dans cet ordre de faits est celle d'une place publique dans la forteresse d'Avaricum, d'un terrain vague, d'un forum, où la foule se réunit sans pouvoir s'abriter d'aucune construction. Et encore doit-on observer que les termes latins employés par César pour désigner des objets ou des usages sans analogues dans la société romaine, correspondent rarement à la nature de ces objets et ne présentent à l'esprit qu'une signification toujours très imprécise et souvent trompeuse.

Le forum de Bourges nous amène à nous expliquer une dernière fois sur cet oppidum, qu'un passage des Commentaires nous signale comme « la plus belle *urbs* [2] » de presque toute la Gaule. Le texte est formel : « Pulcherri-

[1] V. par contraste dans la Guerre civile, la mention des temples de Diane à Éphèse, de la Victoire à Tralles, de Minerve à Élide, du miracle de la statue de la Victoire dans ce dernier temple, la description d'Alexandrie, le phare, la citadelle, le théâtre. Bell. Civ. lib. III, 105, 111.

C'est ainsi qu'il applique aux divinités gauloises les mêmes noms qu'aux divinités latines, qu'il les identifie avec ces dernières, et qu'il entraînerait dans une erreur complète à leur sujet, si on ne possédait d'autres renseignements sur ces divinités.

[2] L'*Urbs* d'un oppidum ne correspondant pas pour nous à l'idée de ville, nous laissons subsister le terme latin.

Qui ne comprend ici la valeur de ces expressions dans la bouche des malheureux Bituriges? Est-ce donc un hommage que rendent les Commentaires à la beauté de leur ville? Nullement; c'est le cri de gens affolés par le désespoir, qui, pour éluder un sacrifice, invoquent toutes les raisons qui peuvent ébranler les esprits. Ces raisons sont bonnes ou mauvaises, peu importe! Et voyez comme l'événement les a justifiées. C'était, à les entendre [1], une place imprenable; elle est prise. Le fleuve, le marais, présentaient des obstacles invincibles; ils sont franchis. Une fois la muraille enlevée, plus rien n'arrête les Romains. Pas de rues ni d'édifices où l'on puisse se barricader, se défendre pied à pied, comme à Alexandrie. On put se former une dernière fois en bataille [2] sur un grand espace vide que César appelle un forum, dans des terrains vagues, « locis patentioribus, » — comme il en existait dans tous les oppidum, — et où l'on se fit écraser. Il est permis de penser que leur ville était *belle* comme elle était *imprenable*, c'est-à-dire au point de vue gaulois. Cette beauté n'est affirmée que par ces infortunés qui se voient contraints à y mettre le feu. Leurs entrailles s'émeuvent, leur sensibilité se révolte; tout ce qu'ils ont d'attachement pour leurs foyers se traduit par des exagérations passionnées. Et d'ailleurs rien n'est plus naturel que d'admirer son pays; c'est toujours ce qu'il y a de plus beau dans le monde. Tacite a sur ce sentiment un trait immortel : « La contrée est sauvage, le climat désolé, l'aspect triste et inculte; mais c'est la patrie. » Tel est, à notre avis, le sens du texte de César, et il ne saurait avoir d'autre portée. Avaricum, derrière ses murailles de bois, n'abritait que des constructions de bois, entrecoupées de places vides. Les

---

[1] « Dicunt. »
[2] Cuneatim.

autres oppidum, quelle que fût leur importance, ne renfermaient pas autre chose.

On nous pardonnera si nous insistons, à propos de l'emporium, sur les considérations déjà émises dans les chapitres précédents contre la thèse des villes gauloises. Cette question est, en définitive, assez importante et nous paraît assez neuve pour être examinée dans tous ses détails. Prenons, par exemple, comme type des constructions celtiques, la maison, l'œdificium. Les renseignements que nous demandons aux auteurs les plus compétents nous donnent l'idée de ce qu'était l'architecture des Gaulois, et par suite la mesure de leur degré de civilisation. Strabon, qui écrivait à une époque où leur pays pouvait déjà trouver des modèles dans les ouvrages romains, nous apprend que « les Gaulois habitent des maisons rondes construites avec des planches et des claies, terminées par un toit cintré et couvert d'un chaume épais [1]. » Vitruve, contemporain de Strabon, complète ainsi la description : « Les œdificium ne sont, chez plusieurs nations, construits que de branches d'arbres, de roseaux et de boue; *il en est ainsi de la Gaule*. Les maisons n'y sont couvertes que de planches grossières ou de paille [2]. » Doutera-t-on qu'il en fût ainsi à Marseille, à Bibracte et ailleurs? « Je puis assurer, ajoute-t-il, qu'à Marseille même les maisons ne sont point couvertes de tuiles; leurs toits consistent dans des planches qu'ils recouvrent de terre [3]. » Voilà ce qu'était, sous le règne d'Auguste, la ville la plus riche des Gaules, qui communiquait depuis six siècles avec la Grèce, l'Italie, l'Afrique et l'Orient. En Aquitaine, en Espagne, en Lusitanie, les maisons étaient de bois. Nous

---

[1] Strabon, lib. IV.
[2] Vitruve, lib. I, c. 1.
[3] « Ædificia constituuntur in Gallia, Hispania, Lusitania, Aquitania, scandulis stramenteis aut stramentis. » Vitr., lib. II, c. 1.

avons cité Strabon et Vitruve avant César. Ce dernier ne nous a pas laissé de description des maisons gauloises, et nous ne trouvons dans ses Commentaires aucune indication sur leur architecture, si ce n'est que lui-même avait fait construire les casernes de ses soldats avec des toitures en chaume, selon la coutume gauloise, « *more gallico*[1]. » Il n'y a que ce seul trait; mais que veut-on de plus clair? Les peuples de race celtique n'ont pas connu d'autre architecture. C'est ainsi que construisaient les Gaëls de l'Irlande, et la légende de saint Patrice mentionne la maison de bois du chef, à qui il avait été vendu comme esclave. Lorsqu'il voulut plus tard bâtir une église dans un lieu dont la situation lui convenait, il lui fut impossible de trouver un tailleur de pierres dans la contrée. Les indigènes ne connaissaient pas l'emploi de ces matériaux. Ses premiers monastères furent bâtis en bois[2]; la taille de la pierre y fut, comme dans la Gaule, une importation des Romains.

Les villes celtiques ne sont qu'une illusion. Il n'y a pas de villes chez les peuples dont les notions d'architecture se bornent à des maisons de bois. La Gaule centrale, au temps de César, ne renferme pas plus de ville que la Germanie. Si les Romains ont construit à Autun, à Lyon, à Lutèce, à Trèves, des édifices publics, des temples, des arènes, des théâtres, des aqueducs, c'est que rien de tout cela n'existait avant eux, et que, voulant s'installer au sein de la Gaule conquise d'une manière digne de leur civilisation, ils jetaient pour l'avenir les fondements de ces cités destinées à devenir plus tard les *sœurs* de Rome. Mais ces appellations louangeuses à l'adresse des vaincus ne sont qu'une invention des siècles postérieurs dont on

---

[1] Bell. Gall.

[2] « Operandi de eo usus defuit indigenis. » Boll. Vita S. Patricii, p. 354, XVII martii.

ne retrouve la trace dans aucun historien latin. Si ces grandes villes avaient existé, les géographes et les historiens les eussent mentionnées. Nous avons dit ce qu'étaient les oppidum : des forteresses sous la dépendance des chefs de clan, en nous appuyant, entre autres preuves, sur l'exemple d'Uxellodunum et sur le texte de César qui nous dit que cet oppidum ét*' *dans la clientèle* de Lutérius. Ne serait-il pas singulier que, sous Auguste, Strabon ait écrit que les Éduens avaient *une ville*, Chalon-sur-Saône, s'il en eût existé *dix* dans la cité éduenne? Mais la Gaule de Strabon n'est plus celle du temps de César. La civilisation romaine s'y est magnifiquement assise, avec une incomparable puissance, et dans l'espace d'un demi-siècle elle y a accompli des prodiges. Une grande ville, digne de devenir la capitale d'un empire, s'est élevée comme par enchantement sur le confluent de la Saône et du Rhône, répandant autour d'elle la vie et la fécondité. La Saône s'est ouverte à un vaste transit de marchandises; l'oppidum de Chalon s'est transformé à son tour : il est devenu, ce que l'a vu Strabon, une station commerciale très importante, où les *negotiatores* romains ont apporté le travail, l'industrie, la richesse, le goût du luxe, le besoin des habitations commodes et élégantes, et tout ce qui pouvait changer une forteresse barbare en une ville florissante et polie

Autre chose est l'emporium celtique. Non-seulement il n'y existait aucun élément de cet ordre du temps de César, mais rien de ce qui peut rapprocher les esprits et faire le lien d'une société, si ce n'est peut-être cette curiosité enfantine qui portait les Gaulois à assaillir de questions l'étranger et le voyageur. La population fixe de l'emporium, à en juger par les constructions et les poteries qui servaient à son usage, ne s'élevait pas au-dessus de la rusticité des autres vicus. On pouvait y compter quelques artisans occupés à la fabrication des vêtements, des armes communes, de grossières parures de métal; mais l'industrie s'y bornait généralement au travail domestique. Le tisserand y fabriquait les *sagum* avec la laine du pays, et les étoffes bariolées en faveur dans les clans; encore une grande partie de ces tissus était-elle l'œuvre des femmes. Chez les Ibères, une coutume obligeait chacune d'elles à exposer en public la toile qu'elle avait filée dans l'année. Des honneurs étaient décernés à l'ouvrière la plus habile [1]. Alésia, cependant, plaquait sur métaux, l'étain et l'argent [2], mais elle devait cette industrie à des étrangers. La légende, relativement récente, de sa fondation par l'Hercule Tyrien n'est qu'un souvenir de l'ancienne colonie qui lui avait apporté la civilisation. Cette lueur n'avait duré qu'un instant. L'élément indigène, en se reconstituant plus tard dans Alise, y avait ramené la barbarie [3]. Les Bituriges, fidèles alliés des Éduens, exploitaient des mines de fer et avaient inventé l'étamage; mais la population de cette cité ne se composait presque exclusivement que de colons et de pasteurs. Le pays qu'elle habitait, suivant César, ne renfermait pas seulement des champs fertiles, mais des bois profonds et des marais. Quant à l'orfèvrerie et aux ouvrages de luxe, ils provenaient de la Narbonnaise, et c'était Marseille qui en approvisionnait la Gaule.

Les pays maritimes de l'Ouest, les Vénètes, les Ménapes, les Morins, entretenaient dans leurs ports des flottilles de navires qui faisaient le trafic des cuirs, de l'étain, des esclaves, avec les côtes de la Bretagne. Ces constructions grossières, décrites par César, étaient à fond plat, pour remonter les basses eaux, assez lourdes pour affronter les

---

[1] Nicol. Damasc. (74 ans av. J.-C.) Excerpta. H. Valesius edidit.
[2] Pline. Hist. nat., liv. V.
[3] Diodore de Sicile, lib. XXXIV, c. VIII et XVII.

tempêtes de l'Océan; elles manœuvraient avec des rames massives, fixées à d'énormes clous, et des voiles fabriquées avec des peaux molles, qui résistaient mieux que les tissus de lin à la violence des vents'. Les marchandises transportées par ces navires alimentaient les emporium de la Seine et de la Loire.

Les foires celtiques survécurent à l'organisation romaine, et le régime nouveau fut impuissant contre un usage qui tenait au caractère national, non moins qu'à des besoins réels. L'habitude de se réunir par masses aux emporium répondait à l'un des instincts les plus vivaces de ces populations turbulentes et mobiles; et n'eût-il été qu'une distraction pour le colon celte, si longtemps confiné dans la solitude de son ædificium et de son vicus, pour le chef qu'une occasion d'étaler son importance, la pompe de son cortège, le luxe de ses vêtements, de ses chevaux et de ses armes, l'emporium avait sa raison d'être et sa nécessité. Mais il était économiquement indispensable, comme le seul moyen de pourvoir à l'approvisionnement de vastes contrées situées en dehors de toute circulation. En attendant que le commerce pénétrât dans les campagnes, et bien des siècles s'écoulèrent encore avant qu'elles lui fussent

---

' Bell. Gall. III, 13. L'existence de cette navigation est une nouvelle preuve, paraît-il, de la civilisation des Gaulois. Ils avaient, dit-on, une flotte, une puissance navale, ce qui serait incompatible avec notre thèse. — Cet argument ne prouve que la puissance des mots. Les Danois, les Normands, ces rois de la mer, ces pirates dont la barbarie et la férocité étaient au neuvième siècle un sujet d'effroi pour les peuples de la Gaule et de la Bretagne, seraient, à ce compte, des civilisés. Il suffit à César de quelques rapides préparatifs, de quelques bateaux légers construits et armés en toute hâte sur la Loire, — « His rebus celeriter administratis, » Bell. Gall. XII, 9. — pour avoir raison de ces flottes gauloises aidées de celles des auxiliaires bretons. Ajoutons que César n'est pas éloigné de croire que ces constructeurs de navires ignoraient l'usage des tissus de lin, « Sive propter lini inopiam atque ejus usus inscientiam »; ce qui ne prouve pas une science et une civilisation bien avancées.

mam prope totius Galliæ urbem quæ et præsidio et ornamento sit civitati [1]. » Mais ne nous laissons pas trop vite éblouir.

Le premier devoir d'une critique sérieuse est de respecter les textes, le second de les comprendre. Nous savons ce qu'étaient les villes de la Gaule, selon le témoignage de Strabon [2] : des villages, des vicus renfermés dans des oppidum ou des emporium, et Bourges était l'un et l'autre. C'est aussi l'opinion de Walckenaer et de d'Anville [3]. Nous savons où en était l'art de bâtir chez les Gaulois, et ce sont des points qui nous paraissent désormais hors de controverse. Le passage en question infirme-t-il tout cet ensemble de documents et de faits? Nous ne le pensons pas.

En premier lieu, il n'exprime pas l'opinion de César, mais celle des habitants de Bourges, dont il se fait l'écho. Une *urbs* de bois, sans monuments ni architecture, avec ses maisons couvertes de chaume, pouvait être la plus belle de la Gaule sans être non-seulement une belle ville, mais même, à proprement parler, une ville. La supériorité d'Avaricum ne serait pas très concluante contre la thèse que nous soutenons. Sa beauté était toute relative [4], et il est permis de supposer que César, que Trébatius, que Quintus Cicéron et les Romains en général, seraient de notre avis contre ceux de nos lecteurs qui se sentiraient enclins à partager l'admiration des Gaulois pour la beauté de cet oppidum. César, qui l'a vu, qui en a dirigé le siège en personne, n'a été frappé que de la singularité de ses murailles, et il les décrit comme un spécimen curieux et ingénieux cependant de construction barbare. Mais serrons le texte de plus près et rendons-nous compte des circons-

[1] Bell. Gall. VII, 15.
[2] Supra, p. 37 et 38.
[3] Supra, p. 38 et 41.
[4] Il est évident que le superlatif employé par César ne l'est que comme terme de comparaison. « Pulcherrimam totius Galliæ. »

tances dans lesquelles le récit de César a placé ce témoignage de la grandeur et de la beauté d'Avaricum.

Nous touchons aux dernières luttes de la Gaule. L'insurrection est générale, et tout le pays du Cher à la Loire est en feu. L'armée romaine marche sur Avaricum à la lueur des incendies; elle ne rencontre partout que la destruction. Si les ordres de Vercingétorix s'exécutent, les envahisseurs vont être engagés dans une situation des plus graves, sous un climat inhospitalier, par un froid rigoureux, « frigore, » dans un pays dévasté, sans ressources, sans routes, et dont le sol est détrempé par des pluies continuelles, « luto et assiduis imbribus. » Toutes ces circonstances doivent leur être fatales; Vercingétorix l'a compris, et, à la condition d'être inflexible, Avaricum sera le Moscou celtique où viendra échouer la fortune du premier César. Mais la fibre gauloise n'a jamais su résister aux supplications et aux larmes. Les Romains approchent, ils vont investir l'oppidum; il est temps de leur ôter cette proie en n'y laissant que des cendres. Au moment d'accomplir le sacrifice, on hésite, on délibère une dernière fois. Les habitants éperdus se jettent aux pieds des soldats; ils les implorent un à un. « Détruire *une si belle urbs, le rempart, l'ornement de la cité !* s'écrient-ils; la brûler de leurs propres mains [1] ! une ville si facile à défendre, si merveilleusement accommodée pour soutenir un siège ! » Ces raisons ne touchaient pas Vercingétorix, mais il se laisse émouvoir par les prières de la multitude. Il voit la faute, et il cède à un sentiment de funeste pitié [2]; funeste, puisqu'elle coûte la vie aux quarante mille victimes qui, après le sac de l'oppidum, furent passées au fil de l'épée. [3]

[1] Suis manibus.
[2] Misericordia vulgi.
[3] Dans ces quarante mille âmes formées en grande partie par les fugitifs, il faut comprendre, outre les dix mille hommes que les Gaulois jetèrent dans la place, la garnison que Vercingétorix y place en ce moment. « Defensores idonei oppido deliguntur. »

connaissait les propriétés mystérieuses, il avait son temple et les objets de son culte. Le druide était son prêtre et son médecin. A l'emporium, en échange de ses peaux, de sa laine, de ses salaisons, de ses troupeaux d'oies [1], de ses grains, de son miel, il se procurait ses ustensiles de terre ou de cuivre, ses parures, ses armes pour les fêtes et les combats. Sa vie renfermée, comme celle de ses pères, dans un cercle d'habitudes restreintes, s'écoulait sans qu'il éprouvât d'autres besoins, sans qu'il eût le désir d'en élargir l'horizon.

Les notions qui existent sur le commerce de la Gaule centrale avant César, sont encore plus incertaines que celles qui concernent l'agriculture. Le peu qu'on entrevoit ne fait pas supposer une situation bien florissante. L'industrie rurale fournissait à peu près seule la matière des transactions, et elle était trop peu développée pour avoir quelque influence sur la fortune publique. Mais, sous Auguste et ses successeurs, la création d'un vaste système de communications, un ensemble de mesures protectrices qui assuraient la facilité et la sécurité du trafic, imprimèrent à la circulation un mouvement prodigieux qui transforma les conditions économiques de la Gaule. Des compagnies de nautes ou bateliers se constituèrent sur tous les cours d'eau navigables; l'argent des Romains vivifia de nombreuses et puissantes entreprises. Les emporium du midi couvrirent les rivières de leurs bateaux. Marseille expédiait par le Rhône ses marchandises que les chariots de l'Arvernie transportaient sur la Loire. La Saône, mise en communication avec la Seine par une route de terre, devint une des principales artères du transit commercial entre le Midi et le Nord. Du côté de l'est on remontait le

---

[1] Pline, liv. X, c. 27.

La tenue des emporium concordait ordinairement avec l'époque des assemblées politiques, et cette double circonstance y attirait par masses les populations des cités et des pagus. La plupart de ces usages ont traversé tout le moyenâge, soutenus jusqu'à une époque bien peu éloignée de nous par la persistance de certaines conditions économiques, par la force des traditions et des coutumes. Nous les voyons aujourd'hui disparaître devant la rapidité des communications, le nombre et l'abondance des marchés sur tous les points du territoire. Cette révolution s'est accomplie en quelque sorte de nos jours. Mais lorsque la Gaule n'avait que ses chemins creux, lorsque le trafic ne pouvait se faire que dans des conditions difficiles et souvent dangereuses, et que les familles conservaient les habitudes sédentaires auxquelles les condamnait le mauvais état des routes, une foire était un véritable événement. Le Gaulois, curieux par nature, mettait la circonstance à profit pour questionner les étrangers sur les nouvelles du dehors et s'enquérir des pays lointains. Le marchand écoulait ses ballots et réalisait en quelques jours le bénéfice de toute l'année. Il y a un siècle à peine, dans le pays Éduen, à Autun même, les choses ne se passaient pas autrement. Tous les habitants des campagnes arrivaient à cheval de dix lieues à la ronde pour la foire du premier septembre qui durait quinze jours. Chacun mettait sa monture au pré comme au temps des gaulois, on s'entassait dans les maisons, on construisait des baraques, on dressait des tentes. Puis, les emplettes terminées, on regagnait, pour un an, sa chaumière ou son manoir. Ainsi vivait il y a deux mille ans l'habitant de l'œdificium gaulois. Il trouvait dans sa chasse, dans ses bois, dans sa terre, dans ses troupeaux, nourriture, chauffage et vêtement. Dans la forêt consacrée par la présence des divinités, au milieu des roches hantées par les génies, près des fontaines dont il

accessibles, l'emporium resta le grand marché où se traitaient, dans une banlieue très étendue, l'achat et la vente des objets les plus indispensables, non à la subsistance, mais à l'agrément et à la commodité de la vie. L'administration romaine, le moyen-âge, ne modifièrent pas sensiblement cet état de choses, et ne touchèrent à cet usage que pour le propager. A mesure que les habitudes du bien-être se répandirent, il fallut multiplier sur un plus grand nombre de points les foires et les marchés.

La pacification de la Gaule eut sur l'oppidum militaire et sur l'oppidum commercial des effets très divers, qu'il importe de remarquer. Elle détermina l'abandon définitif du premier et fit du second une véritable ville. Après avoir noblement défendu son indépendance, la Gaule subit l'ascendant de Rome et lui resta fidèle. Les légions romaines abandonnant bientôt l'intérieur du pays, les postes militaires où leur présence n'était plus nécessaire pour imposer l'obéissance, se reportèrent sur les bords du Rhin, où les attendaient d'autres ennemis et d'autres combats. Par là s'évanouit cette hypothèse qui, renonçant à trouver des villes celtiques sur l'emplacement des vieux oppidum, ne voudrait voir dans ceux-ci que des vestiges de ces *castra stativa* où se tenaient les garnisons romaines. A part quelques révoltes promptement étouffées et la courte durée de l'empire gaulois au troisième siècle, les peuples de la Gaule non-seulement ne furent jamais un embarras pour l'empire, mais ils soutinrent longtemps sa fortune chancelante, et restèrent les derniers sous ses drapeaux, à l'heure des revers. L'historien de cette époque sinistre, Ammien Marcellin, leur rend à cet égard un témoignage qui n'est point suspect. Les Romains n'eurent donc jamais dans la Gaule de ces *castra stativa*, de ces camps à demeure, qu'ils opposaient aux invasions du dehors, aux insurrections du dedans. Quelques années avaient suffi pour fusionner les deux peuples. Le rôle des oppidum militaires était dès lors à jamais fini ; ils n'eurent plus à menacer ni à protéger personne. Délaissés sur leurs aires sauvages, ils devinrent peu à peu des ruines sans histoire et sans nom.

Tout autre fut la destinée des emporium ; leur position dans les plaines, sur les fleuves, assura leur avenir. Dès les commencements mêmes de l'expédition de César, on vit s'y installer des marchands, des banquiers, des nuées d'aventuriers de toute sorte, qui étaient venus, à la suite des armées, s'abattre sur les territoires nouvellement occupés, dans l'espoir de s'y enrichir. Dans les trois places de commerce que mentionnent les Commentaires, à Nevers, à Chalon, à Genabum, César nous signale la présence de spéculateurs qui s'y étaient établis, « qui negotiandi causa ibi constiterant. » Le rôle de ces pionniers de la civilisation n'est pas sans analogie avec celui de ces négociants anglais qui s'en vont, au péril de leur vie et de leur argent, trafiquer jusqu'aux extrémités du globe. Ils se livraient aux opérations les plus diverses, et tout ce qui pouvait rapporter quelque profit devenait la matière de leurs entreprises. Les uns prenaient en fermage les revenus publics, — on les appelait « publicani ; » d'autres, « les aratores, » — créaient des établissements agricoles : témoin ce Quintius, client de Cicéron, qui s'était associé à un certain Nævius, crieur public, pour exploiter une ferme dans la Gaule. Les « pecuarii » se livraient à l'élève et au commerce du bétail. Les grains destinés à la consommation de l'Italie donnaient également lieu à des spéculations fort importantes. Ajoutons cependant que les Gaulois ne prirent pas, dans l'origine, une part bien active à ce mouvement. Pour créer des entreprises commerciales ou pour s'y associer, il faut non-seulement des capitaux, et tout porte à croire que les guerres de la conquête les avaient fort épuisés dans la Gaule, mais il faut de plus une certaine initiative, une confiance, un ensemble d'aptitudes acquises, qu'on ne peut attendre de barbares qui commencent l'apprentissage de la civilisation. Aussi, dans la Narbonnaise même, bien qu'elle fût romaine depuis plus d'un siècle, toutes les opérations de banque étaient-elles restées entre les mains des financiers romains, à ce point que Cicéron s'écriait : « Je le dis hardiment, la Gaule est remplie de négociants et de citoyens romains; aucun Gaulois ne fait d'affaires sans eux. Il ne circule pas dans la Gaule une seule pièce d'argent qui ne soit inscrite sur les livres des citoyens romains. » S'il en était ainsi dans la Narbonnaise, à combien plus forte raison ce monopole devait-il exister dans les provinces du centre et du nord? Le commerce gaulois paraît s'y être exclusivement borné à des exportations de récoltes, d'étoffes grossières, de viande et de porc salé; et encore doit-on faire observer que ces renseignements datent généralement du siècle d'Auguste. Chaque race a son génie propre; la nature semblait avoir créé ce peuple spirituel et brave pour les luttes de la parole et des combats, « audacter pugnare et argute loqui. » Elle ne lui avait pas donné au même degré l'esprit de calcul et d'entreprise qui fait les grands peuples commerçants.

La question des emporium touche cependant à ce qu'il y a de plus intime et de plus vital dans les influences qui accomplirent la transformation de la Gaule; car si Rome n'avait eu pour discipliner la barbarie d'autre moyen que la force, il est probable qu'elle n'aurait obtenu ce résultat qu'avec des flots de sang ou par l'extermination complète de tout un peuple. Mais la rapidité avec laquelle s'opéra l'assimilation des deux races nous oblige à expliquer par d'autres causes que la supériorité des armes la fusion qui se fit si promptement entre les Romains et les Gaulois. Cette cause fut, nous n'hésitons pas à la signaler, la modération avec laquelle Rome laissa peser son joug. Elle comprit que ces peuples intelligents ne lui seraient définitivement gagnés que par la justice et la douceur. Elle fit pour eux une exception à sa dureté et à ses dédains ; elle se montra tolérante pour tous les usages nationaux qui ne heurtaient pas directement le but de sa politique. Son administration fut, à elle seule, un immense bienfait ; elle leur procura une paix, une sécurité, et, presque aussitôt, une richesse qu'ils n'avaient jamais connues. Les commerçants qui vinrent exploiter la Gaule activèrent ce mouvement. Ils lui enseignèrent des trésors qu'elle ignorait, des ressources qu'elle ne soupçonnait pas : la fertilité de son sol, la richesse de ses forêts, de ses cours d'eau, de ses mines. Pour mettre ces produits en valeur, ils lui rapportèrent, et bien au-delà, tout l'argent dont la conquête les avait dépouillés. Or, ce fut l'emporium qui devint le point de contact des intérêts ; l'emporium fut le terrain neutre et pacifique sur lequel se rapprochèrent les vainqueurs et les vaincus ; l'emporium fit oublier les luttes et les désastres de l'oppidum.

Nous arrivons dès maintenant à une conclusion. Pour nous, la Gaule ne date historiquement que de César. Plus puissant que l'Hercule Tyrien, que les colonies phéniciennes, à ne considérer que les faits en bloc et dans leur physionomie totale, il fut l'initiateur de cette race prédestinée. Il vint la chercher au fond de ses forêts, au sein de sa barbarie ; il est l'ancêtre de notre civilisation. Quand il n'aurait que cette page dans sa vie, il serait encore le plus grand de tous les fondateurs d'empire, puisque la Gaule, appelée par lui à être romaine, est devenue la France, et qu'elle est entre les races latines l'héritière la plus authentique des traditions, des instincts, du génie, de la puissance de Rome. Terminons par une réflexion qui n'appartient pas moins à notre sujet. La conquête de la

Gaule trouve sa justification non-seulement dans ses résultats, mais dans son principe même. Appelé par le peuple éduen à la suite d'une bataille où celui-ci venait d'être écrasé, César le sauva non-seulement d'une barbarie pire encore, mais très probablement d'un massacre qui eût achevé de l'anéantir. On ne peut donc faire un crime à Divitiac d'avoir sollicité l'intervention de Rome dans cette extrémité. En face d'un ennemi impitoyable et victorieux, les Éduens n'avaient plus à hésiter entre leur propre destruction, ou tout au moins la plus horrible servitude, et la protection clémente de Rome; entre la civilisation que Divitiac avait saluée dans la métropole de l'univers et la barbarie qui grondait à leurs portes. Ils se firent Romains, et par cette alliance ils s'associèrent, au moins par leur neutralité, à l'œuvre de César. Sans doute les instincts de race se réveillèrent plus d'une fois chez eux et firent chanceler leur fidélité; mais ils étaient épuisés par l'anarchie et les guerres intestines; au demeurant, ils conservèrent la foi jurée et renoncèrent pour leur part à une indépendance dont les cités de la Gaule ne se servaient que pour s'entre-détruire. Le druide Divitiac, l'ami de César, qui les maintint dans cette politique, est donc un des précurseurs de l'ère qui allait s'ouvrir pour la Gaule. Il reste ainsi une des grandes figures de sa race, noyée, si l'on veut, dans l'ombre de César, mais encore distincte et majestueuse dans ce demi-jour lointain où se sont effacés les souvenirs celtiques.[*]

---

[*] Nous croyons devoir avertir nos lecteurs que ce chapitre a été lu aux séances de lectures publiques de l'Hôtel-de-Ville d'Autun, le 7 mars 1866, avant la publication du deuxième volume de la vie de César.

CHAPITRE HUITIÈME.

Le Dunum. — L'Ædificium. — Le Chef. — L'Hospitalité. — Les Festins. — La Guerre. — La Sépulture.

Le système défensif des Gaulois se complétait, comme nous l'avons dit dans un des chapitres précédents, par de petites citadelles qui, à raison de leur position et de leur nombre dans les pays de montagnes, ne laissaient pas de présenter un ensemble assez formidable. Elles étaient les postes avancés et comme les sentinelles de l'oppidum. Elles signalaient l'ennemi et opposaient à sa marche des obstacles souvent efficaces. Elles étaient aussi le lieu de ralliement des clans autour de leurs chefs. La féodalité gauloise, comme celle du moyen-âge, s'était installée sur les hauteurs et s'y était construit, comme elle, des demeures qui la faisaient respecter. C'est ce que César appelait des châteaux, et ce que nous appelons ici le *Dunum*.

La raison de cette dénomination qui restitue à ces forteresses leur physionomie celtique est puisée dans les traditions qui nous en font aujourd'hui retrouver les ruines. On chercherait en vain, dans César et dans les documents postérieurs, des indications sur ces châteaux, malgré leur utilité pour la défense du territoire et bien qu'ils fussent le siège de la puissance des chefs. Trop faible pour arrêter une armée romaine, le dunum était cependant une protection à peu près inexpugnable contre un coup de main, et pouvait repousser les entreprises de bandes isolées. A cette distance de vingt siècles l'histoire a négligé ce détail, mais il s'est perpétué dans la légende.

Tout le pays gaulois était hérissé de ces dunum. Partout où la configuration du sol accentuait des reliefs, partout où s'élevaient des montagnes et des collines, le dunum se dressait sur la hauteur, commandait les passages et présentait un point de résistance avec lequel une force indisciplinée devait nécessairement compter. Ces groupes formaient la ceinture militaire de l'oppidum et tenaient l'ennemi à distance. Ils en rendaient les approches difficiles à un assaillant dépourvu de tactique, l'obligeaient à diviser ses forces, émoussaient ses attaques et donnaient aux populations le temps de pourvoir à leur sûreté. A ce point de vue, le dunum était le satellite de l'oppidum et son complément indispensable.

On le reconnaît particulièrement sur les sommets qui conservent encore aujourd'hui le nom gaëlique de Dun. Il en couronne les plateaux et les points culminants, tantôt isolé des chaînes voisines par des escarpements ménagés avec une intention trop évidente et des combinaisons trop uniformes pour être l'œuvre purement fortuite de la nature, tantôt plongeant à pic sur des précipices. Des écroulements d'anciennes murailles où n'apparaît aucune trace de mortier, signe certain de leur haute antiquité et de leur origine barbare, dessinent la plupart de ces enceintes. Çà et là des solutions complètes de continuité indiquent les ouvertures

---

* Ces châteaux nous expliquent, pour le dire en passant, un texte assez curieux de Plutarque. Ils figurent, nous aimons à le croire, dans le nombre des huit cents villes et plus que César aurait emportées d'assaut. — Plut. *Vie de César.* — A ce compte, chaque cité gauloise aurait eu quatorze villes enlevées de vive force, auxquelles il faudrait ajouter toutes celles qui n'ont pas fait de résistance.

Nous laissons au lecteur le soin de concilier ce passage avec celui de Strabon qui écrivait cent ans avant Plutarque, et qui ne donne aux Éduens, la plus puissante cité de la Gaule, qu'une ville et une place forte.

et les accès. Ces amoncellements n'ont rien qui frappe à première vue le regard; leurs dispositions principales l'accusent à peine sous l'herbe et les broussailles qui les confondent avec le sol, ou dans les massifs des végétations superposées. De légères saillies sur le talus de fossés peu profonds, parfois des blocs énormes, des vestiges d'anciennes chaussées en pierre sèche, voilà tout ce qui reste en général de la forteresse du chef gaulois. C'était là cependant la demeure du Brenn, de l'homme au collier d'or, que les chants bardiques nous représentent si souvent dans la salle du festin au milieu de ses amis et de ses fidèles, de ce guerrier farouche et railleur qui portait l'épouvante dans le monde civilisé, de ce terrible visiteur que l'histoire entrevoit à différentes époques en Grèce, en Asie, en Égypte, qui saccageait l'Italie et venait insulter Rome au pied de son Capitole. Ces souvenirs, on le voit, donnent quelque intérêt à cette étude.

Ces hautes solitudes, avec leurs vastes horizons, étaient merveilleusement adaptées aux besoins d'une stratégie rudimentaire qui devait emprunter à la nature ses principales ressources. L'assaut en était difficile et elles surveillaient les mouvements de l'ennemi, deux conditions excellentes contre les moyens d'attaque dont pouvaient disposer des barbares. Elles convenaient aussi aux habitudes guerrières et au tempérament poétique des maîtres qui les occupaient, et chez lesquels un sentiment instinctif des beautés de la nature n'était pas complètement étouffé par la grossièreté des mœurs [1]. La grandeur du paysage, la majesté d'un site où, du haut des terrasses, le brenn

---

[1] Cette délicatesse, particulière à la race celtique, est attestée par tous les écrivains qui ont étudié sa poésie et ses lois. V. à ce sujet un très intéressant travail de M. de Lasteyrie sur l'Irlande au cinquième siècle, Revue des deux mondes, 15 novembre 1865.

pouvait, comme plus tard le seigneur féodal, embrasser l'étendue de ses domaines;—les forêts qui croissaient à ses pieds ou s'étageaient sur les pentes;—les cours d'eau dont le voisinage était si apprécié chez les Celtes, selon le témoignage de César [1], et qui, par une combinaison de la nature assez fréquente dans les terres granitiques, prennent leurs sources sur les plateaux des montagnes ou s'épanchent de leurs flancs;—toutes ces conditions devaient plaire aux chefs des clans et les fixer de préférence sur le dunum.

Dans les pays de plaine cependant, le chef suppléait à l'avantage de la position par des moyens qui n'étaient pas dépourvus d'efficacité. Les défenses dont il s'entourait le mettaient à l'abri de toute surprise. A un certain périmètre de son œdificium des talus bordés de haies couchées, de *plessées*, pour rappeler une vieille expression d'où dérive le nom de Plessis donné à tant de résidences féodales, opposaient à l'assaillant un premier obstacle assez difficile à franchir. Des palissades, des poutres aiguës, la pointe en avant [2], formaient la seconde enceinte du hall [3] et des cours. On tirait également parti des rivières et des marécages dont les constructeurs gaulois se faisaient d'utiles auxiliaires, comme nous le montre l'exemple de Besançon et d'Avaricum. L'importance de ces citadelles était toujours subordonnée à celle de la position à défendre; le mode de construction, aux accidents du sol et aux matériaux qu'on avait sous la main.

Chaque dunum, comme l'oppidum lui-même, était flanqué d'avant-postes ou guettes, en latin *speculæ*, destinés

---

[1] Cæsar. Bell. Gall. VI, 30.
[2] Id. Bell. Gall. II, 29. « Præacutas trabes. »
[3] Aula, *Curia baronis, domus præcipua*; forme germanique du latin Aula, dérivée d'un radical commun. — Aulæum, *palatium*. V. Ducange.

à lui donner l'alarme. On les reconnaît à l'existence de tertres nombreux que leurs reliefs et leurs dimensions ne permettent pas de confondre avec des tumulus funéraires. Ces vigies, disposées aux différents étages de la montagne, surveillaient les gorges et les passages dont la profondeur échappait à l'œil des sentinelles placées sur le dunum. On rencontre ces fortifications accessoires en assez grand nombre autour des retranchements du Beuvray. Elles sont munies d'un fossé qui détermine le caractère de ces ouvrages et en précise le but. Bien peu de ces tertres conservent des traces d'une maçonnerie quelconque; mais il faut se rappeler que les édifices celtiques, comme d'ailleurs la plupart des châteaux pendant la première partie du moyen-âge, étaient généralement en bois. Quelquefois aussi des monceaux de pierres brutes y décèlent l'existence d'anciennes murailles à sec ou de bâtiments grossiers sans briques ni poteries. L'utilité de ces guettes était motivée par les habitudes d'un peuple sans cesse sur le qui-vive, et chez lequel la guerre et le brigandage étaient des occupations régulières. Le chef de clan, ce sont les lois irlandaises qui nous l'apprennent, pouvait convoquer la tribu aux trois expéditions annuelles [1], et quiconque était propriétaire d'un héritage était tenu de le rendre à sa réquisition. Celui qui possédait un bouclier et savait s'en servir devait le suivre aux « pillages, » le reste du peuple être prêt à repousser toutes les attaques. Avec de pareilles mœurs, sanctionnées par de pareilles lois, il fallait se méfier de ses voisins et surtout se bien garder.

Les guettes servaient aussi à percevoir les taxes prélevées sur les voyageurs et les marchandises qu'on arrêtait au passage. Ce système est encore en vigueur chez diverses peuplades de la Syrie et du Liban. Sur les limites de chacun

---

[1] Cæs. Bell. Gall. VI, 15. Et Senchus Mor, cité p. 150.

de ces petits États, des tours d'observation, placées sur les hauteurs voisines, surveillent tous les chemins. Des guetteurs en permanence signalent l'arrivée des caravanes et des voyageurs isolés. A leur premier appel, des cavaliers apostés dans ce but entourent les nouveaux venus, et les mettent à composition, s'ils ont eu l'imprudence de s'aventurer sur le territoire de la tribu sans avoir traité avec le chef. Il est à croire que les Gaulois employaient des procédés analogues, et que la féodalité, sous ce rapport, n'a fait que continuer leurs errements. Le brenn, chez les Gallois, avait seul le droit de protéger les routes, c'est-à-dire de détrousser les passants. La Vie de saint Patrice et celle de saint Mœdhog montrent des chefs riches et puissants, voleurs de grands chemins, pillant et blessant les voyageurs.[1]

Tels étaient les points d'appui du dunum. On a maintenant l'idée d'un assez vaste système militaire, l'oppidum au centre et au sommet, tout autour les dunum échelonnés sur les montagnes, et les interstices de ces gigantesques barricades parsemés de nombreuses vigies. De telle sorte que tous les points du territoire étaient dominés et gardés, et que ce n'était pas une médiocre entreprise que de pénétrer jusqu'à l'oppidum. Ces conditions faisaient la force et assuraient la prépondérance des cités qui les réunissaient, comme celle des Éduens, à un degré supérieur. Un tel pays, défendu par des peuples aussi belliqueux, eût été invincible pour tout autre ennemi qu'une armée romaine commandée par un capitaine comme César, et encore ne put-il achever sa conquête qu'après dix ans d'efforts, et avec le secours de la Gaule divisée contre elle-même.

[1] Bolland. Vita S. Mædoci, XXI juin. « Dux ille latronum, vir potens et dives erat, habens milites opulentos sub se. »

La plupart des lieux fortifiés que l'on rencontre dans le voisinage des oppidum, et que leurs aggérations rattachent évidemment à l'époque celtique, ont conservé leur nom primitif. Ce radical dun [1] avait une double acception. Il signifiait à la fois montagne et forteresse, parce que ces deux idées, dans l'esprit des Celtes, étaient inséparables. Par une de ces concessions que la force des habitudes impose ordinairement aux usages nouveaux, la vieille appellation de dunum prévalut encore quelque temps après la conquête, en altérant son sens propre. Elle apparut pour la dernière fois sous Auguste accolée à des noms romains, notamment dans Augusto-dunum, aujourd'hui Autun, le fort d'Auguste, malgré l'absence des conditions topographiques qui constituaient le dunum. Mais les autres dunum du pays éduen ont conservé dans toute leur rigueur le sens du radical celtique. Dône, Dun, Brancion [2], Sedunum, Suin, Dardon, près Toulon, etc. Sur la plupart de ces sommets se trouvent encore les pierres sacrées qui jouaient un rôle si important dans les cérémonies religieuses et dans les assemblées politiques de la Gaule. A Sedunum du Charollais, on montre une énorme pierre croulante dont la surface supérieure est creusée de nombreuses cuvettes qui recevaient, suivant la tradition populaire, le sang des victimes [3]; à Dun-le-Roi, la pierre tournante; à Brandon, un dol-men, et les men-hirs renversés d'Épogny; au mont de Seune, la pierre croulante de Sampigny; à Dône, des pierres à cuvettes; près de l'Essertenue, la pierre qui croule d'Uchon; à Dettey, la pierre du Diable. Des légendes où

---

[1] Ou Tun.—*Dialecte armoricain.*—M. de Courson, Hist. des origines de la Gaule armoricaine.

[2] Brann o dunum. — *Brancion, Brandon* : le fort du brenn.

[3] Nous réservons, bien entendu, l'objection des géologues, qui voient dans ces excavations un simple phénomène naturel. Nous constatons seulement la tradition telle quelle.

l'on reconnaît les restes de croyances antérieures au christianisme, et reléguées par lui au rang des superstitions, se sont perpétuées dans ces localités. Presque partout, c'est la wivre qui garde le trésor sacré, exposé aux regards de tous, auquel nul ne peut porter la main sans être puni de mort; à Dun, la pierre tournante s'entr'ouvre et engloutit le profanateur qui touche au trésor; à Suin, les cuvettes de la pierre tournante sont devenues les *pitres* ou les pas du bon Dieu; à Loll [1], Rome-Château, à l'Essertenue, coulent les fontaines des dames, des maires, des fées; à Dettey, au Beuvray, où ces divinités ont été détrônées par le grand démolisseur du paganisme celtique, saint Martin, les génies hantent encore les carrefours des bois. On y montre la roche du Diable arrêtée dans sa chute, au lever de l'aurore, à l'apparition de Belen, et portant l'empreinte du dos et des griffes du génie malfaisant. Au pied du Beuvray, la fée blanche transporte dans son tablier le dolmen, récemment détruit, de Rozé; à Maison-Dru, comme au Beuvray, la « dame » donne du lait aux nourrices; à la Comelle, elle guérit les yeux; à l'Essertenue, elle enlève la fièvre et marie dans l'année les jeunes filles qui viennent accomplir certains rites près de ses sources [2]. Partout le culte des fontaines et des rochers où résidaient les génies gaulois.

Ainsi, des circonstances dont l'enchaînement nous

---

[1] Lieu élevé, équivalent de dun. Dans les titres du dixième siècle, Rome-Château est désigné sous le nom de Lollus; Bar, autre équivalent, le lieu fortifié, les Barres; le mont de Seune, de Sena, réunion (senatus), est la montagne de Santenay (Côte-d'Or); le mont Milan, Mediolanum, de Lann, pays; *pays du milieu*.

[2] Ce livre est publié par la Société Éduenne, ce qui explique le détail des renseignements propres au pays éduen.

Pour la commodité des lecteurs étrangers à la localité, nous ajouterons que Dun, Suin, Dardon, sont de l'arrondissement de Charolles; Branclon, de l'arrondissement de Mâcon, près de Tournus. Le surplus des noms cités appartiennent à l'arrondissement d'Autun.

échappe ont fixé ces superstitions sur l'emplacement des dunum. Entre ces croyances et les forteresses des chefs gaulois, l'imagination des derniers représentants de la race celtique a établi une relation qui reste, pour nous, mystérieuse. L'histoire présente parfois de ces déviations, mais l'indication n'en est pas moins sûre. La pierre tournante marque la sépulture du dunum. Les paysans des hameaux où ces légendes subsistent, et où nous les avons recueillies, sont encore des colons de la vieille Gaule. Isolés dans leurs solitudes, ils ont traversé les siècles sans être mêlés à cette circulation d'idées qui a si profondément modifié les têtes humaines. Ils sont restés ce qu'étaient leurs pères « natio admodum dedita religionibus »[1]. Ils ont donc pu conserver, à peu près intact, comme dans un sanctuaire grossier mais respecté, ces antiques sédiments de la religion druidique. Seuls, parmi les hommes de nos jours, ils nous parlent des déesses des eaux, des génies, des dames maires, qui apparaissent la nuit sur les ruines des vieux châteaux et qui gardent encore la demeure du brenn resté pour eux la personnification héroïque du vieux temps.

En dehors cependant de ces renseignements, nous devons à l'étymologie, sur la demeure du chef, quelques données qui sembleront peut-être un peu plus positives aux esprits qui repoussent systématiquement la tradition. Dans plusieurs localités du pays éduen, on retrouve au pied des dunum des villages qui conservent leurs noms celtiques, et, dans ces noms, le radical qui désigne la demeure du chef, du chevalier « marc' hek »[2]; ainsi Marchef, sous Rome-Château; Marcheseuil, sous l'oppidum de Rême; un autre Marcheseuil, sous l'oppidum de Bar. Ainsi

---

[1] Cæsar. Bell. Gall. VI, 16.

[2] Le titre de marc' hek, chevalier, signifie littéralement l'homme du cheval. H. de la Villemarqué, Chants populaires de la Bretagne, t. I, p. 177.

encore, comme nous l'avons dit, Brann o dunum, Brancion, la demeure du brenn ; ces lieux pouvaient n'être que des tènements serviles placés sous sa dépendance immédiate. Les légendes bretonnes et irlandaises, écrites par des religieux qui n'emploient que des formes latines, donnent le nom de munitio à la demeure du chef : « Hoc juxta Brudæi regis munitionem accidit. » Et ailleurs : « In loco qui dicitur munitio magna. »[1]

Le dunum était une citadelle ; l'ædificium une habitation, la demeure particulière du chef, sa résidence préférée pendant les courts répits que lui laissait la guerre. Sans être dépourvu de certains moyens de défense, l'ædificium semble avoir eu plutôt le caractère d'une maison des champs. Situé dans le voisinage des forêts et des fleuves, il réunissait alors les conditions que recherchaient les riches Gaulois pour se livrer aux plaisirs de la chasse et de la pêche, pour élever et pacager des chevaux, pour exercer l'hospitalité. Dans un rayon suffisamment rapproché étaient disséminées les chaumières des colons, désignées par les Romains sous le même nom d'ædificium et qui ne différaient guère de la construction du chef que par des proportions plus restreintes. Ces bois silencieux et immenses dont la Gaule était couverte, ces tranquilles paysages adoucis encore par les teintes changeantes de son ciel et les molles sinuosités des rivières[2] où s'abreuvaient les grands troupeaux, ces vallées sauvages dont les torrents entretenaient la fraîcheur, ont été souvent célébrés par la poésie celtique. César lui-même semble en avoir

---

[1] Vita S. Colomb., p. 209. Boll.

[2] « Πολλῶν δὲ καὶ μεγάλων ποταμῶν ῥεόντων διὰ τῆς Γαλατίας καὶ τοῖς ῥείθροις ποικίλως τὴν πεδιάδα γῆν τεμνόντων. » Multi ac magni per Galliam fluvii decurrunt, varlisque campos flexibus intersecant. Diod. v, 25.

apprécié le charme[1]. C'était là que le brenn venait se reposer des émotions d'une existence toute semée d'embûches et de périls. Encore souvent le péril venait-il l'y chercher. Ambiorix, surpris par la cavalerie de César dans sa maison de campagne située au milieu des bois, comme presque toutes les habitations gauloises[2], saute sur le cheval d'un de ses ambactes, qui se font tuer pour lui, et s'échappe dans l'épaisseur de la forêt : « *Fugientem silvæ texerunt.* » Le brewy du premier rang, disent les lois irlandaises, est celui qui vit dans une maison à quatre portes, à travers laquelle coule un ruisseau d'eau vive pour produire un courant d'air et chasser l'humidité. Il doit entretenir au moins deux cents ouvriers et posséder deux cents têtes de bétail de chaque espèce[3]. Le goût des Celtes pour la campagne semble avoir été l'un des instincts de leur race; il se retrouve encore chez les peuples d'origine saxonne et irlandaise. Mille ans plus tard, au moyen-âge, l'influence romaine n'y avait rien changé; le voisinage des villes qui commençaient à se peupler, et qui refoulait de plus en plus la limite des futaies incultes et des vastes territoires de chasse n'avait pas altéré, sous ce rapport, les mœurs de leurs descendants. Cette préférence héréditaire pour l'indépendance des champs, unie à la passion des aventures, semble avoir constitué le fond de la vie féodale. Le poëme historique d'Ermold-le-Noir nous montre, au neuvième siècle, le chef breton Morvan, dans sa maison rustique, au milieu de ses hommes d'armes. Des haies vives forment l'enclos. Le lieu qu'il a choisi pour retraite confine à des forêts et à un fleuve, qui forment autour de l'habitation une double ceinture. C'est le séjour qu'il aime,

---

[1] Cæsar. Bell. Gall. VI, 30.
[2] Ibid. « *Ut sunt fere domicilia Gallorum.* »
[3] Senchus Mor. V. l'article déjà cité de M. de Lasteyrie, note, p. 150.

un endroit sûr et commode. Nous citons le passage ; on croirait lire la description de l'ædificium d'un contemporain d'Ambiorix :

> Est locus hinc silvis, hinc flumine cinctus amœno,
>   Sepibus et sulcis, atque palude situs.
> Intus opima domus, hinc inde recurserat armis,
>   Forte repletus erat milite seu vario.
> Hæc loca præcipue semper Murmanus [1] amabat,
>   Illi certa quies, et locus aptus erat. [2]

Plus loin, le même Ermold décrit non plus la maison d'un simple chef, mais le palais d'un empereur, de Louis-le-Pieux, « au-delà » de la Loire. On va voir quelle est l'importance de la situation et de la nature des lieux :

> Trans fluvium Ligeris locus est quippe uber et aptus ;
>   Cingitur hinc silvis, hinc quoque planitie,
> At medius placido fluviorum gurgite vernat.
>   Piscibus est habilis, est locuplexque feris
> Quo Hludovicus ovans præcelsa palatia struxit. [3]

Toujours les forêts : ce site plantureux et riche, cette île qui déploie sa verdure entre les deux bras du fleuve, le poisson et le gibier en abondance, tous ces traits rappellent les tableaux de César et de Posidonius.

L'archéologie ne fournit aucun renseignement direct sur la disposition intérieure de l'ædificium. Mais si nous ne pouvons nous introduire, par le récit d'Ermold dans cette maison du chef « intus opima » dont il décrit si bien les

---

[1] Pour Morvanus.
[2] Ermoldi Nigelli Carm. dans D. Bouquet, Hist. des Gaules, t. VI, p. 40.
[3] Id. éd. Pertz, t. II, p. 480.

alentours, nous comblerons aisément cette lacune à l'aide de documents celtiques d'une authenticité irrécusable. La demeure du brenn est très exactement détaillée, au moins dans ses parties principales, par la loi galloise. La persistance des usages de la vie domestique devait, en effet, maintenir les dernières formes de l'édifice dans un pays où les influences extérieures n'avaient encore que bien peu de prise sur les mœurs, où les nobles vivaient au milieu de leurs domaines, à la mode de leurs ancêtres. Nous avons vu, pour notre part, la maison gauloise, dans quelques coins du Morvan, et dans toute la rudesse de son archaïsme. Au cinquième siècle, les Bretons, les Gallois, les Armoricains, étaient, au christianisme près, tels qu'au temps de César. Encore le christianisme, en renouvelant l'ordre moral, avait-il, dans plusieurs de ces contrées, respecté les coutumes populaires et laissé debout même les pierres druidiques.

Les serfs étaient tenus, comme nous l'avons dit, de reconstruire et d'entretenir l'ædificium du chef. La loi d'Hoël rappelle cette obligation et la précise en énumérant les parties dont la demeure se compose. Il y a neuf édifices : le palais, la chambre, la cuisine, le grenier, le four, le chenil, l'atelier et la chapelle [1], — les Gallois étaient alors convertis. Ces dispositions étaient, dans l'origine, commandées par la nécessité. La dispersion des populations, l'éloignement des oppidum, le peu de ressources qu'ils pouvaient offrir pour se procurer des ouvriers, obligeaient les chefs gaulois à pourvoir leur ædificium de tout ce qui était indispensable à l'entretien de la maison. Il fallait avoir sous la main la boulangerie, la forge ou maréchalerie, l'atelier des charpentiers, tout ce qui concernait le service de la vènerie ou de la pêche. Ces ateliers

---

[1] De Courson, Instit. des peuples bretons.

et les ouvriers qui y étaient attachés occupaient les dépendances de l'ædificium. Voilà ce qui se retrouve dans les coutumes galloises au cinquième siècle.

Les vieux terrassements qui existent sur l'emplacement des dunum et des ædificium confirment d'ailleurs ces indications. On y remarque diverses enceintes désignées, dans les chartes, sous les noms de courts ou *curtilz* [1], défendues par des fossés et séparées de l'habitation principale; le tout enfermé dans la grande enceinte fortifiée qui enveloppait tout l'ædificium. Les châteaux et les monastères, au moyen-âge, étaient exactement dans les mêmes conditions. Aussi sont-ils devenus le noyau des premiers groupes qui ont formé dans la Gaule la plupart des villages, des bourgs et même des agglomérations principales.

Le document que nous citons nous introduit chez le brenn, dans l'intérieur de son palais rustique. Une miniature contemporaine d'Hoël et tirée de la Bibliothèque harléienne, nous en donne l'aspect et la physionomie. [2]

Nous sommes au neuvième siècle, c'est-à-dire à une époque où bien des changements se sont accomplis. Le brenn n'est plus tout-à-fait un chef barbare; il s'est converti au christianisme. Il a changé son vieux titre celtique contre celui de marquis ou de comte. La croix surmonte l'un des bâtiments de son château dont il a fait la chapelle. Les diverses constructions ne sont plus faites de bois seulement; la pierre, la brique y dessinent des assises régulières. Sur toutes, la tuile a remplacé le chaume. Un peu d'imitation romaine est passée par là; des ébauches de frontons, des intentions architecturales, des essais

---

[1] Ducange. V. Cortis, Curtis; *Scriptoribus inferioris ævi est inhabitatio rustica ædificiis instructa.* Et les exemples : *Bellonis curtis; Alamannorum curtis*, etc., etc. — Cortis, *atrium ædificiis cinctum.*

[2] Reproduite dans le Magasin pittoresque, 1851, p. 184.

d'ornements, des visées d'élégance, des portes en draperies, des lampes aux vestibules; le luxe enfin qui convient à un seigneur opulent. En même temps que la demeure s'est embellie, le cœur du maître s'est adouci, ses sentiments se sont disciplinés; il n'est plus seulement généreux, hospitalier par nature ou par ostentation: il est humain, charitable. Il distribue lui-même l'aumône aux pauvres gens, aux estropiés, aux infirmes. La châtelaine l'assiste dans cette œuvre. Tout-à-l'heure, un grand feu allumé dans la cour va réchauffer ces pauvres enfants nus. Tel est le sujet de ce petit dessin très curieux auquel nous renvoyons nos lecteurs.

Si l'ancêtre du cinquième siècle, si le chef qui a combattu César, pouvaient un instant sortir de leurs tombes, ils seraient fort émerveillés de toutes ces transformations, mais ils reconnaîtraient encore, dans l'ensemble de ses dispositions, leur vieil œdificium. Le type celtique se retrouve intact sous ces formes encore frustes, et, malgré les perfectionnements apportés, Vitruve n'est pour rien dans cette ordonnance qui procède directement de la tradition barbare. Notons ici une observation importante. Il n'y a pas dans l'œdificium de distributions intérieures, à proprement parler, tout au plus des compartiments, des cloisons en planches formant à peine des cellules. Au centre, le hall, la grande salle qui sert aux festins, aux veillées, à la réception des étrangers, comme dans les chants bardiques et dans l'Odyssée. Sur les flancs, les dessertes, les chambres des femmes, les logis du personnel militaire attaché au service du seigneur. Les Italiens, les Grecs construisaient un édifice unique, homogène, le divisaient par parties, par étages, pour la commodité des habitants et selon leurs besoins. Les Celtes ignoraient cet art; ils l'ignoraient encore au neuvième siècle. Chaque chambre est une maison ayant ses murs et sa toiture, comme son affectation particulière. Ajoutons que chaque bâtiment n'avait pas plus d'étages que de parties ; à l'époque d'Hoël, les constructions superposées commençaient à peine à être en usage dans les pays celtiques. Les Gaulois n'habitaient donc que des rez-de-chaussée, et le mot cabane tire son étymologie du celte. Il nous paraît bien difficile de concilier un tel système de construction avec les exigences de l'architecture urbaine.

Ce dessin, très intéressant en ce qu'il a permis d'interpréter certains passages du poëme anglo-saxon de Beowulf, l'un des documents les plus importants qui existent sur l'histoire privée des Bretons à l'époque de la domination romaine, a cela de précieux pour nous qu'il ouvre une véritable échappée sur notre sujet. Remarquons surtout cette rotonde qui précède le hall. Cette partie de l'édifice, la plus apparente de toutes, reproduit la forme circulaire des antiques constructions gauloises observée par Strabon[1]. Le perron, largement ouvert, dont les portes ne sont jamais fermées, comme nous le dit Nicolas de Damas, semble inviter le voyageur à venir demander l'hospitalité[2]. « Il n'y a point de portier à la porte d'honneur, et l'habitation est ouverte à tous les honnêtes gens, dit un poëte gallois. » — Ce vestibule où étaient cloués les crânes des ennemis que le chef avait tués de sa main, répond encore aux descriptions de Posidonius et de Diodore. Ces hideux ornements qui révoltaient Posidonius ont très probablement disparu, mais on y voit encore, suspendues en trophées, les têtes monstrueuses des aurochs, celles des élans, des sangliers, des loups ; la tête d'un cerf ornée de ses longs bois est encore, comme du temps de Strabon, au sommet de cette rotonde. En arrière, au second plan, on aperçoit une tour qui donne à l'ensemble un aspect féodal.

---

[1] Strabon, liv. IV.
[2] Nicolas de Damas. Excerpta apud Valesium, p. 515.

L'usage de suspendre les dépouilles des animaux tués à la chasse dans l'intérieur du vestibule et aux grands arbres qui entouraient la maison, s'était perpétué dans la Gaule chrétienne. Les patriciens gallo-romains attachaient encore aux arbres les têtes des bêtes fauves. Au milieu même de la ville d'Auxerre, s'élevait un magnifique poirier sur les branches duquel Germain, avant d'être évêque, exposait les hures et les têtes des animaux qu'il avait tués. « Cet usage, lui disait saint Amator, est bon pour des païens, mais indigne d'un chrétien ; c'est une œuvre du culte des idoles. » Le futur saint refusant de se rendre à cette raison, Amator coupa court au scandale et fit arracher l'arbre. [1]

L'antiquité ne nous a laissé aucune indication précise sur l'ameublement du hall. Malgré l'or et l'argent qui pouvaient orner les coupes ou décorer le siège du chef, malgré les cornes de buffle suspendues aux parois des murailles, cet intérieur ne pouvait présenter, aux yeux d'un civilisé, ni variété ni intérêt. L'art y était complètement étranger. Les meubles proprement dits, les ustensiles même destinés aux usages domestiques, étaient sans doute rares et chers dans la Gaule, puisque les chaudières d'airain dans lesquelles on faisait bouillir pêle-mêle les quartiers des divers animaux, y constituaient des choses de prix. Saint Patrice fut vendu à un chef pour un chaudron. — Un autre lui offrit, comme un objet de valeur, une grande chaudière d'airain [2]. Si Posidonius mentionne, en passant, la riche vaisselle de certains chefs gaulois, nous ne devons pas perdre de vue

---

[1] Vita S. Amatoris, ch. x. — Biblioth. histor. de l'Yonne, t. I, p. 143. A vrai dire, cet usage existe encore de nos jours. Nous avons fréquemment rencontré, dans les châteaux où la chasse est en grand honneur, des trophées du même genre, des pattes de loups, de sangliers, cloués aux portes des écuries, des chenils, et y formant une sorte de tapisserie.

[2] Bolland. XVII mart., p. 572, F.

que le voyageur n'a visité que la Gaule narbonnaise. Dans la Gaule du Nord, il y avait certainement des vases précieux, mais ils étaient rares et se conservaient dans les familles [1]. On sait d'ailleurs que les Gaulois convertissaient leur or plutôt en objets de luxe et de parure et en belles armes qu'en monnaie.

Les cours intérieures, les enceintes du hall et de l'ædificium étaient réservées aux exercices et aux jeux des enfants, des jeunes otages, des fils de colons retenus pour le service du maître. Ils préludaient dès leur bas âge à l'apprentissage des armes; les uns lançaient la dague contre un but, les autres s'habituaient au maniement de la fronde et de l'arc en if rouge, dont la corde était faite de fibres de cerf [2]. Leur adresse était telle, s'il faut en croire Strabon, qu'avec un simple javelot de bois, long de deux coudées et lancé sans courroie, ils atteignaient un oiseau de plus loin et aussi sûrement qu'avec la flèche. [3]

Quelques-uns de leurs jeux ont une authenticité historique. On a trouvé un palet dans une des fouilles du Beuvray. Le Senchus Mor ne permet pas au créancier de saisir les jouets des enfants, leurs balles, leurs palets, leurs cerceaux; il ne faut pas, ajoute la glose, que ces petits êtres soient privés un seul jour de leurs amusements accoutumés. Un trait de la vie de saint Colombkill se rapporte à l'un de ces jeux. Un enfant ayant tué un de ses compagnons dans une rixe survenue au jeu de balle, se réfugia auprès du saint. Le brenn furieux l'arracha de cet asile, et, sans pitié pour son âge, le fit mourir. Ce fut le tour

---

[1] En Bourgogne, on offre une coupe d'argent à la nouvelle mariée; cette coupe est à deux anses. Sa forme remonte certainement à l'antiquité.

[2] La Villemarqué, Roman de la Table-Ronde, Owen, p. 182.

[3] Strabon, liv. IV, ch. IV.

du saint de réclamer vengeance ; il réunit son clan à celui de la victime, et la réparation fut, paraît-il, complète. [1]

Les ambactes, les gardes, les conducteurs de chars, les écuyers, les veneurs avec leurs chiens bretons dressés à la chasse et à la guerre [2], complétaient avec les charpentiers et les forgerons le personnel d'un grand dunum. Cette dernière profession était un des privilèges des hommes libres ; le fils d'un serf ne pouvait être forgeron [3]. Les femmes étaient confinées aux travaux domestiques ; le tissage et la préparation des vêtements, l'éducation des enfants, étaient leur principale occupation selon leur rang. Nous avons vu que chez certains peuples on décernait des récompenses à la meilleure fileuse [4] ; selon Diodore de Sicile, dans les châteaux gaulois, de très jeunes filles servaient l'étranger [5]. Les romans de la Table-Ronde, d'accord avec ce témoignage, placent fréquemment à l'entrée de ces habitations des enfants à la chevelure blonde retenue par un cercle d'or. [6]

La vie du chef, dans l'intérieur du dunum, se partageait entre les devoirs de sa position et les distractions que pouvaient comporter ses mœurs rudes et incultes. Le principal attrait de ses amusements était le danger ; si par hasard il était en paix avec les clans voisins, si les querelles, les pillages, les entreprises au dehors lui laissaient un peu de repos, les chasses périlleuses, la chasse au sanglier, au loup, — celle-ci tous les sept jours [7], — le dédommageaient des émotions de la guerre. Les forêts de la Gaule étaient

---

[1] Bolland. Vita S. Colomb.
[2] Strabon, lib. IV, c. v.
[3] Leges Wallicæ, p. 307. Trias 31.
[4] Supra, p. 141, et la note 3.
[5] Diodore de Sicile, liv. V, ch. xxviii.
[6] La Villemarqué, Romans de la Table-Ronde. p. 182.
[7] D'après le Senchus Mor. V. l'article déjà cité de M. de Lasteyrie.

remplies de bêtes fauves. L'ours et l'aurochs, qui s'y voyaient encore, étaient des adversaires dignes de lui. Avec les armes dont il pouvait disposer, ces combats, dont sa vie était l'enjeu, exigeaient une adresse consommée, un courage à toute épreuve. Il était rompu, dès sa jeunesse, à ces vaillants exercices [1]. Le chef avait de plus à surveiller ses colons, son territoire, à tenir ses plaids, entouré de ses druides qui étaient les justiciers de ses domaines et les interprètes des coutumes locales. Il passait la revue de son clan, tenait ses hommes en haleine, faisait de grandes chevauchées, organisait ses ressources, préparait ses prochaines expéditions.

Son hospitalité était proverbiale. Il l'exerçait envers l'étranger d'une manière si cordiale et si délicate que celui-ci, vînt-il de la Grèce ou de l'Orient, en emportait le souvenir dans sa lointaine patrie. Sa maison est ouverte à tous, nous dit Diodore, mais si un étranger passe, on le presse d'entrer et ce n'est qu'après qu'il a terminé son repas qu'on lui demande son nom et le but de son voyage [2]. Ce trait singulier de courtoisie gauloise se reproduit avec d'autres détails de mœurs dans les romans de la Table-Ronde. Owen rencontre de jeunes enfants à la porte du château; tout le monde est réuni dans la même salle. On fait asseoir l'étranger sur un tapis, non sur un siège. Jusqu'au milieu du repas, ni l'hôte ni aucune des jeunes filles ne lui adresse la parole. Mais quand son hôte voit qu'il lui serait plus agréable de causer que de manger il lui demande qui il est. — Nous t'aurions parlé plus tôt, lui dit le chef, si nous n'avions craint de te détourner de manger; mais mainte-

---

[1] Cæsar. Bell. Gall. VI, 27. « Hoc se labore durant homines adolescentes, atque hoc genere venationis exercent. » La plupart de ces particularités que César donne sur la Germanie sont également applicables à la Gaule.

[2] Diodore, liv. V, ch. xxviii.

nant, causons. — Alors je lui appris qui j'étais et le but de mon voyage. » [1]

Les festins ont toujours un rôle important dans la vie barbare. Ils prenaient au chef une grande part de son temps. La profusion naturellement y régnait plus que la recherche et le luxe. Les mets consistaient en un peu de pain [2] et une grande quantité de viandes rôties, bouillies, grillées, très proprement servies sur des plats d'argent et de cuivre. Chez le colon et le pauvre, ces plats étaient en terre cuite. Dans le voisinage des fleuves, sur le littoral de l'Océan et de la Méditerranée, on faisait rôtir le poisson en l'assaisonnant de vinaigre, de sel, de cumin. On n'employait pas l'huile à cause de sa rareté; le midi de la Gaule était trop froid à cette époque pour la culture de l'olivier [3]. Les serviteurs faisaient circuler à la ronde de vastes coupes en argent ou en terre, remplies, selon la fortune du maître, de vins d'Italie ou de la contrée de Marseille, de bière et d'hydromel. Tout le monde buvait à la même coupe, peu à la fois, mais on y revenait souvent [4]. Dans les grandes circonstances « in amplissimis epulis, [5] » les échansons distribuaient le vin dans des cornes d'aurochs garnies de cercles d'argent [6], et c'était le plus grand luxe que

[1] La Villemarqué, Contes des anciens Bretons, p. 183-184.

[2] Ce qui prouve que le blé n'était pas très abondant. La rareté du blé, relativement aux autres objets de consommation, est ordinairement le signe d'une agriculture en enfance et d'un état social peu avancé. Dans les contrées de l'Amérique du Sud, où la civilisation est encore à sa période d'essai, ce phénomène se reproduit invariablement.

[3] Διὰ · τὴν ὑπερβολὴν τοῦ ψύχους οὔτε οἶνον οὔτε ἔλαιον φέρει. Diod. V, 26.

[4] V. pour ces détails et les suivants Posidonius. Posid. Rhodii reliquiæ doctrinæ, ed. Bake et Wittenbach. Lugd. Batav. 1810, p. 136-137.

[5] Cæsar. Bell. Gall. VI, 28.

[6] Ibid. « A labris argento circumcludunt. »

l'amphytrion pût déployer, à raison de la difficulté de se procurer ces dépouilles qui rappelaient de hauts faits de chasse. Dans la Gaule du Nord où le vin était plus rare, on tirait de l'orge fermenté une boisson appelée zyth. Mais le breuvage favori des Gaulois était le vin : ils en buvaient jusqu'à s'enivrer. Ce produit enrichissait les marchands italiens, et souvent on leur donnait en échange d'une amphore pleine le serviteur qui en versait le contenu.[1]

Dans les banquets d'apparat, dit Posidonius, ils s'asseyent en rond, sur des sièges de foin, à une table peu élevée[2]. La table ronde des Gaulois a donné son nom à l'épopée d'Arthur. La place d'honneur est réservée au guerrier le plus illustre par sa vaillance, sa naissance ou ses richesses. A côté de lui s'assied le maître du logis, et successivement chaque convive d'après sa dignité personnelle et son rang. Derrière les patrons, les suivants d'armes forment un double cercle, le premier, de ceux qui portent le bouclier ; le second, de ceux qui portent la lance. Tous sont traités comme leurs maîtres[3]. Au temps de Diodore, qui écrivait sous Auguste, les mœurs ne sont pas beaucoup plus raffinées ; les chefs dans les repas sont assis sur des peaux de loups ou de chiens. Souvent ils couchent dans la salle du festin. Ils ont auprès d'eux des fourneaux ardents avec des chaudières et des broches chargées d'énormes quartiers de viande. Des jeunes garçons et des jeunes filles, à la dernière limite de l'enfance, font le service de la table et placent les plus beaux morceaux devant les principaux

---

[1] Diod. liv. V, 26.

[2] Posid. loc. cit. Τὰς τροφὰς προτίθενται, χόρτον ὑποβάλλοντες, καὶ ἐπὶ τραπεζῶν ξυλίνων μικρὸν ἀπὸ τῆς γῆς ἐπηρμένων..... Ὅταν δὲ πλείονες συνδειπνῶσιν, κάθηνται μὲν ἐν κύκλῳ. — V. aussi Diod. V, 28.

[3] Cet ordre rappelle la *trimarcisia* des Gaulois de l'Asie, dans laquelle chaque cavalier, — comme le chevalier du moyen-âge, — était suivi de deux écuyers chargés de lui fournir des armes et des chevaux de rechange.

personnages pour faire honneur à leur rang [1]. Le récit de Diodore semble inspiré d'Homère, et il existe en effet d'incontestables analogies entre les mœurs qu'il décrit et celles des héros de l'Odyssée. Mais l'exactitude de cette peinture ne peut être mise en doute entre le témoignage antérieur de Posidonius et les légendes plus récentes empruntées aux poëmes bardiques. C'est dans l'intérieur de sa maison, quand il fête ses amis, sous l'influence de cette légère excitation que donne le plaisir d'une table hospitalière, que l'homme se montre le plus lui-même avec les qualités ou les défauts de sa nature et de son éducation. Cette observation peut s'appliquer aux peuples comme aux individus. La tenue d'un festin est l'un des indices les plus sûrs de la culture sociale. Chez Posidonius, qui note avec son exactitude ordinaire cette particularité des viandes « proprement servies », les convives saisissent des deux mains des quartiers d'animaux, et ils y mordent comme des lions [2]. Si la chair résiste et qu'ils ne puissent la déchirer avec leurs dents, ils la dépècent avec un petit poignard suspendu à leur côté dans une gaîne particulière. Dans Diodore, le festin gaulois n'offre pas des images plus attrayantes. Les longues moustaches des chefs s'embrouillent dans la nourriture, et ils boivent si avidement que le breuvage s'écarte des deux côtés de leur bouche et descend le long de leur cou. [3]

Dans l'état de civilisation, la convenance, la modération, une certaine dignité, président à toutes les habitudes de la vie, et surtout aux repas. Le barbare, dans ses festins, s'abandonne aux instincts de la brute, se gorge de nour-

[1] Diodore, liv. V, ch. xxviii.

[2] Posidonius, loc. cit. Προσφέρονται δὲ ταυτὰ καθαρίως μὲν λεοντωδῶς δὲ ταῖς χερσὶν ἀμφοτέροις αἴροντες ὅλα μέλη, καὶ ἀποδάκνοντες.

[3] Diodore, liv. V, ch. xxviii. Πινόντων δὲ καθάπερ διά τινος ἠθμοῦ φέρεται τὸ πόμα.

riture et de vin. Ainsi faisaient les Gaulois. Chez eux, le luxe des princes s'étalait par des prodigalités gigantesques et des bombances colossales, par des galas monstrueux offerts à tout un clan, et même à une cité entière ; témoin Luern, prince des Arvernes, cité par Posidonius, qui fit ouvrir une enceinte quadrangulaire de douze stades [1] où les boissons à pleines cuves, et d'immenses tables chargées de mets, furent, pendant nombre de jours, servies sans interruption à tous ceux qui venaient prendre part au festin. Ce Luern (le Renard) était certainement un type remarquable de la forfanterie gauloise. Pour se rendre populaire, il parcourait le pays jetant l'or et l'argent, par poignées, sur la foule qui entourait son char; digne successeur de son père Bituit, lequel, environ cent vingt ans avant notre ère, avait envoyé au consul Domitius un ambassadeur chamarré d'or, escorté d'une meute de chiens bretons, et accompagné d'un barde qui chantait les louanges des Arvernes. La jactance et le faste étaient, on le voit, des qualités de famille. De temps à autre, Luern assignait de pareils festins. Un barde, arrivé trop tard à l'une de ses fêtes, se mit à gambader autour de son char, exaltant sa prééminence sur tous les autres chefs, et pleurant de n'avoir pu profiter de ses largesses. Luern, sensible à la flatterie, se fait donner une bourse d'or et la jette au poète. Celui-ci la ramasse et se remet à chanter avec un redoublement d'hyperboles, disant que les ornières de son char sont des sillons où les hommes récoltent de l'or et des bienfaits. [2]

Cet exemple avait des imitateurs. Ariamn, l'un des personnages les plus riches de la Gaule, fait publier que pendant toute une année il tiendra table ouverte à tout venant.

[1] Deux kilomètres.
[2] Posidonius, loc. cit., p. 138.

Dans une enceinte formée de pieux et de branchages étaient dressées des tentes qui pouvaient contenir trois cents convives. Des serviteurs étaient apostés sur toutes les routes pour amener les voyageurs, les étrangers, tous les gens quels qu'ils fussent, que cette convocation attirait en foule. Des viandes de toute espèce cuisaient en permanence dans d'immenses chaudières de bronze, fabriquées tout exprès par les artisans des oppidum voisins. Chaque jour, taureaux, moutons et brebis, étaient immolés par troupeaux. De vastes cuves étaient remplies de bière, de vin, d'hydromel. Les voyageurs étaient, bon gré, mal gré, contraints de s'arrêter, et on ne les laissait continuer leur route qu'après avoir fait honneur au banquet [1]. Les fictions de Rabelais semblent empruntées à des réalités gauloises.

Ariamn et Luern avaient inventé l'abbaye de Thélème. Les noces du barde Hyvarnion avec « la petite reine de la fontaine » devancèrent de plusieurs siècles celles de Gamache. Elles furent célébrées, vers l'an 517, à la cour du chef qui gouvernait l'Armorike pour le roi Childebert. Les pauvres et les riches, les petits et les grands furent invités à la fête, dont la description retenue par la légende a conservé, comme le fait très bien observer l'écrivain d'après lequel nous reproduisons ce récit, quelque chose d'épique. La bière et le vin coulèrent à flots; deux cents porcs, deux cents taureaux gras, autant de génisses, cent chevreuils, deux cents buffles, furent égorgés, et leurs peaux partagées entre les convives. Cent robes de laine blanche furent distribuées aux prêtres; cent colliers d'or aux guerriers vaillants; des manteaux bleus sans nombre aux dames. Les pauvres eurent aussi leur part; il y eut pour eux cent habits neufs; et, comme il convenait aux noces

---

[1] Athénée, d'après Phylarque, liv. IV, p. 150. Remarquons ces artisans venus des oppidum. Cette particularité est tirée de Phylarque qui écrivait au troisième siècle.

d'un barde, cent musiciens jouèrent, du haut de leurs sièges, dans la cour du comte, pendant quinze jours.[1]

A ces festins primitifs, la poésie et la musique avaient leur place ; le barde y chantait les grands faits de guerre, la destruction des forteresses, les chefs tués au combat, les pillages de troupeaux, et quelquefois la dame aux génisses blanches, les pierres du dol-men, la danse de l'épée[2]. La puissance de ces poëtes chanteurs, dit Diodore, est telle sur ces imaginations incultes, qu'amis et ennemis les écoutent. Les bardes s'avancent quelquefois entre les armées, quand le glaive est tiré, quand la lance est en arrêt, et, comme s'ils apprivoisaient des bêtes fauves, ils arrêtent le combat[3]. Les têtes échauffées par le vin et les chants guerriers s'exaltaient jusqu'au délire. Alors les convives se levaient, échangeaient des provocations, et souvent une réunion joyeuse finissait par des scènes de carnage.

Au temps de Posidonius, les Celtes avaient déjà l'habitude de terminer leurs repas par des duels simulés. Ce n'était d'abord qu'un jeu, mais dès que le sang avait coulé, le combat devenait terrible ; il fallait séparer les champions pour empêcher que l'un d'eux restât sur la place[4]. L'humeur batailleuse des Gaulois se donnait librement carrière au moindre prétexte. On se disputait surtout la préséance à table, et l'on vidait la querelle à coups d'épée. Une autre cause de duel était le défi « du Jambon. » Le plus brave saisissait un jambon par le manche, et si quelqu'un se levait pour le lui disputer, c'était un combat à mort. Cet usage du duel s'était généralisé chez les Ombres, tribu gauloise de l'Italie où il était devenu une sorte d'épreuve judiciaire. Les litiges se décidaient par

---

[1] La Villemarqué, Légende celtique, p. 24.
[2] La Villemarqué, Chants populaires de la Bretagne, Introduction.
[3] Diodore, liv. V, ch. xxxi.
[4] De Courson, Hist. des Institutions des peuples bretons, p. 95.

le combat; celui qui tuait son adversaire était censé avoir raison. C'était déjà l'idée du jugement de Dieu, et comme le germe de l'institution des ordalies, qui a couvert tout le moyen-âge.

Aucun peuple n'a poussé aussi loin le mépris de la vie, l'insouciance de la mort. La perte de la vie leur est indifférente, dit Lucain, ils savent qu'ils renaîtront bientôt [1]. Ils se battaient pour de l'argent; ils se faisaient tuer pour du vin. Le passage de Posidonius auquel nous empruntons cette particularité est doublement remarquable; il nous apprend que les Gaulois avaient des spectacles, et que, comme les sauvages et les barbares, ils les prenaient fort au sérieux. Ces drames, ces mystères, ces danses guerrières, ces représentations, quelle qu'en fût la nature, se donnaient aux emporium, aux fêtes religieuses, sur des estrades en plein vent. Si l'action exigeait que l'un des personnages fût immolé, on se serait bien gardé de manquer à la vérité du fait et de tromper les spectateurs en feignant de tuer la victime. On égorgeait l'acteur pour tout de bon. Partout ailleurs que dans la Gaule il eût été impossible de maintenir longtemps cette exactitude de mise en scène faute d'acteurs de bonne volonté pour se charger d'un pareil rôle. Chez les Celtes on n'avait que l'embarras du choix. Un homme sortait de la foule, faisait sa collecte parmi l'assistance, et se laissait tranquillement couper la gorge pour quelques pièces d'or et d'ar-

---

[1] Cæs. Bell. Gall. VI, 14. — Hor. lib. IV, od. 14.
..... Non paventis funera Galliæ.....
Et Lucain, Pharsal. lib. I.
..... Quos.....
..... haud urget leihi metus. Inde ruendi
In ferrum mens prona viris, animæque capaces
Mortis, et ignavum rediluræ parcere vitæ.

gent, pour quelques amphores de vin qu'il léguait à ses parents.[1]

L'hospitalité, bien que prodiguée parfois jusqu'à l'extravagance, était cependant une des obligations des chefs. Le brewy (noble) du premier rang doit, d'après le Senchus Mor, avoir son chaudron toujours suspendu à la crémaillère et toujours plein de trois espèces de viande, bœuf, mouton et porc, avec une juste proportion de gras et de maigre, afin d'être toujours en mesure de faire honneur aux devoirs de son rang. Il faut que l'on puisse tirer du chaudron une nourriture suffisante pour tout venant et convenable pour chacun selon son rang; la hanche pour le roi, pour l'évêque et pour le brehon; le gigot pour le jeune chef, et le filet pour la reine[2]. S'il en était ainsi à l'habitude, les grandes réjouissances et les festins donnés dans les occasions solennelles devaient assez facilement atteindre à des proportions qui nous paraissent insensées.

---

[1] Posid. éd. Wyttenbach. loc. cit. — Ce curieux renseignement échappé à la destruction des siècles n'a été jusqu'à présent ni compris ni même aperçu par les commentateurs. Nous le citons pour la première fois, à notre connaissance. Il confirme authentiquement les récentes études de M. de La Villemarqué sur le théâtre chez les nations celtiques. — (Le grand Mystère de Jésus. — Paris, 1866.) — Voici ce texte conservé par Athénée:

Ἄλλοι δ'ἐν ΘΕΆΤΡῼ λαβόντες ἀργύριον ἢ χρυσίον, οἱ δὲ οἴνου κεραμίων ἀριθμόν τινα, καὶ πιστωσάμενοι τὴν δόσιν, καὶ τοῖς ἀναγκαίοις φίλοις διαδωρησάμενοι, ὕπτιοι ἐκταθέντες ἐπὶ θυρεῶν κεῖνται· παραστὰς δέ τις ξίφει τὸν λαιμὸν ἀποκόπτει.

Posidonius n'avait visité que la Narbonnaise où l'on cultivait la vigne, ce qui explique l'usage de donner aux acteurs du vin au lieu d'argent.

Le souvenir de ce trait des mœurs celtiques paraît se retrouver dans la collecte des œufs, que font encore aujourd'hui dans certains villages les gens qui ont tué un renard ou un loup.

[2] V. l'article déjà cité de M. de Lasteyrie, l'Irlande au cinquième siècle. Rev. des deux Mondes, 15 novembre 1865.

Et, si l'on considère la nature des rapports qui existaient entre le chef et les personnes placées sous sa dépendance, cette libéralité n'était, à vrai dire, qu'une dette qu'il acquittait envers ses inférieurs. Maître et seigneur du patrimoine commun, d'après la constitution juridique du clan, c'était le moins qu'il eût, — ne fût-ce qu'en théorie, — la charge de nourrir les membres de sa famille. La coutume des banquets maintenait le droit et empêchait la désuétude. Cette indivision du clan, avec les principaux traits de son organisme, a survécu jusqu'à nos jours dans les communautés du Morvan et du Nivernais, curieuse épave des temps celtiques, préservée, par la ténacité des habitudes rurales, des atteintes du droit moderne [1]. D'au-

---

[1] « Le fonds de la communauté se compose — des biens anciens, — des acquisitions faites pour le compte commun avec les économies, — des bestiaux de toute nature, — et enfin de la caisse commune. En outre, chacun a son *pécule* composé de la dot de sa femme et des biens qu'il a recueillis dans la succession de sa mère ou par toute autre cause distincte de la raison sociale.

La communauté ne compte parmi ses membres effectifs que les mâles. Eux seuls font tête dans la communauté. Les femmes et les filles, tant qu'elles veulent y rester en travaillant, y sont nourries et entretenues tant en santé qu'en maladie; mais elles ne font pas tête dans la communauté.

..... Tout homme, membre de la communauté, qui meurt *non marié*, ne transmet *rien à personne*. C'est une tête de moins dans la communauté, qui demeure aux autres en entier, non à titre de succession de la part qu'y avait le défunt, mais ils conservent le tout par droit de non-décroissement, *jure non decrescendi;* c'est la condition originaire et fondamentale de l'association.

S'il a été marié et qu'il laisse des enfants, ou ce sont des garçons, et ils deviennent membres de la communauté, ou chacun d'eux fait une tête, non à titre héréditaire (car le père ne leur a rien transmis), mais *jure proprio*, par le seul fait qu'ils sont nés dans la communauté et à son profit.

Si ce sont des filles, elles ont droit à une dot; elles recueillent en outre et partagent avec les garçons le *pécule* de leur père, s'il en avait un; mais elles ne peuvent rien prétendre de leur chef dans les biens de la communauté, parce que leur père n'était pas commun, avec droit de transmettre une part quelconque à des femmes

tres circonstances d'ailleurs entretenaient la réciprocité de droits et d'obligations résultant de la charte primitive et du principe de la consanguinité qui en était le fondement. Les sujets du brenn contribuaient à toutes les dépenses de sa maison par des dons volontaires [1] et par des redevances de tout genre ; ils étaient, en définitive, la source qui

qui la porteraient au dehors dans des familles étrangères, mais il était membre de la communauté à condition d'y vivre, d'y travailler, et de n'avoir pour héritier que la communauté elle-même.

On voit par là quel est le caractère propre et distinctif de ces anciennes communautés. Il n'en est pas comme de ces sociétés conventionnelles ordinaires, où la mort de l'un des associés emporte la dissolution de la société, parce qu'on y fait en général choix de l'industrie et capacité des personnes. Les anciennes communautés nivernaises ont un autre caractère : elles constituent une espèce de corps, de collège (*corpus, collegium*), une personne civile, comme un couvent, une bourgade, *une petite cité*, qui se continue et se perpétue par la substitution des personnes, sans qu'il en résulte d'altération dans l'existence même de la corporation, dans sa manière d'être, dans le gouvernement des choses qui lui appartiennent. Et, en effet, quand elles ont longtemps duré, et surtout comme celle-ci pendant plusieurs siècles, où est la mise de chacun ? Qui représente-t-on ? Tous sont parents, mais à quel degré ? Tout cela serait impossible à définir et à démêler ; tout ce qu'on sait, c'est qu'on est en communauté. On peut y vivre ; on peut en sortir ; mais en la quittant, on n'a pas le droit de la rompre, ni de rien emporter : *c'est le citoyen qui s'exile en sortant de la cité.*

..... Ce mode d'association en famille, si utile aux intérêts communs, est également utile aux individus ; non-seulement les robustes y vivent à l'aise ; mais dans cette grande maison commune, les petits, les infirmes, les vieux, tous y voient leur présent et leur avenir assurés.

..... Cette famille est très charitable..... aucun pauvre ne passe sans trouver la soupe ou le pain. » — Dupin, Communauté des Jault.

[1] On retrouve le souvenir de ces dons volontaires dans un usage du Morvan. A certains jours de l'année, les tenanciers d'un grand propriétaire, les habitants du village où il a ses relations et son influence, lui apportent un cadeau consistant en une pièce de poisson, de volaille ou de gibier, en œufs ou en laitage, moyennant quoi ils se considèrent comme invités de droit à sa table.

alimentait la munificence du chef. Leurs troupeaux, leurs récoltes faisaient les frais de son hospitalité; ils pourvoyaient sa table de gibier et de poisson. Des impositions en argent, payées par les manoirs libres et les terres serviles, formaient son revenu. Il prélevait en outre de nombreux tributs en nature. La Vie de saint Patrice mentionne l'arrivée d'un collecteur, dans un village, qui perçoit à titre d'impôt de la bière, du miel, de la viande et du pain [1]. Le colon ne pouvait même disposer de sa récolte qu'après le passage des exacteurs, ce qui le mettait plus d'une fois dans la nécessité de payer leur empressement ou de souffrir de leurs retards.

Les largesses des princes celtes pesaient donc assez lourdement sur le travail et le pécule du colon. Mais souvent aussi l'abus de l'autorité, la tyrannie la plus capricieuse, venaient aggraver les charges de ce dernier et les rendre intolérables. Entouré de cavaliers, d'ambactes désœuvrés et pillards dont il fallait récompenser les services, le chef subissait à son tour des exigences qui épuisaient ses ressources. Sa manse et sa table ne suffisaient pas toujours à des prodigalités dont tout le poids retombait sur ses vassaux [2]. — « Le prince germain est à la merci de son entourage; l'un lui demande son cheval de guerre, l'autre sa framée sanglante et victorieuse. Sa table grossièrement mais abondamment servie leur tient lieu de solde; la guerre

[1] Bolland. Vita S. Patricii, p. 178, 220, 221. — La coutume des impôts en nature se continue au moyen-âge. En 1076, Rainart, frère de l'évêque d'Autun, exigeait de chaque maison de Bligny-sur-Ouche, un porc, un agneau, une poule, un poulet, du foin et des deniers. Courtépée, Hist. du duché de Bourgogne, t. II, p. 311. — V. aussi M. de Charmasse, Cartul. de l'Église d'Autun, p. 62.

[2] Ce mot de vassal n'est point un anachronisme. De Courson, Hist. des origines et des institutions des peuples de la Gaule, p. 75, note 2.

et le pillage soutiennent la dépense [1]. » Cette peinture de Tacite ne reproduit que trop fidèlement la cour du chef gaulois. Il en était de même chez les Bretons ; leurs chefs s'adonnaient librement au brigandage [2]. — « Vos guerriers ont volé ma vache, dit un ermite à un chef cambrien, père de saint Cadok, et je la vois servie à ce banquet. Elle me nourrissait de son lait, ainsi que les enfants du voisinage que Dieu envoyait à mon école. Le vautour a enlevé mes ramiers qui jouaient sur le toit de ma cabane ; mais j'ai pardonné à l'oiseau de proie, je pardonne à l'homme de guerre [3]. » — La féodalité hérita de ces mœurs ; le père de saint Hugues l'obligeait à enlever les bœufs des paysans [4]. Eudes de Roussillon léguait dix livres de restitution à un pauvre prêtre dont il avait volé les porcs pacageant dans ses bois [5]. Les plus riches seigneurs ne se faisaient aucun scrupule de continuer les pilleries des chefs gaulois. Saint Anselme se rendant à Cluny faillit être dévalisé, il en eut tout au moins la crainte, par le duc de Bourgogne en personne [6]. Tel était le fond de cet état social qui nous séduit encore par une sorte de prestige lointain, mais dont la dureté repousse nos sympathies. Cette hospitalité sans bornes tant célébrée par les vieux poëmes n'était que l'excuse de la violence, le déguisement théâtral de la barbarie. Cette générosité vivait d'extorsions et de rapines. Les folies d'un Luern, d'un Ariamn, aboutissent à des misères sans nom, à une oppression sans frein. César nous donne le dernier mot de la situation de la Gaule, lorsqu'il nous

---

[1] Tacite, Germania XIV.
[2] Dion Cassius, In Sever. p. 252. Ex off. Rob. Steph. MDLI.
[3] La Villemarqué, Lég. celt., p. 129.
[4] Biblioth. Cluniacensis, Vita S. Hugonis, VI, p. 415.
[5] J.-G. Bulliot, Hist. de l'abbaye de Saint-Martin d'Autun, t. II, p. 233 (aux chartes).
[6] Ch. de Rémusat, S. Anselme de Cantorbéry, p. 236.

montre les populations écrasées par l'énormité des impôts et sous l'injustice des grands.[1]

Si les documents à l'aide desquels nous avons essayé de reconstituer quelques-uns des caractères de l'aristocratie gauloise présentent de bien nombreuses lacunes; si, en rassemblant quelques traits épars dans les historiens, nous avons pu donner une idée, très incomplète sans doute, du pouvoir des chefs, de leurs demeures, de leurs occupations habituelles, de leur hospitalité, de leurs festins, nous trouvons dans Diodore, en ce qui concerne leur personne, leurs vêtements e' leurs armes, une abondance de descriptions et de détails que jamais les Romains et les Grecs n'ont songé à nous laisser sur eux-mêmes. Peut-être, parmi les renseignements fournis par cet historien, quoiqu'en général très exacts, quelques-uns sont-ils de nature à inspirer des doutes. Mais ces points éliminés, les Gaulois apparaissent, dans ces pages que nous n'avons qu'à transcrire, avec leur forte et vivante individualité, tels enfin qu'ils se sont montrés aux peuples dont ils étaient l'effroi.

L'antiquité, en effet, nous l'avons dit au commencement de ce livre, connaissait très peu la Gaule intérieure, encore moins la Gaule du Nord. A l'époque d'Auguste, il se débitait encore, sur ce monde singulier, quoique déjà visité, des contes effrayants qu'exagérait la crédulité populaire. Si l'on en croit Diodore, les peuples de cette partie reculée de la Gaule, — qui, d'après sa géographie quelque peu fantastique, confinait à la Scythie, — mangeaient de la chair humaine, ni plus ni moins, disait-on, que les Bretons de l'île d'Erin[2]. C'étaient eux qui, sous le nom de Cim-

[1] Cæs. Bell. Gall. VI, 19.
[2] Ἀγριοτάτων δὲ ὄντων τῶν ὑπὸ τὰς ἄρκτους κατοικούντων καὶ τῶν τῇ Σκυθίᾳ πλησιοχώρων φασί τινας ἀνθρώπους ἐσθίειν, ὥσπερ καὶ τῶν Βρεττανῶν τοὺς κατοικοῦντας τὴν ὀνομαζομένην Ἴριν. Diod. liv. V, 32. — Au cin-

mériens ou de Cimbres (Kimris), avaient dévasté l'Europe et l'Asie de leurs brigandages; et, pour éviter toute méprise, Diodore prend soin de nous expliquer que ce sont les Gaulois du Nord qui ont saccagé Rome après la bataille d'Allia, bien que ce fussent des Sénonais, d'après Tite-Live mieux informé [1], pillé le temple de Delphes, écrasé de nombreuses et puissantes armées romaines [2]. César qui connaissait le pays, mais qui l'avait traversé en conquérant, ne donnait que les renseignements strictement nécessaires pour l'intelligence de ses campagnes; — et il est probable que les récits des vétérans de la grande expédition, naturellement fiers d'avoir vaincu d'aussi redoutables ennemis, n'étaient pas de nature à discréditer ces fables. En somme l'opinion publique du monde civilisé ne voyait guère dans la Gaule qu'une contrée presque sauvage, habitée par des hommes étranges, féroces de mœurs et d'aspect, et l'imagination qui grossit les choses à distance accueillait facilement tous ces bruits.

Malgré les horribles sacrifices qu'ils offraient à leurs dieux, les Gaulois n'étaient pas cannibales, et c'est une accusation sur laquelle le témoignage d'ailleurs isolé de Diodore n'a pas un caractère suffisant de précision et de certitude. Mais à cela près, il faut bien le dire, les portraits que nous ont laissés d'eux les voyageurs et les historiens sont, au double point de vue physiologique et moral, d'une fidélité irrécusable. Leurs hautes statures,

quième siècle, les tribus irlandaises des Scotts passaient encore pour anthropophages.—Saint Jérôme, pendant son séjour à Trèves, avait vu des soldats auxiliaires, recrutés chez ce peuple, couper les mamelles des femmes et les parties charnues des hommes pour les manger. Am. Thierry, Récits de l'histoire romaine, Rev. des deux Mondes, 1er avril 1866.

[1] Tite-Live et Diodore lui-même, liv. XIV, ch. CXIII, ὰ οἱ καλούμενοι Σίνωντς.

[2] Πολλὰ καὶ μεγάλα στρατόπεδα Ρωμαίων συντρίψαντες. Did. V, 32.

leurs grands corps blancs et lymphatiques, le luxe et le costume étincelant de leurs chefs, leurs colliers, leurs armes, leur bouillante impétuosité dans les combats, leur insouciance du danger, sont autant de traits de ressemblance pris sur la réalité même. Les indications de César, de Tite-Live, de Strabon, de Diodore, sont unanimes. Les Gaulois avaient, en un mot, tous les instincts et tous les défauts des races jeunes et des peuples enfants, la turbulence, l'amour du faste et de la guerre, la passion de tout ce qui brille, de tout ce qui fait du bruit. Les étrangers exploitaient leur goût pour la toilette et leur inexpérience, en leur vendant au poids de l'or, du clinquant, des oripeaux, des bijoux grossiers, qu'ils achetaient sans discernement, comme le font aujourd'hui les sauvages.

Laissons parler les témoins oculaires.

Leur longue chevelure rousse [1], relevée en crinière, aussi rude et aussi épaisse que celle des chevaux, leur donne l'aspect de Satyres et de dieux Pans [2]. — Quelques-

---

[1] Qu'ils lavaient fréquemment à l'eau de chaux. Diod. V, 28. Cet usage paraît s'être conservé chez quelques peuplades de l'Océanie. Nous extrayons ce curieux rapprochement d'un rapport de M. Hippeau sur le bulletin de la Société des Sciences et Arts de l'île de la Réunion :

« Il y a environ dix ans, une centaine d'habitants de l'Océanie furent amenés dans l'île. C'étaient en général des hommes bien faits et de haute taille. Leurs oreilles, largement déchirées dans la partie inférieure, descendaient jusque sur les épaules; *leur chevelure imprégnée de chaux était d'un teint jaunâtre, et à quelque distance leur tête paraissait couverte d'un bonnet en peau de mouton.* Répartis sur quelques habitations, *ces malheureux n'ont jamais pu s'habituer au travail de la terre,* » — encore un point de ressemblance avec les Celtes. — « Ils ont été décimés par la nostalgie si puissante sur les organisations des hommes des races primitives » Rev. des Sociétés savantes, 4e série, t. IV, août 1866, p. 155.

[2] Ὥστε τὴν πρόσοψιν αὐτῶν φαίνεσθαι Σατύροις καὶ Πᾶσιν ἐοικυῖαν. Diod. V, 28.

uns parmi les nobles se rasent les joues, d'autres écourtent leur barbe en laissant croître de longues moustaches qui leur cachent la bouche. Leurs enfants naissent avec des cheveux blancs qui, avec l'âge, tournent au blond ou au roux. Leurs femmes remarquablement belles les égalent en force, en vigueur et en férocité.

Leurs vêtements, bariolés de couleurs éclatantes, se composent d'une tunique et d'une longue braie avec un semis de fleurs. Leurs saies, rayées de carreaux de toutes nuances, épaisses ou légères suivant la saison, s'agrafent à l'épaule. — Ils mettent surtout leur ostentation dans leurs armes. Leurs casques d'airain sont surmontés d'énormes cimiers, de cornes immenses, de figures d'animaux ou d'oiseaux à grandes ailes déployées, qui rehaussent encore leurs statures gigantesques [1]. Les uns portent des cuirasses en fer maillé ; d'autres, s'en tenant aux seuls avantages de la nature, poussent le mépris de la mort jusqu'à combattre nus. Leurs longs boucliers sont décorés d'emblèmes. Leur large sabre est suspendu obliquement sur leur cuisse droite par des chaînes de fer ou de cuivre ; quelques-uns ceignent leur tunique de riches baudriers d'or ou d'argent. Leurs lances sont armées d'un fer long d'une coudée, large de deux palmes, partie droit et partie ondulé, qui, en le retirant de la blessure, déchire les chairs et fait des plaies horribles. Ils emploient aussi l'arc et la fronde.

Leur aspect est terrible. [2]

Cette expression de Diodore, à qui nous empruntons tous les détails qui précèdent, donne à penser que les

---

[1] ....Ore ferarum
Et rictu horrificant galeas........
Silius Ital. Punic. bell. l. III, v. 388.

[2] Diod. V, 31.

défaites des Gaulois n'avaient pas diminué leur prestige, ni la crainte qu'ils inspiraient encore à leurs maîtres.

Les chefs allaient au combat sur des chars à deux chevaux avec un conducteur et un soldat esséuaire ; puis ils lançaient le javelot et sautaient à terre l'épée nue. Au moment d'en venir aux mains, et dans l'intervalle qui séparait les deux armées, ils aimaient à se choisir un adversaire, à le provoquer par des railleries et des insultes à un combat singulier. Le mugissement de leurs grandes trompes d'airain et de cornes d'aurochs avait quelque chose de sauvage qui jetait l'épouvante [1]. Ils engageaient la bataille sans ordre, pêle-mêle, sans aucun commandement, chacun ne prenant conseil que de lui-même [2]. Leur premier choc était presque toujours irrésistible. On cite d'eux des traits d'une bravoure insensée. Trente cavaliers gaulois du parti de César culbutèrent, en Afrique, deux mille cavaliers numides. [3]

La force des Germains consistait dans l'infanterie [4] ; celle des Gaulois dans leur cavalerie. Quand elle pouvait se déployer sur un terrain propice, la légion même fléchissait sous ses charges furieuses. Ils avaient la passion des chevaux ; ils en appréciaient surtout la beauté [5], à la différence des Germains qui n'estimaient dans le cheval que l'endurcissement à la fatigue. La numismatique gauloise témoigne de cette prédilection pour les exercices hippiques. La plupart des médailles ont pour emblème

---

[1] Diod. V, 30. Σάλπιγγας δ'ἔχουσιν ἰδιοφυεῖς καὶ βαρβαρικὰς ἐμφυσῶντε γὰρ ταύταις καὶ προβάλλουσιν ἦχον τραχὺν καὶ πολεμικῆς ταραχῆς οἰκεῖον. V. aussi Lucain, à propos des Bataves.

.................Quos ære recurvo
Stridentes acuere tubæ.
Phars. l. I, v. 482.

[2] Cæs. Bell. Civ. I, 51.

[3] Hirtius, B. Afr. 6.

[4] Tac. Germ. XXX.

[5] Strabon, lib. IV, ch. iv.

l'animal favori des Gaulois, le cheval, tantôt libre, tantôt monté par un cavalier la lance en arrêt, tantôt couplé et traînant un char toujours au galop. Cette passion héréditaire fut exploitée par les Romains qui tirèrent de la Gaule leur meilleure cavalerie. La notice des dignités de l'empire désigne les premiers cavaliers sous le titre de « equites Gallicani primi. »

Pourtant ces hommes si braves empoisonnaient leurs flèches, dressaient pour la bataille des dogues bretons ou les chiens de leur pays, usaient impitoyablement de la victoire. Ils coupaient la tête de leurs ennemis et la suspendaient au poitrail de leurs chevaux, comme le font encore aujourd'hui les Arabes, et abandonnant à leurs serviteurs le cadavre sanglant du vaincu, ils entonnaient un chant de victoire. Ils clouaient ces hideux trophées dans le vestibule de leurs maisons, comme des dépouilles de bêtes fauves, et, s'il s'agissait de guerriers en renom, ils les conservaient dans des cassettes soigneusement embaumées. Ces restes humains formaient le trésor historique de la famille et se transmettaient de père en fils; le chef les montrait avec orgueil à l'hôte et à l'étranger, il se serait déshonoré s'il eût consenti à les échanger contre leur poids d'or [1]. Plusieurs historiens ont essayé de laver les Gaulois de cette barbarie qui révoltait si justement Posidonius et Diodore; mais les médailles en portent le témoignage le plus authentique. Dubnorix, — ce financier qui devançait son siècle, le frère même de ce noble Divitiac qui fut l'ami de César, — est représenté dans l'une d'elles tenant d'une main l'étendard national, le sanglier, de l'autre, une tête coupée [2]. Cet abominable usage existait

[1] Diodore, liv. V, ch. xxix.
[2] Hucher, Art gaulois, 1er liv. 7e feuille.

encore en Armorike au neuvième siècle [1]. Il était général chez les peuples de la Gaule et de la Germanie dont nous avons établi la commune origine. On sait quel traitement subirent les légions de Varus : tous les soldats qui tombèrent au pouvoir de l'ennemi furent décapités, et leurs têtes attachées à des troncs d'arbres où les retrouva, six ans après, l'armée conduite par Germanicus [2]. Le désastre de l'Allia avait été suivi des mêmes horreurs; les Gaulois passèrent tout un jour sur le champ de bataille à décapiter les cadavres, selon la coutume de leur pays, et cette circonstance, qui permit aux débris de l'armée de se réfugier dans le Capitole, fut le salut de Rome. [3]

L'amour de la parure était tellement répandu, que tout l'or recueilli dans les fleuves de la Gaule méridionale était employé à façonner des ornements non-seulement pour les femmes, mais aussi pour les hommes. Tous les chefs portaient des armilles (bracelets) aux articulations des poignets et aux bras, de gros colliers d'or fin au cou et des cercles d'or par-dessus leurs cuirasses. Les échantillons que possèdent les musées de ces divers objets, sont généralement massifs et accusent des procédés de fabrication grossiers. Leurs formes n'ont ni grâce ni élégance : invention; elles consistent uniquement en cercles concentriques, losanges, spirales, stries, dents de loup gravées ou pointillées; la matière, en un mot, faisait seule le prix de ces ornements. Ceux de ces débris qui accusent quelque habileté de main, un peu de caprice, un peu d'art, appartiennent à n'en pas douter, comme les beaux statères de la Gaule,

---

[1] H. de La Villemarqué, Barzac Breiz, t. I.
[2] Tacite, Ann. l. I, ch. LXXI.
[3] Οἱ γὰρ Κελτοὶ τὴν μὲν πρώτην ἡμέραν διετέλεσαν ἀνακόπτοντες τὰς κεφαλὰς τῶν τετελευτηκότων κατά τι πάτριον ἔθος. Diodor. lib. XIV, ch. CXV.

à l'industrie phénicienne ou massaliote. La Grèce et l'Orient envoyaient de grandes quantités d'orfèvrerie aux emporium de la Gaule, et leurs ouvrages ne peuvent être confondus avec les produits informes de l'art gaulois au temps même de César. Quant aux riches vêtements des nobles, on ignore le degré de perfection des tissus et leur mode de fabrication. Ils étaient d'ailleurs en usage chez tous les peuples barbares; Priscus, admis dans le camp d'Attila, vit sous la tente de ce chef les femmes occupées à broder des manteaux d'or pour les guerriers. Ce qu'il y avait de particulier aux races celtiques, c'était la préférence pour les couleurs voyantes et bigarrées « virgatæ, scutulatæ vestes », les étoffes à carreaux. Dans les légendes d'Arthur, Owen, fils d'Urien, est surnommé le guerrier aux harnais de diverses couleurs, comme un vrai descendant des Gaulois de Tite-Live. Le tartan écossais a la même origine. Chez les Irlandais et les Calédoniens, le roi avait le droit de porter sept couleurs, le druide six, le noble quatre [1]. — Leur passion pour les belles armes ne s'était pas modifiée dans le cours de quatre siècles, depuis le guerrier au collier d'or tué par Manlius, jusqu'au chef Virdumar dont l'armure d'or et d'argent ciselé, peinte de diverses couleurs, était, au dire de Plutarque, aussi étincelante que la foudre [2]. Polybe rapporte que les Gésates, peuples gaulois, ayant passé les Alpes, leurs premières cohortes portaient des chaînes, des colliers et des bracelets d'or [3]. Au siège d'Alise, les soldats qui gardaient le retranchement intérieur faisant face à l'oppidum n'apprirent la victoire de César que par les cris des assiégés qui voyaient sur l'autre revers de la montagne les Romains emportant dans leur camp

---

[1] Michelet, Origines du droit français, p. 209. Voir dans la note, à cette page, l'étymologie des mots *Tartan* et *Tiretaine*.

[2] Plutarque, Vie de Marcellus.

[3] Polybe, liv. XXVIII, ch. XII.

une immense quantité de boucliers garnis d'or et d'argent, des cuirasses souillées de sang, de la vaisselle et des tentes [1]. Les médailles gauloises figurent quelques spécimens d'armures assez curieux, notamment celle du chef Virotal, où le bouclier de forme elliptique se divise en nombreux compartiments, en arête de poisson, séparés par le diamètre longitudinal et peints sans doute de ses couleurs. Le guerrier est armé de toutes pièces, casque, cuirasse, brassards et tunique de maille. Une ceinture flexible, nouée au-dessus de la hanche, dessine élégamment sa taille et accentue la vigueur de sa poitrine [2]. On vit, en quelques circonstances, les généraux romains se parer de ce costume qui faisait valoir sans doute leurs avantages personnels. Le jeune et brillant Cécina, ramenant en Italie les bandes vitelliennes, traversait les municipes revêtu du sagum rayé et des braies du chef gaulois; Tacite ajoute : Il est vrai que la richesse de cet accoutrement barbare offusquait un peu les magistrats et les bourgeois, la « gens togata » des villes et des colonies. [3]

Les funérailles du chef étaient magnifiques et somptueuses, mais dans la limite de leurs ressources, comme César prend soin de s'en expliquer [4]. Elles étaient le digne couronnement d'une existence avide d'éclat et de bruit. Son corps était déposé sur un bûcher, entouré de ses serviteurs et de ses clients qu'il avait le plus affectionnés, et l'on brûlait le tout ensemble. Cet usage venait d'être aboli à l'arrivée de César dans la Gaule. On se contentait alors de livrer aux flammes les animaux et les objets de sa pré-

---

[1] Plutarque, Vie de César.
[2] E. Hucher, l'Art gaulois, 3ᵉ livraison.
[3] Tacit. Hist. l. II, c. xx. « *Versicolori sagulo, braccas, barbarum tegimen.* »
[4] Cæsar. Bell. Gall. VI, 19. « *Pro cultu Gallorum.* »

dilection, ses chevaux, ses chiens favoris [1]. On retrouve encore, sous les tumulus, des débris d'ossements de ces animaux mêlés à ceux du mort. Les amis du défunt jetaient dans le bûcher des lettres à l'adresse de leurs parents décédés, persuadés que ces messages ne pouvaient manquer de leur parvenir dans l'autre monde [2]. En Irlande, on pleurait pendant trois jours sur le cadavre, avant de l'ensevelir [3].

Les sépultures gauloises très rares dans certaines parties du territoire éduen, très nombreuses dans d'autres, ont généralement la forme de tertre et sont placées sur des lieux élevés. Quelques-unes des montagnes situées à l'est de ses limites portent sur leurs sommets de véritables nécropoles, où se sont entassées les tombes de ces anciens dominateurs de la contrée [4]. Sur toutes les chaînes qui forment le bassin de la Saône, depuis les Chaumes-d'Auvenay jusqu'à la Franche-Comté, on trouve en nombre immense les tombeaux d'une race qui n'a occupé que la partie calcaire du sol éduen, et différente de celle qui était cantonnée dans la partie granitique. Ces tombes se composent de fosses peu profondes, faites de pierres plates sur champ et recouvertes de dalles. Elles forment, à fleur du sol, un petit tertre de pierres que surmonte parfois un bloc de rocher. On y trouve ordinairement des armes en silex, des objets de métal; mais la plupart ont été visitées et dépouillées.

Dans la partie granitique du pays éduen, au contraire, dans l'Autunois, dans le Morvan, les tumulus sont d'une

[1] Cæs. Bell. Gall. VI, 19.
[2] Diod. de Sic. V, 28.
[3] Il s'agit des filles du roi Leoger : « *Planxerunt illas per triduum justa consuetudinem patriæ.* » — Boll. Vita S. Patr.
[4] Notamment la montagne de Santenay. — Autour du mamelon culminant des Trois-Croix sont distribuées de nombreuses sépultures.

rareté extrême. Un seul, et de petite dimension, a été ouvert au mont Beuvray. La population de cet oppidum pratiquait l'incinération, même avant l'arrivée des Romains, et recueillait dans des urnes les cendres des bûchers. Il en existe çà et là quelques autres, disséminés sur une vaste étendue de pays, mais ils n'ont pas été fouillés, bien que la tradition locale les signale comme des sépultures. Il semble que cette race ait conservé plus longtemps sa rudesse primitive dans son inhabileté même à creuser ou à construire des monuments funéraires. La Vie de saint Patrice nous apprend que les Irlandais enterraient leurs morts dans des fosses rondes sur lesquelles on amoncelait de la terre, des pierres, et que l'on couvrait quelquefois d'un quartier de roche. « Le vieillard, dit l'une des légendes, étant mort en ce lieu, ses compagnons élevèrent un monceau de pierres que l'on aperçoit encore aujourd'hui des bords de la mer [1]. » — Un jour, dit une autre légende, que le saint était parti en mission, il arriva dans un lieu appelé Feartha, où deux « femmes mortes » avaient été ensevelies dans la superficie d'une colline ronde [2]. L'épisode du guerrier noir, dans le poëme de Pérédur, l'un des compagnons d'Arthur, décrit avec les mêmes particularités la sépulture d'un chef, au sommet d'une colline, dans l'isolement d'une forêt :

« Gravis cette montagne, dit une jeune fille à Pérédur, et tu trouveras un bois, et dans ce bois il y a un ler'h (dolmen); appelle trois fois au combat le guerrier qui dort sous ce ler'h, et tu regagneras mes bonnes grâces.

» Pérédur se mit en route, et il arriva sur la lisière du bois ; il jeta le cri d'appel au combat.

» Et aussitôt un guerrier noir, monté sur un squelette de cheval, dont l'armure, comme celle de son cavalier, était toute rouillée, sortit de dessous le ler'h, et l'assaut commença. » [3]

[1] Bolland. 9 juin, p. 207.
[2] Boll. S. Patrice, 17 mars, p. 554.
[3] H. de La Villemarqué, les Romans de la Table-Ronde, p. 392.

La légende des tertres « de l'Homme mort, de la Femme morte », subsiste encore dans le Morvan. Entre Château-Chinon et le Beuvray, on rencontre dans les bois un tertre de l'Homme mort, sur lequel les gens du pays ont la coutume de venir jeter une pierre chaque fois qu'ils passent près de ce lieu. Une charte de 1269 signale un emplacement dit « l'Homme-mort » situé sur l'un des plateaux qui dominent Autun « ad locum qui dicitur Homo mortuus [1]. » Le lieu indiqué par ce document est recouvert de blocs de pierres, et il se trouve à la lisière d'une forêt. Plusieurs de ces collines existent encore dans la Nièvre, et toutes ces traditions remontent certainement à la plus haute antiquité.

A la fête des Morts, les Bretons remplissent d'eau bénite une cavité ménagée tout exprès dans la pierre des tombeaux. Les cuvettes que nous retrouvons creusées dans les dolmens funéraires n'avaient probablement pas d'autre destination. Chez les Celtes, comme chez les Bretons, à certaines époques, on frottait de miel ou l'on arrosait de lait les pierres sacrées qui étaient, pour la plupart, des monuments élevés à la mémoire des chefs.

Les anciens plaçaient généralement leurs tombeaux sur le bord des chemins les plus fréquentés, à l'entrée des villes populeuses, ne pouvant, quoique morts, se séparer des vivants dont le souvenir était à peu près tout ce qu'ils savaient et tout ce qu'ils comprenaient des destinées immortelles de l'âme. Les Celtes, malgré leur barbarie, semblent avoir envisagé la mort au point de vue d'un spiritualisme plus profond. Ce qu'ils cherchaient pour leurs sépultures, c'était moins le regard des hommes, — eux cependant si amoureux de gloire et de renommée, — que celui des divinités qui résidaient, d'après leurs croyances, dans les forêts, sur les montagnes, à la source des fleuves.

[1] A. de Charmasse, Cartulaire de l'Église d'Autun, p. 202.

C'était à ces sanctuaires qu'ils venaient confier leurs cendres, aux génies des eaux, aux dames maires, amies et protectrices des morts. Ils pouvaient s'y croire à l'abri des vengeances et des profanations. S'il y avait quelque part un lieu sinistre et redouté, c'était celui qu'ils désignaient pour leur dolmen; une vénération mêlée de crainte y protégeait au moins leurs restes. Le concile de Nantes, tenu en 658, défendit de déposer des offrandes sur ces pierres, situées dans des lieux funestes « in locis ruinosis », auxquelles s'attachaient des « illusions » suggérées par les démons des bois [1]. Ils trouvaient dans ces solitudes un oubli plus absolu, une paix plus assurée, ce repos que dans le cours si tourmenté de leur existence ils demandaient, sans pouvoir l'obtenir, à l'isolement de leur ædificium, — illic certa quies, — pour continuer la pensée d'Ermold. Par un autre contraste, ces hommes pleins de jactance et d'orgueil n'ont pas laissé un seul nom sur une seule de leurs tombes. Le sol où ils ont été ensevelis n'a retenu d'eux qu'un souvenir, celui de « l'homme mort. » Mais ce souvenir est une légende qui a traversé dix-huit siècles, et cette pierre que le fils du Celte jette en passant sur leur tertre inconnu est encore une marque de respect.

---

[1] Il ordonne même de les détruire: « *Lapides quos in ruinosis locis et silvestribus dæmonum ludificationibus decepit ubi et vota vovent et deferunt, funditus effodiantur.* » D. Morice, Preuves de l'Histoire de Bretagne, t. I, col. 229. — Ce texte cité dans M. de La Villemarqué, Chants popul. de la Bretagne, t. II, p. 325.

CHAPITRE NEUVIÈME.

Régime intérieur de la Cité. — La Coutume. — Le Sénat. — Le Chef de guerre. — Le Vergobret. — Les Finances.

Les exigences de ce travail nous obligent à revenir un instant sur nos pas. Après avoir étudié la cité dans ses principaux éléments, le clan, l'oppidum, le dunum, il nous reste à rechercher quel lien les unissait à elle, et, pour préciser la question, si la cité gauloise avait un gouvernement.

Au premier abord on est tenté de rejeter cette hypothèse comme incompatible avec l'état social que nous essayons de décrire. Des pouvoirs définis, limités, ayant une compétence et des attributions distinctes, ayant surtout une responsabilité, il est fort douteux que l'antiquité même civilisée, si l'on excepte Rome, en ait eu la notion bien nette. Il nous paraît certain que rien de pareil n'existait dans la Gaule. Cette vaste anarchie dont elle offrait le spectacle au temps de César, et qui se traduisait par des luttes de peuple à peuple,—chacune de ces anarchies particulières qui s'appelaient la cité, où les clans et les factions s'entre-déchiraient perpétuellement[1], ne peuvent s'expliquer que par l'absence complète d'institutions politiques. La Gaule en était au régime de la tribu ; les tribus se groupaient par

---

[1] Cæs. Bell. Gall. VI, 15. *Bellum*..... (*quod ante Cæsaris adventum fere quotannis accidere solebat.*)

clans sous la domination d'un chef absolu, qu'il fût héréditaire ou électif. Dans une telle organisation le clan était tout, la cité rien ou peu de chose. C'est cette idée qu'il importe d'approfondir.

Les documents si rares qui nous restent sur l'état des personnes et sur la constitution des cités gauloises ont laissé les questions qui font l'objet de ce chapitre dans une obscurité à peu près complète. Nous savons très sommairement que la Gaule était, au moment de l'arrivée de César, dominée par une oligarchie qui se composait des druides et des équites, c'est-à-dire de ces chefs ou brenns dont nous avons retracé la physionomie et les mœurs. Aux premiers appartenait le privilège de rendre la justice [1]; aux seconds, la puissance militaire [2]. De nombreux passages des Commentaires nous parlent d'un sénat, d'un chef, des magistrats de la cité. Mais quelles étaient la nature et l'étendue de ces pouvoirs; quel rang chacun d'eux occupait-il dans la hiérarchie, c'est ce que nous demanderions en vain à César et aux écrivains des temps postérieurs. Le seul renseignement que nous aient fourni les Commentaires sur ce problème historique concerne le vergobret des Éduens, qui avait le droit de vie et de mort sur les hommes soumis à sa juridiction, « in suos, » et dont les fonctions ne duraient qu'une année [3]. Pour le surplus César se borne à de simples indications qui n'apportent aucun éclaircissement sur les points que nous cherchons à résoudre. Quant aux écrivains qui, comme Posidonius et comme Diodore, sont entrés dans de si curieux détails ethnographiques sur un pays où tout était pour eux un

[1] Cæs. Bell. Gall. VI, 13
[2] Cæs. Bell. Gall. VI, 15.
[3] Cæs. Bell. Gall. I, 16.

sujet d'étonnement, on dirait, tant leur silence est complet, qu'ils n'y ont pas aperçu la moindre trace d'une organisation politique.

Lors donc que César mentionne les cités gauloises, les sénats gaulois, les chefs des cités, les magistrats, nous avons à nous tenir en garde contre ce perpétuel malentendu qui consiste à voir la Gaule à travers les idées, ou plutôt à travers les expressions romaines. Rien n'est plus trompeur que cette identité des termes appliquée à des choses si profondément disparates. C'est ce qui explique le préjugé, datant du dix-septième siècle, en vertu duquel les cités gauloises sont devenues des capitales qu'on a dotées d'une constitution politique faite à l'image de Rome, ayant leurs collèges de prêtres, des sénats, des corps judiciaires, espèces de parlements où des magistrats régulièrement installés appliquaient les lois et les coutumes, des universités où des professeurs grecs enseignaient la rhétorique, des armées commandées par des généraux instruits, des finances bien contrôlées, tout ce qui compose le gouvernement et l'administration d'un État. On ne s'arrêtait pas en si beau chemin. Les savants de cette époque se plaisaient à décorer la cité de monuments dignes de ses institutions, de palais, d'édifices, où s'étalaient les splendeurs de la civilisation gauloise, témoins le père Lempereur, l'abbé Germain, qui ne se font aucun scrupule de loger les chefs gaulois dans des palais construits pour des fonctionnaires de Constantin. On ne saurait fausser l'histoire avec une bonhomie plus plaisante; citons seulement quelques passages :

« Il est facile de voir, dit l'abbé Germain, que longtemps avant l'arrivée de César dans les Gaules, la ville d'Autun étoit au comble de sa splendeur, puisqu'elle étoit ornée de plusieurs temples dédiés aux divinités qu'on y révéroit; *César en parle avec éloge*. Elle avoit un théâtre et un amphithéâtre, des cirques, des bains publics, etc.; tout cela d'une magnificence achevée, à la manière des Grecs; des palais d'une beauté surprenante, et des maisons particulières qui pouvoient égaler celles d'Athènes. Enfin, les druides y enseignoient la religion et y administroient la justice, etc.

» Ces relations des Autunois avec les Grecs ont continué longtemps après, puisque le célèbre orateur Eumenius, *recteur de l'université d'Autun*, étoit de cette ville et petit-fils d'un Athénien..... Je ne finirois point si je voulois rapporter tout ce qui peut prouver l'antiquité, la magnificence et la richesse de la fameuse Bibracte avant la venue des Romains dans les Gaules. Il ne faut que faire attention aux restes des anciens monuments qui sont encore sur pied, à la quantité surprenante des marbres qu'on y trouve, des colonnes entières, des bases, des chapiteaux corinthiens..... [1]

Et ainsi de suite. Une seule difficulté, pour le dire en passant, inquiète l'aimable abbé Germain : « C'est que lorsque César vint dans les Gaules, les Éduens ayant eu à soutenir de cruelles guerres intestines, peut-être depuis plus d'un siècle, ne pouvoient songer à l'embellissement de leur ville. Le temps de guerre n'étoit pas celui d'entreprendre des édifices d'une si grande dépense. » Mais comme il la résout agréablement : — « J'ay raison de dire que tous ces beaux monuments qui faisoient autrefois l'ornement de Bibracte étoient sur pied depuis longtemps avant que César passât dans les Gaules. » — Et il a pour lui — « le père Monet, jésuite, Duchesne, le père Labbe, Perrot d'Ablancourt, le célèbre Sanson, et une infinité d'autres personnes non suspectes d'entêtement ny de l'amour de la patrie. »

Le père Lempereur pousse la gaîté plus loin. Il reconnaît dans les murs actuels « de Bibracte » le système de construction employé à Avaricum et décrit par César. Les pièces de bois n'y sont plus, dit-il, mais les trous qu'elles ont laissés se voient encore.

Cet idéal de la civilisation gauloise, de la beauté de ses villes, de la grandeur de son gouvernement, — où cependant un vergobret avait sur ses concitoyens le droit de vie

---

[1] Les Antiquités d'Autun, par l'abbé Germain, Ann. de la Société Éduenne, 1860-1862.

et de mort, — cette érudition de collège qui prend des opinions de savants pour des faits, des mots pour des réalités, qui aboutit à faire des Lingons, des Arvernes, de ces féroces Sénons, que Diodore accusait d'anthropophagie, les rivaux en élégance de Corinthe et d'Athènes; cette école, en un mot, qui semble plutôt s'être inspirée des romans de Mlle de Scudéry que du sérieux de l'histoire, est tellement au-dessous de la critique, qu'il suffit de rappeler ses aberrations pour répondre à ceux qui tentent aujourd'hui de la ressusciter. Le patriotisme est un sentiment très louable, mais à la condition d'être à sa place. Dans tous les cas, la vérité doit être respectée.

C'est qu'à vrai dire la Gaule n'était pas un état policé, et qu'elle vivait sous la forme la plus rudimentaire qu'aient connue les sociétés humaines. Antérieure à toute convention politique, la tribu subsiste, comme la famille elle-même dont elle n'est que l'extension, en vertu des conditions qui lui sont propres. La nature lui a tracé sa hiérarchie et ses lois, l'hérédité les lui transmet et les lui impose. Son gouvernement se résume dans l'autorité du chef de famille; ses lois sont des coutumes, des usages consacrés par le temps. — « Ne lui demandez pas un droit savamment étudié; observez ses mœurs, vous connaissez ses lois [1]. » — N'insistons pas sur ces notions qui se rencontrent à toutes les origines. Rome avait commencé par la tribu qui devint promptement la centurie. En Gaule, le clan formait tout l'organisme avec son groupe de cent villages. La tribu gauloise disséminée au milieu de ses forêts et de ses campagnes n'avait pas rencontré, sur le sol où ses ancêtres avaient établi leurs tentes, le foyer non éteint d'une civilisation antérieure; et pendant que

---

[1] De Marnas. De l'Origine du Droit coutumier. Lyon, 1850.

Rome se transformait rapidement au contact des Étrusques, l'émigration gaëlique avait conservé l'empreinte des vieilles mœurs. — Reléguée aux extrémités du monde connu, entre le mur infranchissable des Alpes et les tempêtes de l'Océan, elle était restée stationnaire dans l'immobilité de ses traditions, lorsque les races du Midi, pénétrées des influences helléniques, étaient devenues des nations puissantes et polies. Ce qui frappait les rares visiteurs qui osaient pénétrer dans ces régions mystérieuses de la Gaule, ce *far west* de l'antiquité, c'était la physionomie étrange de ses populations, la rudesse et la singularité de leurs usages. Ils consignaient ces observations dans leurs écrits, notaient en passant ces curieux aspects de la vie sauvage, pour reproduire une expression de Pomponius [1], mais ils n'y rencontraient ni des institutions ni des lois. Tout, en effet, y était régi par la coutume, — « more patrio, more majorum. » Ces expressions se retrouvent à chaque ligne dans César, dans Strabon, dans Diodore, dans Tacite. C'est que la loi, proprement dite, est une création et un besoin des peuples civilisés, qu'elle est inconnue de ceux qui vivent à l'état de tribu; et cela par une raison aussi simple que profonde, qui n'a peut-être pas été assez remarquée. La loi implique la notion des perfectionnements qu'elle a en vue, la conscience des droits qu'elle veut consacrer; elle règle des relations, des intérêts, des devoirs, que la nature ne crée pas toute seule, qui ne dérivent pas uniquement du lien familial; elle suppose une culture d'esprit et des rapports sociaux qui n'existent pas dans la tribu. L'homme qui vit, comme le Celte, confiné dans la solitude, suivant sa coutume, qui est la loi de sa race et celle de ses instincts, n'a rien à demander à un état social meilleur. Il n'en connait, il n'en désire pas d'autre; sa condition est celle qu'il préfère, fût-

---

[1] Pomp. Mela, liv. II, ch. v.

elle exposée à mille dangers, à des misères continuelles. Le chasseur des déserts s'endurcit à des privations, à des souffrances, qui étonnent notre imagination ; mais il aime ces forêts où il endure la faim et la soif, où il risque à chaque instant sa vie. Il y trouve un attrait profond, des charmes infinis. Il ne changerait pas son sort pour le bien-être et la sécurité que procure le séjour des villes, mais au prix de mille entraves. On connaît l'invincible attachement des races barbares aux mœurs de leurs ancêtres. Depuis la découverte du nouveau monde, les tribus indigènes ont résisté jusqu'à l'extermination aux efforts des Européens pour les gagner à la civilisation. Encore aujourd'hui, les voit-on aspirer à un état meilleur, accepter les bienfaits que leur apportent les civilisés? Nullement. Ces bienfaits se présentent à elles sous la forme d'une servitude mille fois plus odieuse que la mort. Elles reculent aux extrémités du désert, et quand le désert leur manque, elles périssent comme des fauves plutôt que d'accepter ce joug et ces contraintes. Non-seulement le barbare n'a pas l'idée d'améliorer sa condition, mais quand l'homme façonné par une loi supérieure lui en apporte les lumières, il fuit ses approches, il le repousse avec horreur. En Afrique, le barbare tue le civilisé, en Amérique il est tué par lui. Si le Celte ne dressait pas des embûches au voyageur isolé qui venait du fond de la Grèce ou de l'Asie pour trafiquer avec lui, s'il l'accueillait dans sa maison de bois, c'est qu'il était plus intelligent que le Nègre et le Peau-Rouge, et que dans cet étranger il pouvait encore reconnaître un frère. Mais il n'était guère au-dessus du sauvage, comme le qualifiait Pomponius. L'immobilité de l'état social, l'absence de toute police, la toute-puissance de la coutume, c'est l'essence même de la barbarie. Voilà où en était la Gaule avant César, où elle est restée longtemps après lui.

Il est toutefois incontestable qu'à l'époque où nous nous plaçons, l'établissement déjà ancien des colonies phocéennes, le voisinage de la Province romaine, le contact des nombreux marchands qui visitaient les emporium, introduisaient dans la Gaule des germes qui ne pouvaient manquer d'éclore tôt ou tard. La barbarie n'y était plus à cette première phase d'ignorance et de rudesse que la civilisation surprend dans certains peuples chez lesquels elle pénètre pour la première fois. Si ces influences étaient loin d'atteindre jusqu'aux couches inférieures des populations, elles gagnaient peu à peu l'esprit de certains chefs, et ne fût-ce qu'en stimulant leur passion pour le faste, elles leur inspiraient comme un vague désir d'appeler à eux ces jouissances du bien-être et du luxe que pouvaient leur procurer leurs richesses et qui sont les amorces de la civilisation. C'est en flattant ce goût national pour les beaux vêtements, les parures, les belles armes, que le commerce commençait avant la conquête l'œuvre qu'il devait achever après elle. Mais ces transformations ne touchaient ni aux coutumes ni aux mœurs. Elles n'intéressaient que la surface, que l'écorce de l'homme, chez quelques personnages seulement. Pour être revêtu d'armures brillantes le chef n'en était pas moins un barbare. Ces réflexions combattent l'erreur de quelques écrivains qui se sont obstinés à voir dans la Gaule un peuple civilisé, quand il n'y avait pas même un peuple ; elles nous ramènent sur le terrain de l'histoire auquel nous avons hâte de revenir.

Ce qu'il y a de vrai, c'est que l'unité, la cohésion, n'existaient nulle part dans la Gaule, et que jamais les races qui l'habitaient ne sont parvenues à la constituer à l'état de nation. Les cités formaient bien des sortes d'agglomérations politiques, de petites ligues isolées, mais sans lien entre elles, sans ce véritable esprit national qui fait la vie des grands peuples. Ce vice radical se trahit misérablement à chacune des péripéties de la conquête. Les cités ne peuvent ni réunir leurs forces, ni concerter une action commune. Les Éduens restent seuls aux prises avec Arioviste, et leurs compatriotes les laissent écraser sans venir à leur secours. Eux-mêmes ne s'entendent plus au moment des grandes crises ; deux frères, Divitiac et Dumnorix sont à la tête de deux factions opposées. Ces divisions font avorter, après l'échec de Gergovie, l'insurrection de Litavic qui devait fermer à César le passage de la Loire et l'arrêter tout au moins au pied d'une forteresse bien autrement formidable que Gergovie et Alise. Et enfin, au moment suprême, Vercingétorix est abandonné par les contingents qui bloquaient l'armée de César au pied de l'oppidum assiégé. D'où venaient ces irrésolutions, ces faiblesses, ces revirements soudains qui ont à jamais perdu la nationalité celtique ? D'une seule cause, d'une seule, qu'il importe, une fois pour toutes, de dégager nettement.

Un écrivain, que nous avons déjà cité plusieurs fois, a fait, à propos de l'Irlande, une observation qui peut s'appliquer à toute la race. Cette histoire déplorable, dit-il, peut se résumer en deux mots : impuissance à se défendre contre un ennemi étranger, impuissance à rester un jour en paix avec son voisin [1]. C'est qu'en effet les Celtes, qui étaient une grande race, n'ont jamais été un peuple ; qu'ils sont restés à l'état de clan, à cet individualisme patriarcal qui circonscrivait la nation dans la tribu. Le clan seul avait son organisation, son autonomie, son chef, ses coutumes, et encore, — nous avons eu occasion d'en faire la remarque, — l'autorité du chef, bien qu'elle fût absolue, ne trouvait-elle un point d'appui solide ni dans l'hérédité, ni dans l'élection. A la mort du brenn, les chefs de tribus

---

[1] Caes. Bell. Gall. VI, 16.

pouvaient encore armer les factions et se disputer le pouvoir suprême, « ut quisque est genere copiisque amplissimus. » Mais quant à la cité, d'où lui serait venue l'autorité, la force ? Elle n'était pas un État, mais une ligue, une ligue permanente il est vrai, entre des clans de même famille ; en dehors du pacte fédéral, elle n'était rien, elle n'avait en propre ni un territoire, ni une juridiction, ni des citoyens. Les grands oppidum eux-mêmes, ceux qui se sont illustrés par leur résistance aux Romains, ne lui appartenaient pas ; ils étaient la propriété du clan sur le territoire duquel ils étaient placés, comme nous l'avons vu par l'exemple d'Uxellodunum qui dépendait du clan de Lutérius. La cité ne possédait rien, elle n'était pas une individualité politique, elle n'avait pied nulle part. Qu'était-elle donc alors ? une fédération, un lien de droit, qui souvent se relâchait en fait ; en un mot un être abstrait, une personne morale, représentée par des chefs électifs, ordinairement temporaires, qui usurpaient quelquefois la royauté, quand ils trouvaient dans leurs propres richesses, dans la puissance de leur clan, des ressources suffisantes pour asseoir cette usurpation. On se rend compte ainsi de la faiblesse de la cité, et des conflits qui s'y élevaient perpétuellement sans qu'elle eût le pouvoir de les réprimer.[1]

Cette situation était la conséquence inévitable de l'état d'imperfection où se trouvait l'organisation de la Gaule lors de l'apparition des Romains. La société civile n'y était qu'ébauchée ; la société politique n'y existait qu'en germe dans la cité ; et encore cette notion de la cité gauloise n'arrive-t-elle à nous qu'à travers une expression latine qui ajoute indubitablement au sens de l'expression celtique.

[1] Cæs. Bell. Gall. I, 17. « *Esse nonnullos, quorum auctoritas apud plebem plurimum valeat ; qui privati plus possint quam magistratus.* » Un autre exemple de ces discordes au liv. VII, c. 32.

Un peuple qui vit sous le régime de la tribu et sous l'empire de la coutume, n'est pas mûr pour former une société politique. Si la famille est le type naturel, le type par excellence de l'association, si les rapports qui en dérivent sont le modèle le plus parfait et le plus idéalement irréalisable de ceux qui devraient exister entre les hommes, n'oublions pas qu'elle ne peut, à elle seule, sans l'aide de la loi, former de grandes sociétés civiles, encore moins de grands corps politiques. La raison en est évidente ; c'est que la famille s'affaiblit à mesure qu'elle s'étend, que son autorité se perd comme l'affection et le souvenir, à mesure que les générations s'éloignent dans le temps et se multiplient dans l'espace. C'est le moment où les traditions antiques se dénouent, où la notion de certains droits devient plus nette à côté de celle de certains devoirs, où les coutumes se modifient, où apparaissent les lois positives, bientôt entourées de certaines garanties. Mais l'état familial où se trouvait la Gaule est l'obstacle de cette expansion, la négation de ce mouvement. Les Celtes ne songeaient pas encore à en briser les liens; la vie de clan et de tribu était trop enracinée dans leurs habitudes, trop conforme à leurs instincts pour être de si tôt modifiée. L'influence romaine n'y parvint qu'à la longue, jamais complètement. Partout où la race celtique a été maîtresse de ses destinées elle est restée fidèle à cette forme primitive, qui a été le moule où s'est établie plus tard la société féodale.

Ces considérations qui se déduisent si naturellement de l'état social de la Gaule et de l'ensemble des faits, peuvent cependant soulever une objection en apparence assez grave. On rencontre fréquemment dans les Commentaires une expression qui semble les contredire, celle de lois « leges, » appliquée aux institutions des cités gauloises; et l'on serait tenté de conclure, à s'en tenir à la surface des textes, que les Gaulois possédaient une véritable législation civile et politique ; ce qui amènerait cette autre induction, qu'il existait, soit dans le sénat, soit dans le peuple, un pouvoir régulier chargé de faire, de modifier ou d'abroger les lois. Mais ce n'est là qu'une apparence. Nous disions que la Gaule était régie par des coutumes, héritées des ancêtres, immobiles comme ses mœurs. Trouvons-nous dans César le démenti de cette attestation ? c'est ce qu'il importe d'examiner.

La difficulté nous paraît résolue par la plupart de ces textes eux-mêmes, et nous allons établir avec des exemples très concluants que, dans la pensée de l'illustre écrivain, ces deux expressions de loi et de coutume sont exactement synonymes.

César résume au livre VI, la constitution civile et religieuse de la Gaule, la prééminence des druides, le pouvoir des chefs, les pénalités en vigueur, les garanties accordées aux stipulations dotales, le droit absolu du père sur ses enfants, du mari sur ses femmes [1], les précautions prises pour assurer le secret des délibérations de la cité. C'est un tableau tracé en quelques traits rapides, auquel succède la peinture non moins vive et non moins énergique des mœurs de la Germanie. Mais en abordant ce dernier sujet, César qualifie de coutume les institutions qu'il vient d'analyser et qui sont si différentes de celles qu'il va décrire : « Germani multum ab hac consuetudine differunt [2]. » Il se sert de la même expression pour comparer les peuples du

---

[1] Bell. Gall. VI, 19. « *Quum paterfamilias decessit... ejus propinqui... — de uxoribus... — quæstionem habent.* » La polygamie était donc dans les mœurs de la Gaule et en usage au moins chez les chefs.

[2] Bell. Gall. VI, 21.

pays de Kent en Bretagne à ceux de la Gaule [1]. Toute cette législation gauloise n'était donc qu'une coutume.

Prenons d'autres exemples. Les chefs éduens se présentent devant César, après la prise d'Avaricum où il est encore, pour l'entretenir des divisions qui troublent leur cité et des désordres qui la mettent en péril. Le conflit est d'autant plus grave, disent-ils, qu'il s'élève entre deux magistrats dont le pouvoir remonte à la plus haute antiquité, que chacun d'eux est institué par « les lois » de leur pays, « se uterque eorum *legibus* creatum esse dicat, » et qu'il peut, « en vertu de la même coutume, » revendiquer pendant un an l'autorité suprême, « atque regiam potestatem annum obtinere *consuessent* [2]; » et un peu plus loin, au concile de Decize, César fait déposer Cott, en se fondant sur les lois « *leges*, » qui interdisent à deux frères, non-seulement de se succéder dans la magistrature suprême, mais de faire ensemble partie du sénat, et il maintient au pouvoir Convictolitan qui avait été élu par les prêtres, sans la participation des magistrats, selon la coutume de la cité « more civitatis [3]. » Ces textes mettent en présence la loi et la coutume, non pour les opposer l'une à l'autre, mais pour les confondre dans la même acception. C'est également en ce sens qu'il faut entendre la seconde phrase des Commentaires, « hi omnes (Galli) lingua, institutis, legibus inter se differunt, » parfaitement traduite cette fois par Perrot d'Ablancourt : « Les Gaules sont divisées en trois parties toutes différentes de mœurs, de langage et de coutume. »

Le texte des Commentaires, lorsqu'il est interprété dans un sens exclusivement grammatical, peut multiplier à

---

[1] Bell. Gall. V, 14.
[2] Bell. Gall. VII, 22, 23.
[3] « Concilium armatum quo *lege* communi omnes puberes armati convenire *consuerunt*. » V, 56.

l'infini les méprises de ce genre ; c'est ce qui fait sans doute qu'elles abondent dans les historiens, et qu'elles égarent parfois les meilleurs esprits. La critique ne doit jamais perdre de vue que des expressions équivalentes selon le vocabulaire de deux langues peuvent s'appliquer à des choses qui n'ont dans la réalité que des rapports sommaires d'analogie. Il y a, selon nous, des sens qui constituent de véritables anachronismes. Que dirait-on, par exemple, d'un auteur qui en traduisant le mot celtique « caer » par celui d'oppidum, et ce dernier par celui de place forte, se représenterait à lui-même et chercherait à représenter à son lecteur l'image d'une ville de guerre moderne avec sa citadelle à la Vauban ; ou qui verrait dans le « magistral » gaulois de César le digne ancêtre du président à mortier. Voilà le danger des arguments de texte et les inconvénients de l'érudition qui ne ramasse des armes de controverse que dans l'arsenal des bibliothèques. Ce sont les choses et non les mots qu'il faut avoir en vue, surtout lorsqu'on étudie le passé. La loi gauloise, dans le sens que doit attacher César à l'expression de « lex, » n'est pas plus une loi que l'oppidum n'est une ville de guerre selon nos idées actuelles. La coutume est la loi des peuples qui n'en possèdent pas d'autres ; elle est la tradition d'un fait, que l'exemple, la nécessité généralisent, que l'habitude reproduit, que le temps consacre ; mais cette législation tout instinctive et primitive, expression et image des mœurs, n'a guère de commun que le nom avec les institutions analogues des peuples civilisés.

Nous n'admettrons que sous les mêmes réserves l'opinion d'un savant jurisconsulte, M. Laferrière, qui, remarquant ces deux expressions « jura et leges » accouplées l'une à l'autre dans quelques passages des Commentaires, en a conclu que les Gaulois distinguaient le droit pris dans son essence abstraite, de la loi qui n'en est que l'application ; ce qui impliquerait d'après lui des connaissances juridiques, une longue habitude d'observation et de réflexion. [1]

En supposant que cette expression « jus » ait dans les passages indiqués la signification que lui attribue l'éminent auteur, ce serait à notre avis en exagérer singulièrement la portée que d'en tirer une telle conséquence. La notion du droit, c'est-à-dire de l'équité, du juste et de l'injuste, existe à tous les degrés de civilisation, parce qu'elle est inhérente à la conscience humaine ; et l'on peut dire qu'elle dérive tout aussi bien de la coutume que de la loi, car la coutume consacre aussi des droits et des devoirs dont l'interprétation n'a cessé d'être entre les hommes une source de perpétuels conflits. Quel que soit l'état social, les intérêts privés suscitent des litiges déférés à des juges. Chez les Gaulois ces juges étaient les druides. On ne saurait induire de cette seule expression que les Gaulois aient connu et pratiqué la science du droit à la manière des peuples civilisés, qu'ils en aient fait un corps de doctrine et la matière d'un enseignement.

Mais nous ajoutons que dans les textes auxquels fait particulièrement allusion le savant auteur dont nous nous permettons de discuter la théorie sur ce point, les mots « jura et leges » signifient l'état, la condition, la constitution d'un peuple indépendant régi par ses propres coutumes. Au livre II, César rapporte que les Suessions ont le même droit et les mêmes lois que les Germains, leurs parents et leurs frères : « eodem jure et iisdem legibus utuntur. » Cependant il n'est douteux pour personne qu'il n'y avait pas en Germanie de lois proprement dites, mais des coutumes [2]. Les Suessions avaient apporté dans la Gaule les mœurs de leurs ancêtres ; chez eux la tribu, la famille, la

---

[1] Laferrière, Hist. du Droit fr., t. II, p. 60.
[2] D'après César lui-même, Bell. Gall. VI, 21.

propriété, le pouvoir, tout ce qui est l'objet du droit et des lois, étaient constitués comme chez les Germains. Voilà, tout ce qu'on peut inférer de ce texte.

César place ces mêmes expressions dans la bouche d'un chef arverne, mais dans une circonstance qui n'admet guère cette distinction subtile, purement scientifique, entre le droit et les lois. Critognat s'adresse aux affamés d'Alise, dont quelques-uns ont parlé de se rendre : il les excite à résister jusqu'à la mort, dussent-ils, à l'exemple de leurs ancêtres pendant les guerres des Cimbres et des Teutons, dévorer ceux que leur âge rend inutiles au combat. « Les Cimbres, dit-il, après avoir dévasté la Gaule, nous avaient laissé notre droit, nos lois, notre liberté ; voyez ce qu'est devenue la Province romaine sous la hache des consuls ; elle a perdu son droit et ses lois, elle est vouée à une servitude éternelle [1]. » Dans ce discours que César cite comme un modèle d'étrange et détestable cruauté, « propter ejus singularem ac nefariam crudelitatem, » où nous sommes disposé à ne voir que l'exaltation héroïque d'un barbare, il nous est difficile de trouver un argument en faveur de la civilisation gauloise. La proposition est en réalité d'un sauvage et ne pouvait s'adresser à des civilisés, à quelque extrémité qu'ils fussent réduits. Nous répondrons à M. Laferrière qu'un guerrier qui conseille de manger des enfants et des vieillards, appartient à un état social où la haute et savante conception du droit qu'il lui suppose n'existe pas.

La cité gauloise n'en constituait pas moins un édifice politique, si mal cimenté qu'il fût, ayant pour base une ligue traditionnelle et permanente entre des groupes de tribus de même origine, ayant à son sommet un ou plusieurs rois ou princes, élus par l'assemblée des chefs, et

[1] Cæs. Bell. Gall. VII, 77.

dont le pouvoir, ordinairement temporaire, était absolu comme tout pouvoir l'est, par essence, dans une société barbare. Cette assemblée, César l'appelle le sénat.

Certes il était loin de la pensée du conquérant de comparer, par cette expression, les réunions tumultueuses des nobles gaulois à l'auguste assemblée qui gouvernait le monde du haut du Capitole. Mais, sans prendre la peine de donner à ses contemporains une explication bien inutile d'ailleurs, il traduisait dans leur langue le radical celtique « sena », qui signifiait également assemblée, quelle que fût d'ailleurs la différence des choses. Le sénat de la cité était pris dans le corps des druides et des equites [1]. Tout ce qui appartenait à l'ordre des chefs faisait sans doute partie de ce conseil, et bien que quelques exemples donnés par les Commentaires semblent en limiter le nombre à six cents, dans la cité des Nerviens [2] entre autres, on voit cependant *tous* les magistrats et *tous* les chefs des cités provinciales convoqués par César au sénat de Cordoue [3]. Cette question reste donc incertaine, et nous inclinons à penser que les sénats gaulois se composaient de tous les hommes libres possédant des terres et des vassaux. Marseille comptait également six cents sénateurs [4]; mais les institutions de cette colonie n'avaient rien de commun avec l'organisation celtique. Le sénat de la cité éduenne, en tenant compte de l'étendue de son territoire, et en y comprenant les peuplades qui s'étaient placées sous son patronage, pourrait, sans exagération, être évalué à mille personnes à qui leur qualité conférait le droit de participer au conseil. Par une réserve singulière, la coutume de cette cité ne permettait pas, ainsi que nous l'avons vu plus haut, que deux frères

---

[1] Cæsar. Bell. Gall. VI, 13.
[2] Cæsar. Bell. Gall. II, 28.
[3] Id. Bell. Gall. II, 19.
   Strabon, l. IV.

fissent ensemble partie du sénat ¹. Malgré cette particularité, que nous mentionnons en passant, nous voyons si souvent intervenir la multitude dans les assemblées de la cité, emporter les délibérations par ses votes ou ses clameurs, que nous sommes disposé à croire que la coutume ne traçait pas à cet égard de règle fixe, et que le sénat n'était pas autre chose qu'une réunion générale des clans, une espèce de *mallum publicum*, une assemblée populaire. Les druides et les chefs y exerçaient assurément une grande influence, mais ils y avaient souvent à compter avec les entrainements de la foule, bien qu'elle n'eût pas légalement le droit de suffrage ². Dans les grandes circonstances surtout, lorsque les esprits étaient fortement tendus, les passions vivement excitées, et qu'un puissant intérêt national était en jeu, la multitude devenait souveraine. C'est elle qui acclame Vercingétorix en frappant sur ses armes, selon sa coutume, « conclamat omnis multitudo et suo more armis concrepat » ³. C'est encore elle qui, à l'assemblée générale des Gaules, tenue sur le mont Bibracte, confère au chef arverne le commandement de l'armée confédérée « multitudinis suffragiis res permittitur. » ⁴

Ainsi le sénat n'était pas un corps politique délimité, circonscrit, constitué spécialement en vue de gouverner ou d'administrer la cité. Il était en quelque sorte la cité tout entière, réunie le plus souvent en armes, ayant à sa tête sa noblesse, ses chefs, ses druides, ses hommes libres, délibérant au milieu des guerriers, et subissant à leur tour l'influence des passions qu'ils avaient déchaînées. Les résolutions s'exécutaient sans délai ; et si la guerre était décidée, on entrait de suite en campagne. Le sénat quittait

---

¹ Cæsar. Bell. Gall. VII, 24.
² Id. Bell. Gall. VI. « *Nulli adhibetur consilio.* »
³ Cæsar. Bell. Gall. lib. VII, 21.
⁴ Id.   Id.   43.

le lieu de la délibération pour se rendre à la bataille, et quelquefois il y périssait tout entier, en donnant l'exemple de la bravoure et du dévouement, comme le fit plus tard, à son exemple, la chevalerie féodale. Ce fut la destinée du sénat des Éduens dans la guerre d'Arioviste. La cité y perdit toute la noblesse, tous les chevaliers, tout ce qui composait son sénat [1]. Le sénat des Nerviens [2], celui des Vénètes [3] eurent le même sort dans la guerre contre César. Une pareille organisation ne ressemble guère, on le voit, au sénat romain, ni aux assemblées souveraines qui sont instituées pour gouverner et faire les lois. La cité n'étant pas un État, le sénat n'était pas un gouvernement, mais il était toute la confédération, tout ce que la cité comptait d'hommes ayant une volonté et une puissance, décidant de leurs propres intérêts et de leur propre conduite sans délégation ni intermédiaire. Aussi en portaient-ils directement la responsabilité, et, en cas d'insuccès, c'était à eux que s'en prenait le vainqueur. César, en faisant mettre à mort tout le sénat des Vénètes, décapitait cette ligue.

Mais, par cela même que la cité pouvait mettre sur pied des forces plus ou moins considérables, aucune de ses résolutions ne pouvait être indifférente pour ses voisins, ses alliés ou ses ennemis. Les mesures prises par le sénat avaient, par cela même, une extrême gravité. Cette assemblée statuait sur les plus grands intérêts de la ligue, sur le premier de tous, la paix ou la guerre : les expéditions à entreprendre, les alliances à contracter étaient naturellement l'objet de ses délibérations. Elle réglait les contingents à fournir, la portion de tributs à la charge de chacun des confédérés dont la réunion devait être affectée à l'entretien des routes et aux divers services qui se rappor-

---

[1] Cæsar. Bell. Gall. lib. I, 31.
[2] Id. II, 28.
[3] Id. III, 16.

taient à la coopération commune. Nous n'avons rencontré chez les auteurs de l'antiquité aucun lambeau de charte celtique déterminant les attributions du sénat, mais celles-ci nous paraissent résulter de la nature même des rapports qui existaient entre les clans et la cité, et elles sont inhérentes à toute fédération. Il est évident que la cité ne pouvait s'engager dans une entreprise quelconque sans s'être assurée du consentement ou de l'obéissance de chacun de ceux dont le concours lui était nécessaire. Devant cette assemblée seule on pouvait s'entretenir des affaires publiques.[1]

L'un des actes les plus importants du sénat était la nomination du chef de la cité, qui, sous le nom de Roi ou de Vergobret, exerçait une autorité temporaire mais absolue. Ces rois étaient de véritables souverains si l'on prend à la lettre l'étendue de leur pouvoir; mais en fait ils restaient sous la dépendance du sénat qui souvent les révoquait, comme nous le voyons par l'exemple d'Accon[2]. Ce chef, après avoir tenté un soulèvement chez les Sénons et les Trévires, fut déposé et mis à mort par les siens, « more majorum, » sur l'ordre de César. Les chefs des cités avaient le commandement des contingents, et ils n'exerçaient guère, en somme, que ce que nous appellerions la puissance exécutive. Dans quelques cités, notamment dans celle des Éduens, cette souveraine magistrature était conférée à deux chefs également absolus, également temporaires, ce qui constituait, comme nous l'avons vu[3], l'anarchie en permanence, et une cause de faiblesse ajoutée à beaucoup d'autres.

Les réunions du sénat se tenaient généralement trois fois par an, au printemps, vers le milieu de l'été, à la fin de décembre, suivant une coutume qui a survécu de longs siècles à la nationalité celtique et dont certaines foires, cou-

---

[1] Cæs. Bell. Gall. VI, 20.
[2] Cæs. Bell. Gall. VI, 44.
[3] Cæs. Bell. Gall. loc. cit. VII, 32.

servées jusqu'à nos jours, sans aucune utilité réelle, sur l'emplacement de quelque vieil oppidum, sont un dernier souvenir. De grands feux allumés sur les montagnes à l'époque des solstices, donnaient le signal des convocations et indiquaient le lieu des rendez-vous. Mais indépendamment de ces assemblées périodiques, fixées par les coutumes, les chefs de la cité se réunissaient toutes les fois qu'une circonstance imprévue exigeait une entente immédiate, et qu'il fallait aviser à des mesures promptes et énergiques.

Les luttes de l'invasion donnèrent certainement une vive impulsion à l'esprit public et rendirent ces communications très fréquentes. La nationalité celtique ne tenta de se constituer que sous l'étreinte de l'ennemi, au moment de s'éteindre pour jamais. On vit alors se multiplier les assemblées des chefs, non-seulement des cités, mais de toute la Gaule, tantôt pour apporter au vainqueur leurs soumissions et leurs doléances, tantôt pour organiser au fond des impénétrables forêts et dans les endroits les plus cachés, des conciliabules d'où partait le signal des insurrections. Les Commentaires en citent de nombreux exemples. Ainsi, après la guerre des Helvètes, les princes des cités de toute la Gaule, « principes civitatum totius Galliæ, » sont députés pour féliciter César[1] qui se présentait en libérateur et en allié. Ils le prient de fixer un jour pour une nouvelle réunion, afin de s'entretenir avec lui de leurs affaires intérieures. Là ils échangent le serment de ne rien révéler au dehors de ce qu'ils auront mis en délibération. Après la clôture des pourparlers, les principaux chefs reviennent trouver César, lui exposent par l'organe de Divitiac les luttes des Éduens contre les Séquanes et les Arvernes, qui ont amené l'invasion des Germains dans la Séquanie, et ils lui de-

[1] Cæsar. Bell. Gall. liv. I, 30, 31.

mandent son appui contre Arioviste. — César lui-même, qui affectait un grand respect pour les coutumes de la Gaule lorsqu'elles n'entravaient pas sa politique, et qui profitait de l'activité remuante des chefs pour s'assurer de leurs dispositions et s'en faire au besoin des instruments, réunissait chaque année le conseil de toutes les cités au printemps, *primo vere* [1]. Les peuples étaient tenus de s'y faire représenter, et l'abstention des Trévires fut un de ses griefs contre eux. Après sa victoire sur Cassivellaun et la Bretagne domptée, César se hâte de repasser le détroit, et afin sans doute que personne dans la Gaule ne puisse ignorer son retour, il convoque à Samarobrive, Amiens, les chefs de toutes les cités [2]. — Plus tard il les rassemble encore dans l'oppidum des Rèmes, et les intimide par le supplice d'Accon [3]. — Mais pendant qu'il court en Italie où l'appellent de graves évènements, la Gaule s'ébranle de nouveau, ses chefs se donnent des rendez-vous secrets dans les bois, et jurent par le serment le plus solennel, sur les enseignes militaires, de venger la mort de leur compatriote et les humiliations de leur pays. [4]

Une autre coutume chez les Gaulois était de tenir une sorte de conseil militaire avant d'entrer en campagne, « hoc more Gallorum est initium belli. » C'est ce que César appelle le conseil armé. Tous les hommes en état de combattre étaient tenus de s'y présenter avec leurs armes. Le dernier venu était torturé et mis à mort sous les yeux de la multitude [5]. C'est dans un de ces conseils qu'Indutiomar, l'un des chefs des Trévires, fait déclarer ennemi de la patrie son propre gendre Cingétorix, chef de la faction opposée,

---

[1] Cæsar. Bell. Gall. V, 3.
[2] Ibid. V, 24.
[3] Ibid. VI, 44.
[4] Ibid. VII, 1, 2.
[5] Ibid. V, 56.

parce qu'il est l'ami de César, et lui confisque ses biens.[1]

Les savants du dix-septième siècle, imbus de réminiscences classiques, voyaient dans les sénats gaulois une institution qui tenait à la fois du sénat romain et des parlements provinciaux tels qu'ils existaient de leur temps. Tout dans cette fausse appréciation repose, nous l'avons vu, sur des analogies de mots qui ont égaré les esprits et leur ont présenté la barbarie celtique sous la forme d'une civilisation portant la double empreinte du siècle d'Auguste et du siècle de Louis XIV. Pour eux les chefs de clan qui se rendaient au signal des feux dans l'enceinte sauvage du Cromlech étaient les sénateurs, les pères conscrits de la Gaule, comme les druides en étaient le clergé; et dans ces magistrats si souvent nommés dans César, ils reconnaissaient volontiers les graves et sages collègues de leurs maieurs, vergobrets ou premiers présidents. Cette idée est tellement dans les esprits qu'on la retrouve dans les moindres détails, au détour d'une locution. « Les portes du sénat » dit Berlier, ou du conseil général ne pouvaient être sans des causes spéciales fermées à aucun de ceux qu'y plaçaient leur naissance ou leur rang [2]. Le sens est grammaticalement exact, mais la métaphore s'ouvre à deux battants sur l'erreur historique.

Les Gaulois n'avaient pas plus d'édifices pour loger leurs sénats que de temples pour loger leurs dieux. Leur architecture à pierres sèches,—quand elle employait la pierre,—eût construit difficilement des voûtes assez spacieuses ou des toits assez vastes pour abriter des sénats dont le moindre ne se composait pas de moins de six cents chefs, sans y comprendre les serviteurs qui escortaient chacun d'eux et qui

[1] Cæs. Bell. Gall. V, 56.
[2] Précis histor. sur les Gaules. Bruxelles, 1822, p. 221.

prenaient rang derrière lui. L'affluence y était considérable; l'intérêt de la circonstance, l'occasion, la curiosité, la concordance de l'époque des foires avec celle des assemblées, attiraient toujours la foule au lieu où un si grand nombre de personnages importants se trouvaient réunis. Les Celtes n'ont jamais songé à construire des édifices assez grands pour contenir de telles multitudes.

C'est dans un lieu sauvage, entouré des terrassements de l'oppidum, sur des plateaux fortifiés par leur escarpement, dans les clairières de leurs vastes forêts, que se réunissaient les chefs de la cité, ou ceux de la Gaule. Tantôt ils s'y montraient avec le luxe et l'appareil de chevaux et de cavaliers qu'ils aimaient à déployer dans les occasions solennelles, tantôt, s'il s'agissait de quelque conciliabule secret, de ces complots qui furent si fréquents pendant les guerres de la conquête, ils dissimulaient leurs projets par des marches nocturnes, des haltes dans les bois, entourés d'un petit nombre de serviteurs dévoués. Arrivés au lieu du rendez-vous, lorsque l'assemblée était complète, que les chefs avaient pris place dans l'enceinte circulaire des men-hirs, les druides aux vêtements blancs observaient le vol des oiseaux, et immolaient les victimes [1]. Puis la délibération commençait. Le plus ancien des chefs prenait la parole le premier [2]. Debout sur le rocher qui dominait l'assemblée, et d'où il pouvait être vu et entendu au loin, l'orateur prenait ses attitudes en s'appuyant sur son bouclier aux couleurs éclatantes. Sa voix menaçante et fière, comme il convient à un chef, se prêtait cependant aux artifices d'une éloquence tantôt subtile, insinuante et sobre comme celle d'un sauvage, tantôt enflée, impétueuse, violente, et capable, dit Diodore, de s'emporter aux mouvements les plus

---

[1] Les Bretons scellaient par des sacrifices la ligue des cités. Tac. Agricola, 27.
[2] Tac. Ger. XI.

tragiques. L'insulte, l'ironie étaient leurs armes familières, ils en accablaient leurs ennemis, tout en s'exaltant eux-mêmes [1], naturellement habiles aux ruses et aux souplesses oratoires [2]. César et Tacite nous ont conservé dans les discours de Vercingétorix, de Critognat, de Galgac de Karadoc des monuments qui ne sont pas indignes de la postérité. Si un membre de l'assemblée troublait ou interrompait l'orateur, dit Strabon, un héraut armé l'avertissait deux fois, à la troisième il lui coupait un pan de son vêtement [3]. Mais cette police ne comprimait pas toujours les ressentiments et les passions. Les colères de la multitude s'y échauffaient jusqu'à la fureur, et l'on vit les Sénons, dans un conseil public, se jeter sur Cavarill, placé par César à la tête de la cité. Ils l'eussent mis en pièces s'il ne fût parvenu à se soustraire à leur rage. Poursuivi jusqu'à la frontière, il ne dut son salut qu'à la rapidité de sa fuite [4]. La musique seule avait le pouvoir de calmer ces emportements, selon le témoignage de Scymnus de Chio qui écrivait un siècle avant notre ère. Cet auteur fait évidemment allusion à l'intervention des bardes, qui dans les assemblées comme au milieu des combats faisaient tomber l'exaltation des partis en jouant de la harpe.

Telle était au vrai la physionomie de ces assemblées où l'on a cru retrouver l'image des sénats antiques ou même des corps délibérants de nos législations modernes. Il n'y a là que des chefs qui traitent de leurs intérêts communs, mais rien qui ressemble à un gouvernement. Ces réunions en plein air, leur courte durée, les intervalles qui les séparaient, leur composition et leur forme, suffisent pour démontrer qu'elles ne touchaient à rien de vital dans la

---

[1] Diod. lib. V, 31.
[2] Pomp. Mela, lib. III, ch. ii.
[3] Strabon, lib. IV.
[4] Cæs. Bell. Gall. V, 54.

constitution et les coutumes; qu'elles ne s'occupaient pas de ces améliorations intérieures qui sont le besoin permanent des peuples civilisés.

Les cités étaient gouvernées par un ou deux chefs qui paraissent avoir concentré entre leurs mains tous les attributs de l'autorité souveraine. Tous deux étaient électifs, tous deux temporaires. Mais on n'aperçoit nulle part de règle fixe. Chez les Arvernes, du temps de Posidonius, le roi Luern, le Renard, avait succédé à son père Bituit. Du temps de César, Celtill, père de Vercingétorix, était assassiné, parce qu'ayant été le chef de la cité et de toute la Gaule, on le soupçonnait de vouloir se faire roi [1]. Les Éduens avaient un vergobret qui était investi, en principe du moins, du droit de vie et de mort, et un chef de guerre qui exerçait aussi, pendant un an, les prérogatives de la royauté [2]. Rien n'est plus difficile que de déterminer la limite de chacune de ces magistratures dans des attributions aussi absolues. Le vergobret toutefois, nommé par les druides, sans la participation des magistrats, « intermissis magistratibus, » [3] semble avoir été plus spécialement le dépositaire de l'autorité civile et religieuse et le grand justicier, *l'homme du jugement*, selon les étymologistes. Il avait en cette qualité un caractère sacerdotal et sacré, et appartenait, selon toute apparence, à l'ordre qui lui avait conféré le pouvoir. Nous traiterons au surplus ce point avec plus de détails dans la seconde partie de cet ouvrage, qui sera spécialement consacrée à la cité éduenne. Le chef militaire était une sorte de dictateur dont la mission était de commander les divers contingents employés aux guerres annuelles de la cité. Il avait sous ses ordres les chefs de clan, car la cité n'avait

[1] Cæs. Bell. Gall. VII, 4.
[2] Ibid. 22.
[3] Ibid. 23.

pas d'armée à elle ; mais, par le fait de son élection, il devenait le chef de ses égaux, le chef des chefs, comme disent les chants bardiques, pendant la durée de son commandement. C'était le brenn des anciens Celtes, dont le nom s'est perpétué pendant plusieurs siècles chez les Gallois. Strabon et César le nomment chef de guerre, les poëmes gaëliques, chef des nobles, conducteur de la guerre. C'était un point d'honneur, chez les Gaulois, de ne pas décliner cette dignité. Vertiscus, prince de la cité des Rèmes, voulut, malgré son grand âge, — comme plus tard l'héroïque aveugle, Jean de Bohême, à la bataille de Crécy, — combattre au premier rang à la tête de sa cavalerie, bien qu'il pût à peine se tenir à cheval, et il périt généreusement dans la mêlée plutôt que de s'excuser sur sa vieillesse [1]. Les coutumes variaient beaucoup selon les lieux, plus encore selon les temps. Lorsqu'un chef trouvait dans les circonstances un prétexte pour se faire attribuer le commandement, et dans sa position personnelle les moyens de s'y maintenir, son usurpation était suffisamment justifiée. Les factions qui divisaient la Gaule entretenaient des compétitions sans fin. On se disputait le pouvoir avec une extrême ardeur; l'intrigue et l'intimidation, l'appel séditieux aux passions de la multitude le faisaient tomber entre les mains non du plus digne, mais du plus entreprenant et du plus habile. L'élection reposait moins sur les qualités et le mérite du candidat que sur la situation que lui donnaient sa naissance, ses richesses, le nombre de ses vassaux et des cavaliers à ses ordres, « ut quisque est genere copiisque amplissimus » [2]. La dualité du pouvoir, partout où elle existait, était une nouvelle cause d'affaiblissement et d'anarchie. C'est en effet le spectacle que nous donne la Gaule, presque à chaque page, dans les récits de César.

[1] Hirt. Bell. Gall. VIII, 12.
[2] Cæs. Bell. Gall. VI, 14.

Cette singulière et funeste organisation remontait certainement à des temps très reculés. Anciennement, dit Strabon, la multitude élisait, chaque année, un prince pour la guerre [1]. La multitude, il faut bien noter cette expression; car, bien que César ait pris soin de nous avertir que la plèbe ne jouissait d'aucun droit politique [2], il lui arrive fort souvent de nous donner, en fait, des exemples du contraire. La plèbe, dans le sens que César pouvait attacher à ce mot, était certainement dans la Gaule le point d'appui des agitateurs et des ambitieux. Elle résistait aux magistrats et paralysait leurs volontés en n'exécutant pas leurs ordres. De simples particuliers pouvaient tenir en échec un vergobret, malgré le droit terrible dont il était armé. Lisc, interpellé par César sur son manque de parole au sujet des approvisionnements qu'il avait dû livrer à l'armée romaine, lui donne pour excuse que des factieux ont plus d'autorité que lui sur la multitude; puis laissant échapper un secret longtemps contenu, le chef éduen se plaint avec amertume des menées de ces hommes qui excitent les passions de la foule, qui dénoncent à l'ennemi tout ce qui se fait dans leur camp, tout ce qui se dit dans leur conseil, et il ajoute qu'il n'ignore pas les dangers auxquels cette révélation l'expose, bien qu'il ne l'ait faite qu'à la dernière extrémité [3]. Cet orateur timoré, ce chef qui risque sa vie pour une confidence, est cependant l'homme le plus puissant de sa cité; il a le pouvoir de mettre à mort qui bon lui semble. La soumission des Bellovaques nous montre, dans des circonstances analogues, un autre exemple de l'impuissance des chefs contre les entraînements de la multitude. C'est au moins le prétexte que donnent les députés qu'ils envoient à César pour excuser leur insur-

---

[1] Strabon, l. IV, p. 197.
[2] Cæs. Bell. Gall. VI, 13.
[3] Cæs. Bell. Gall. I, 17.

rection. Corréus était l'instigateur de cette guerre ; il avait, à lui seul, plus de pouvoir sur la populace que tout le sénat [1]. Nous avons rappelé plus haut la double élection de Cott et de Convictolitan, l'arbitrage déféré à César, le tableau du sénat divisé, des clans divisés, des factions prêtes à en venir aux mains [2]. Le triste état de la Gaule se résume dans ces quelques traits.

Les cités n'ayant ni capitales, ni centres de gouvernement, leurs chefs continuaient, selon toute apparence, à résider dans leurs dunum ou leurs œdificium, entourés d'un petit nombre de fonctionnaires chargés d'exécuter leurs ordres. De là, ils se rendaient aux assemblées où leur présence était nécessaire. Le vergobret chez les Éduens ne pouvait sortir des limites de la cité, et c'est pour respecter la coutume que César convoque leur sénat à Decize-sur-Loire afin de statuer sur l'élection de Cott. Les institutions germaniques jettent du reste quelque lumière sur les coutumes gauloises. Le chef germain convoquait le plaid deux ou trois fois par an et y réglait les affaires soumises à sa juridiction. Plus tard, les rois mérovingiens, héritiers de ces traditions, se transportaient successivement dans les cantons de leurs cités et y tenaient leurs assises, soit en personne, soit par leurs délégués, ordinairement en plein air. Au moyen-âge, le roi saint Louis rendait encore la justice sous un chêne. Il n'en pouvait être autrement dans la Gaule où les affaires des chefs de cités étaient certainement moins nombreuses que celles des rois franks, à raison de ce que les chefs de clan étaient souverains dans leurs domaines, et que les druides seuls exerçaient le pouvoir judiciaire, ce qui diminuait d'autant leurs attributions. De son œdificium, le chef gaulois pouvait administrer la cité,

[1] Hirtius, VIII, 21.
[2] Cæs. B. Gall. VII, 32. « *Divisum senatum, divisum populum, in suas cujusque eorum clientelas. Omnem civitatem esse in armis.* »

veiller à l'entretien des oppidum et des routes, à la perception des impôts, prendre en un mot toutes les mesures qui relevaient de son autorité. Il s'y tenait informé de tous les événements qui se produisaient au dehors ou qui touchaient à quelque titre que ce fût à l'intérêt public, et cela d'autant plus facilement que c'était un devoir pour tout individu qui en était requis de les lui transmettre. Ce système de communication est rapporté dans César, qui pouvait en apprécier l'importance et qui l'élève à la hauteur d'une institution tout à fait digne de remarque et particulière à la Gaule. La loi prescrivait à toute personne qui apprenait une nouvelle importante, de la déférer en secret au magistrat à qui elle était destinée. Il était même défendu de s'entretenir des affaires publiques ailleurs que dans les conseils de la cité. Il semble que par cette précaution singulière les Gaulois aient voulu se tenir en garde contre leur propre curiosité et contre cette disposition de leurs esprits mobiles et inquiets à répandre de fausses nouvelles et à s'en effrayer.

Les documents que nous ont laissés les anciens sur les finances des cités gauloises sont tellement rares qu'il faut une certaine attention pour les découvrir, et tellement incomplets que l'analyse la plus exacte ne peut en tirer que de simples inductions. Mais en cette matière la nature des choses vient en aide à l'insuffisance des textes. Dans tous les temps, chez tous les peuples, l'argent a été le nerf de l'administration et l'instrument de la politique. Les cités gauloises ne pouvaient pas plus que les autres États se passer de revenus publics. Ces revenus consistaient en tributs en argent, en diverses prestations de denrées ou de travail, auxquelles s'ajoutaient éventuellement le produit d'expéditions entreprises principalement en vue du pillage et les contributions de guerre frappées sur l'ennemi.

L'un des impôts les plus usités chez les anciens était le portorium, terme générique sous lequel on désignait les péages établis sur les rivières et les droits perçus à l'importation des marchandises. Son existence est mentionnée dans la Gaule, sur les côtes de l'Armorike et sur celles de la Bretagne insulaire. La cité de Marseille tirait un revenu très important du trafic des bateaux sur le canal creusé par Marius pour déblayer les bouches du Rhône et dont il lui avait abandonné la jouissance en récompense de ses services. L'exploitation des salines du Doubs, et surtout les contestations qui s'étaient engagées au sujet des péages de la Saône, avaient allumé la guerre entre les Éduens et les Séquanes. Ceux-ci ayant appelé Arioviste à leur secours, la querelle aboutit à l'intervention romaine et à la conquête.—Nous avons rappelé au chapitre de l'Emporium [1] les tributs imposés au transit des marchandises par les Véragres dans les Alpes pennines [2]. Cet usage était certainement général dans toute la Gaule; les cités, comme les clans, ne se faisaient pas faute de prélever de fortes contributions sur les marchandises qui se rendaient aux emporium, et les nombreuses guettes, dont on reconnaît l'emplacement à l'entrée des vallées et au pied des dunum, nous ont fourni l'occasion d'établir un rapprochement entre le mode de perception de cet impôt chez les Gaulois, et celui qui est encore en vigueur chez les tribus arabes [3]. Ce régime économique est d'autant moins une hypothèse qu'il a subsisté sous la domination romaine et pendant tout le moyen-âge.

L'impôt des cités devait avoir principalement pour objet l'entretien et le ravitaillement des oppidum. Comme elles étaient toujours sur le pied de guerre, les forteresses

[1] V. supra, p. 118
[2] Ibid.
[3] Supra, p. 152.

étaient en tout temps pourvues de grains et de fourrages et en état de soutenir un siège. Bibracte est signalée dans les Commentaires comme l'oppidum de la Gaule le plus largement approvisionné, « longè copiosissimum [1], » et César comptait bien y refaire ses légions si Dumnorix, chef de la faction hostile aux Romains, n'eût empêché les populations d'y transporter leurs blés, « multitudinem deterrere ne frumentum conferant quod præstare debeant [2]. » Ces prestations étaient donc véritablement un impôt; elles furent maintenues sous l'administration romaine sous le nom de « blé gratuit. » La quantité dans les pays conquis en était fixée arbitrairement, et le gouverneur de la province s'en attribuait une partie pour l'entretien de sa maison, qu'il évaluait à sa guise et qu'on lui payait en argent. Les Romains s'en faisaient parfois un moyen de vexation à l'égard des vaincus dont ils voulaient châtier la résistance obstinée. C'est ainsi qu'en Bretagne ils s'emparaient des récoltes de toute une contrée et obligeaient les habitants à vendre leur grain à un prix taxé, à la porte même des magasins où ces malheureux attendaient leur bon plaisir [3]. Pour obliger les cités à racheter ces contributions, on les leur rendait aussi lourdes que possible; au lieu de les charger de l'approvisionnement des postes placés dans leur voisinage, on leur assignait des cantonnements éloignés, à l'extrémité du pays, ou situés sur des points d'un abord très difficile [4]. Les cités consentaient à tous les sacrifices pour s'affranchir de pareilles corvées. L'impôt en nature était le plus usité chez les peuples gaëliques, ainsi que nous en avons donné d'assez nombreux exemples [5].

---

[1] Cæs. Bell. Gall. I, 23.
[2] Ibid. 17.
[3] Tacite, Agricola, XIX Notes, t. II, p. 411.
[4] Eumène.
[5] Supra, p. 178.

Mais souvent il se convertissait en argent, et ce dernier mode de perception finit certainement par prévaloir pour plusieurs redevances qui primitivement se payaient en nature.

Les cités trouvaient facilement à affermer leurs impôts, et il ne faudrait pas se hâter de voir, dans ce système, l'indice d'une éducation financière quelque peu avancée. Au fond cette pratique était très peu éclairée, très élémentaire, pleine d'inconvénients et d'abus. Son premier résultat était de mal fonctionner, de ruiner la cité et le peuple au profit de quelques ambitieux. Dumnorix devait en grande partie son influence à sa position de fermier général des impôts de la cité et aux richesses qu'il avait acquises en affermant à vil prix les péages des rivières et les autres revenus, nul n'ayant osé enchérir sur un personnage de cette importance [1]. Tout pliait devant cet audacieux qui ajoutait à la puissance de l'argent celle de l'intrigue, devant ce brouillon qui achetait la popularité par des largesses faites au détriment de la fortune publique. En traçant, d'après Lisc, ce portrait d'un ambitieux barbare, il semble que César ait un peu pensé à Catilina et à Clodius, tant la corruption et les vices de la nature humaine se ressemblent à tous les degrés de la civilisation ou de la barbarie.

Nous ignorons d'ailleurs si ce mode de perception des impôts était depuis longtemps en vigueur dans la fédération éduenne, — ou s'il faut voir en lui un emprunt récemment fait à l'administration romaine qui le pratiquait avec la plus grande dureté dans le midi de la Gaule. Dumnorix, financier par circonstance, mais guerrier de haut lignage, chef de faction, aventureux, esprit turbulent et avide de choses nouvelles, pouvait avoir introduit cette innovation qu'il avait exploitée à son profit. Il n'avait pas négligé sans

---

[1] Bell. Gall. I, 18.

doute les coërcitions rigoureuses que les fermiers publics de Rome appliquaient aux débiteurs en retard. Ceux-ci avaient pour auxiliaires la prison et les chaînes. Ils avaient des esclaves pour commis et pour percepteurs [1]. L'évaluation des impôts en nature était complètement arbitraire, et Cicéron reproche à Calpurnius Pison, beau-père de César, d'avoir ruiné les fermiers et les peuples, les uns en estimant le blé à un taux exagéré, les autres par des contributions excessives. Fréquemment il mentionne dans ses plaidoyers ces chevaliers romains qui portaient dans des contrées lointaines leurs capitaux et leurs espérances, et qui, sous le nom de publicains, se faisaient adjuger les revenus et les impôts des provinces [2]. Tel fut sans doute dans la cité éduenne le rôle de Dumnorix, que ses grandes relations avaient dû mettre en contact avec les financiers du Midi.

Cette imitation du système romain dans quelques cités ne peut donc fournir un argument bien sérieux en faveur de la civilisation gauloise. De toutes les branches de l'administration romaine, celle des finances fut, de l'aveu des historiens et des jurisconsultes, la plus arriérée, la moins conforme aux saines notions de la science économique. « C'était, dit l'un d'eux, un système non de richesse publique, mais de ruine et d'exaction. La société romaine, si forte, si grande et si belle sous plusieurs rapports, avait des parties marquées d'une déplorable misère [3]. » Aussi ne faut-il pas s'étonner que des peuples qui ne surent pas imiter la civilisation romaine dans ce qu'elle avait de fécond et de grand, dans ses institutions et ses lois, dans son organisation militaire, dans son architecture, sa littérature et ses arts, se soient approprié un régime financier

---

[1] Cic. Pro Balbo.
[2] Id. Pro lege Manilia. — Pro Rabirio.
[3] Éléments de Droit romain, par Heineccius. Introd. par Ch. Giraud, p. 133.

qui, à raison de sa barbarie même, se trouvait à leur niveau.

Dans l'Armorike, où se conservèrent les usages et les mœurs celtiques pendant la première moitié du moyen-âge, ce système fonctionnait encore au dixième siècle. Les taxes et certaines perceptions en nature, vinages, bladages, gerbages, étaient affermées à des collecteurs qui cédaient eux-mêmes à des sous-traitants. Ceux-ci pressuraient les contribuables avec une rapacité qui excitait de fréquentes émeutes et rappelait l'état de choses caractérisé par César, la grandeur des tributs et l'injustice qui écrasaient les peuples de la Gaule. Quand, au bout de huit siècles, les mêmes conditions reproduisent les mêmes misères, on est autorisé, ce semble, à récuser les éloges que certains écrivains ont accordés à un système financier qui n'est pas, à tout prendre, une invention gauloise, mais une importation romaine.

Le Code théodosien mentionne sous le nom de «xenia» un impôt qui était payé entre les mains des gouverneurs de provinces et qui n'était, probablement, que la continuation d'un vieil usage celtique. Nous savons, par les textes de Tacite, que la plus grande partie des revenus des princes de la Germanie consistait en dons volontaires à leur avènement ou au renouvellement de l'année. Cette coutume, si universelle dans les sociétés humaines, et dont l'origine est à la fois si ancienne et si inconnue, existait sans nul doute chez les Celtes comme chez les Germains avant d'être signalée dans les lois romaines. Les gouverneurs impériaux, héritiers politiques des droits des cités, la trouvant enracinée dans les mœurs, se gardèrent bien, tout naturellement, de l'abolir. A l'époque celtique, ce don volontaire était une des formes régulières de l'impôt. Les chefs, qui le recevaient directement, en réservaient une part à la cité ou se l'attribuaient à la charge de subvenir à certains services qui les concernaient; chez les Gallois, le chef de clan percevait un droit par chaque mariage, un autre par famille; mais il payait au brenn une quotité de ces redevances. Cet état de choses, mentionné dans Tacite, retrouvé dans la Gaule au quatrième siècle et chez les Gallois, existait donc évidemment du temps de César. Il se perpétua longtemps encore sous le régime féodal. La meilleure preuve qu'on puisse donner de la réalité d'un fait historique, après le témoignage direct, est celle qui s'appuie tout à la fois sur son antiquité, son universalité et sa persistance.

Dans le cours de ce chapitre, comme dans toutes les autres parties de ce travail, les rapprochements entre la société gauloise et l'organisation féodale sont si fréquents, qu'il devient inutile de les signaler sans cesse à l'attention du lecteur. La féodalité, c'est le morcellement des souverainetés territoriales, l'absolutisme des pouvoirs locaux, l'anarchie celtique, en un mot, avec moins de dureté. Le christianisme y avait introduit un élément de modération et d'humanité que le régime des clans avait ignoré, et l'on peut dire que la condition des peuples fut considérablement adoucie sous des institutions dont l'intervention continuelle de l'Église tempérait la rigueur. Les grands feudataires avaient remplacé les cités; les ducs et comtes, les chefs de clan; mais l'autorité des évêques avait succédé à celle des druides. Qu'on juge cependant par ce tableau du monde féodal, que nous empruntons à un écrivain qui en a fait une étude approfondie, de ce que pouvait être ce monde celtique dont nous cherchons à percer les ténèbres.

« Ouvrons l'histoire, dit M. Beugnot, nous y verrons que, sous les règnes de Hugues-Capet, de Henri et de Philippe, la France ne respira pas un instant entre les guerres que les seigneurs ne cessaient de se faire les uns aux autres, guerres qui, presque toutes, prenaient leur origine dans des droits ou des prétentions qui, dans une société mieux ordonnée, auraient été du ressort des tribunaux. Les vassaux inférieurs n'étaient pas animés d'intentions plus pacifiques. Lorsque les querelles de leur suzerain les laissaient un instant respirer, ils employaient cet instant de liberté à vider leurs propres querelles ; car le droit de guerroyer ses voisins était placé au rang des plus nobles prérogatives des seigneurs. Il faut donc reconnaître que, dans cette société à peine constituée, tout était régi par la force, et que c'est poursuivre une illusion que d'y chercher des principes de droit, et plus encore des règles précises de juridiction. »[1]

Nous recommandons cette conclusion à ceux qui veulent retrouver dans la Gaule, à une époque de mille ans antérieure, les éléments d'une civilisation en plein développement.

[1] Le comte Beugnot, introduction à son travail sur les Olim.

CHAPITRE DIXIÈME.

État religieux. — Superstitions et croyances. — Le Druidisme. — Ses Dieux. — Ses Dogmes. — Les deux Visions. — Le Druide. — Son influence. — Ses fonctions.

Les immenses régions que couvraient les forêts aujourd'hui disparues étaient habitées par des hôtes plus redoutés que les loups et les ours. Les terribles divinités de la Gaule y résidaient.

Tout un monde d'êtres invisibles gardaient leurs sanctuaires. Wivres, dragons aux formes monstrueuses, nains hideux, fées et spectres, hantaient leurs profondeurs. Les plus braves ne pouvaient y pénétrer sans effroi. Le prêtre lui-même en avait peur, « pavet ipse sacerdos [1]. » Ces esprits élémentaires se mêlaient à tous les actes de la vie domestique. Visiteurs nocturnes des foyers, ils veillaient sur le berceau de l'enfant, sur les sépultures de la famille. Ils avaient leur demeure les uns aux sources des fontaines et des fleuves, les autres au sommet des monts, sur les roches les plus sauvages, dans les plus sombres cavernes. D'autres enfin se cachaient dans les vieux chênes, dans le feuillage des hêtres. Parfois ils se montraient dans la brume, aux carrefours des bois, sous des formes et dans des circonstances étranges. Les lieux consacrés par ces apparitions étaient des lieux maudits. L'imagination du Celte peuplait la sévère nature de son pays de génies bons ou malfaisants, mais bien différents des gracieuses fictions de la mythologie

[1] Lucain. Ph. III. v. 84.

païenne, de ces pans rustiques, de ces sylvains, de ces nymphes, dont le polythéisme grec avait fait les protecteurs des champs et des bois. Ses divinités étaient des esprits, mais des esprits capricieux, irascibles, fantasques, qu'on n'apaisait qu'avec du sang. Leurs autels étaient toujours souillés de sacrifices humains. Cet aspect des mœurs celtiques, indiqué dans César, frappait vivement les étrangers, et Lucain l'a exprimé dans de beaux vers qui ne sont qu'une peinture exacte de l'état religieux de la Gaule :

> Hunc non ruricolæ Panes, nemorumque potentes
> Sylvani, Nymphæque tenent, sed barbara ritu
> Sacra deum, structæ diris altaribus aræ,
> Omnis et humanis lustrata cruoribus arbor.[1]

Le Gaulois, si brave quand il n'avait à redouter que la mort, était, dans les circonstances ordinaires de sa vie, obsédé de mille craintes superstitieuses. Ses dieux étaient son épouvante. Les pierres, les rochers, les arbres, — les arbres surtout, « arboribus suus horror inest, » disait Lucain, — les vents, les nuages, les tempêtes, le vol des oiseaux, la course des bêtes sauvages, lui parlaient un langage mystérieux. Mille indices inattendus, secrets mais infaillibles, lui causaient des effrois soudains. Tel signe annonçait la présence d'un méchant génie, tel autre présageait un malheur ; tous étaient accueillis comme des révélations du destin.

Au-dessus de ces superstitions, dans des régions inaccessibles à la plupart des intelligences, s'élevaient, suivant des traditions dont on fait, sans trop de certitude, honneur au druidisme, le dogme d'un dieu tout-puissant, rémunérateur, infini, et la croyance à l'immortalité de l'âme. Ces doctrines qui constituent le fond de la révélation primitive

---

[1] Lucain, Ph. III, v. 404 et suiv.

et qui sont le patrimoine de la raison humaine, avaient été certainement apportées de l'Asie par les ancêtres des Gaëls ; mais comme chez tous les peuples de l'antiquité, et plus rapidement encore que chez les Égyptiens et les Grecs, elles avaient dû s'altérer chez eux jusqu'à tomber à l'état de lettre morte. Hésus, le dieu suprême, s'appelait encore au temps de César et de Lucain « le seigneur des chênes, » mais, déchu du rang de dieu unique, il n'était plus que le premier dans la hiérarchie de l'Olympe gaulois. Les écrivains qui ont traité de la religion de ce peuple ont remarqué avec raison, dans la forme de son culte, deux origines distinctes et comme un double courant de traditions, les unes, et les plus anciennes, semblant dériver des sources bibliques, les autres se rattachant au paganisme. Jéhovah se retrouvait dans Hésus, les chênes de Mambré dans ceux de la Gaule ; les autels bruts, les amas de pierre, les gals ou monuments commémoratifs des patriarches dans les men-hirs, les cairns, les dolmens. Les Gaulois jetaient leurs offrandes dans les étangs et les lacs, comme les juifs dans le puits d'Abraham, du temps encore de Constantin qui vit une impiété dans cet usage et qui l'abolit [1]. D'autre part cependant, Teutatès, le père du peuple, le dieu du commerce et des emporium, le conducteur des ames ; Belen, le dieu de la lumière et du feu, l'analogue d'Apollon ; Camulus, le Mars gaulois, ne sont que des rameaux de ce vaste polythéisme qui a couvert le monde antique. Cette observation du reste ne paraît s'appliquer qu'aux dieux principaux. Ce qu'il y avait de particulier chez ce peuple, de plus spécialement conforme à son tempérament religieux, c'était sa prédilection pour le culte des dieux inférieurs dont les fonctions

---

[1] Sozomène, lib. II, c. iv. — Eusèbe, Vie de Constantin. — Cet usage se retrouve dans l'intérieur de l'Afrique. V. Voyage de Samuel Baker au lac de Louta-N'zigé. Rev. des deux mondes, 1er janv. 1867, p. 96.

étaient délimitées, et avec lesquels il se voyait plus directement en communication ; c'était cette multitude d'esprits qui personnifiaient à ses yeux les forces élémentaires de la nature. Tandis que Hésus, le grand esprit, le souverain des êtres, était relégué dans sa royauté solitaire et dans l'horreur mystérieuse de ses nemheid, au fond de ses sanctuaires de chênes, invisible et inflexible comme le destin, les génies locaux des forêts et des eaux, des rochers et des montagnes, étaient l'objet de la vénération et des craintes populaires. Ces divinités voisines de l'homme le touchaient par mille contacts, se manifestaient à ses sens sous la forme des éléments ou des objets dans lesquels elles résidaient. Chaque source, chaque fontaine avait son génie topique, son dieu protecteur. Ce culte trouve son explication, ainsi que l'a très bien fait observer un écrivain dont l'immense érudition a devancé de plus d'un siècle les progrès de la critique, dans l'importance des eaux parmi les agents physiques et dans la perpétuité de leur écoulement qui semble être l'image de l'éternité. [1]

Les anciens n'ont eu que des notions très imparfaites sur ce que nous appellerons les grands dieux de la Gaule. César en donne une brève énumération avec des dénominations romaines sous lesquelles il est impossible de reconnaître, sans le secours de l'érudition, les véritables dieux celtiques. Mercure, Apollon, Mars, Jupiter et Minerve [2] se présentent à l'imagination sous une tout autre physionomie que Teutatès, Belen, Camulus, Hésus, Bélisane ou Belennis. Leurs attributs comme leurs personnes n'ont que des rapports très incertains d'analogie qu'il n'entre pas dans notre plan d'approfondir. Ces questions n'offrent d'ailleurs un véritable intérêt que dans les ouvrages spéciaux qui en

[1] D. Martin, Religion des Gaulois, t. I, p. 132, Paris 1727.
[2] Cæsar. Bell. Gall. VI, 17.

ont traité, et en tête desquels nous plaçons celui que nous avons cité tout à l'heure. Nous ne prenons dans ce vaste sujet que les notions qui se rattachent le plus directement à celui qui nous occupe. Pour nous, le dieu Hésus reste le dieu par excellence, le dieu indigène et primitif de la race celtique ; les autres ne nous apparaissent que comme des reflets de lui-même, des personnifications de ses principaux attributs, des individualités en un mot détachées de sa propre substance, et devenues des dieux distincts sous l'influence des idées païennes. L'absence de documents originaux ne permet d'établir que des conjectures dépourvues de toute certitude historique sur la nature de ces dieux. Le druidisme a disparu de la terre emportant bien des secrets qu'il s'était imposé la loi de ne jamais confier à l'écriture. Le plus grand des dieux, Hésus, est celui qui a laissé le moins de souvenirs. César l'appelle Jupiter ; Lucain et Lactance se bornent à le nommer, et seulement pour mentionner les horribles sacrifices qui lui étaient offerts. Maxime de Tyr désigne en passant le dieu qu'adoraient les Gaulois sous le simulacre d'un grand chêne. L'autel gallo-romain découvert en 1711 sous le chœur de Notre-Dame de Paris, et élevé en l'honneur de Hésus par les nautonniers de Lutèce, nous apprend que son culte existait encore sous le règne de Tibère [1]. Teutatès confinait à Hésus par l'idée de paternité renfermée dans son nom ; son culte était fort répandu chez les Gaulois, qui l'appelaient Ogmius. Ils vénéraient en lui le dieu du gain et du trafic, le gardien des routes, le guide des voyageurs, l'inventeur des arts et de l'écriture [2], si tant est qu'ils en eussent assez la notion pour en savoir gré à la divinité. Sous le nom de Gwyon, il conduisait les ames dans les sentiers de l'autre vie. En

---

[1] Cet autel est aujourd'hui au musée de Cluny.
[2] Ogham, *écriture*, en gaëlique, d'après H. Martin, Hist. de Fr., t. I, p. 56, en note.

reconnaissance de tous ses services, on lui immolait, comme à Hésus, des victimes de premier ordre, c'est-à-dire des hommes. Les Romains croyaient reconnaître en lui leur Mercure. Lucien, dans un de ses dialogues, le représente avec la massue et la peau de lion d'Hercule, mais sous les traits d'un vieillard entraînant de nombreux captifs enchaînés à sa langue par des liens qui figurent, ainsi que l'explique l'interlocuteur gaulois, les séductions de sa parole [1]. Au quatrième siècle, date de la plupart des monuments épigraphiques ou sculptés qui se rapportent au culte de la Gaule, Teutatès est complètement absorbé dans Mercure. Du reste, la transformation des grands dieux celtiques est, à ce moment, à peu près consommée ; ils sont naturalisés dans le panthéon romain. Les divinités inférieures ou topiques paraissent avoir été plus réfractaires ; aussi ont-elles retenu, avec leurs attributs particuliers, une individualité parfaitement distincte. Ce qui conserve au système religieux de la Gaule son caractère propre et original, c'est le spiritualisme de son principe, qui tranche fortement sur les autres conceptions du polythéisme. La théogonie grecque reposait entièrement sur la déification de l'homme qui n'est elle-même que le culte de la matière sous la forme que lui ont donnée les arts. Les Romains firent des divinités de certaines abstractions philosophiques [2]. Mais si l'on compare à ce point de vue la Gaule aux nations plus éclairées qui adoraient Jupiter et Bacchus, on ne voit pas précisément que l'avantage soit du côté de celles-ci. Entre les deux modes religieux, il y a toute la différence de la superstition à l'idolâtrie. L'ignorant qui égare sa pensée dans les mystères de l'inconnu,

---

[1] Lucien,—Dialogues. Hercule Ogmius.— L'erreur de Lucien sur le nom d'Hercule a été démontrée par D. Martin, liv. II, ch. xi, et reconnue par tous les commentateurs.

[2] La bonne foi, la fièvre, la paix, l'abondance, etc.

le barbare qui, frappé de la notion de l'être tout-puissant, croit apercevoir ses manifestations dans les accidents du monde physique, dans les fantômes de son imagination, est plus troublé peut-être, mais il est en possession d'une idée religieuse plus haute que le philosophe ou l'artiste qui se font des dieux à leur image et ne conçoivent dans la divinité que la nature humaine avec plus de perfection et de puissance. César, qui comprenait tout, qualifiait d'un seul mot la religion de la Gaule, et ce mot était juste. Mais par cela même qu'elle était une superstition, cette religion touchait à des idées bien supérieures à tout ce que renfermait le paganisme romain. A ce point de vue donc, les druides, qui n'admettaient pas que leur dieu pût être contenu dans des temples, ni figuré sous les traits de l'homme, peuvent avoir mérité l'épithète de sages dont les honorait Diodore, comme ils ont encouru, à d'autres égards, celle de mages, de sorciers, que Pline leur a très justement appliquée, ainsi que nous le démontrerons plus loin.

Le dogme de l'immortalité de l'âme, moins altéré peut-être que celui du dieu immatériel et unique, avait également revêtu des formes particulières à la Gaule. Quelques points de l'enseignement druidique semblent se rapprocher de la doctrine de la transmigration qui, par Pythagore et Zamolxis, paraît avoir, dans une antiquité assez reculée, exercé une grande influence sur l'Europe païenne des confins de l'Orient septentrional jusqu'aux peuples de la grande Grèce. On a relevé cependant cette différence essentielle, que l'âme, suivant la croyance celtique, conservait son individualité dans ses éternelles pérégrinations [1], tandis que, dans les idées pythagoriciennes,

---

[1] Cette doctrine est résumée dans ce trait de Lucain :
..... *regit idem spiritus artus*
Orbe alio.
Ph. I, v. 457. V. plus bas la théorie des *cercles* de vie.

elle la perdait en s'absorbant, après chaque existence, dans l'âme universelle. Ce dogme était très populaire, d'après Pomponius Méla ; les Gaulois ajournaient, selon cet historien, le règlement de leurs affaires à l'autre monde, et concluaient des marchés payables aux enfers [1].—« Leurs druides cherchent à leur persuader, dit César avec une nuance d'ironie qui trahit le sceptique, que les âmes ne périssent pas, mais qu'elles passent de l'un à l'autre, et cette croyance les affranchit de la crainte de la mort [2].—« César ne partage guère cette illusion, mais il en a vu l'effet sur la bravoure des soldats [3]. « Selon vous, dit Lucain dans une invocation aux druides, les ombres ne descendent pas dans l'empire silencieux de l'Érèbe et dans les pâles royaumes de Pluton. La mort n'est qu'un passage entre deux existences [4]. » Valère Maxime rapporte qu'il a vu, à Marseille, prêter de l'argent remboursable aux enfers, suivant une ancienne coutume [5]. L'usage où étaient les Gaulois de faire brûler sur leurs bûchers leurs femmes, leurs serviteurs, leurs chevaux, leurs animaux favoris, de se faire ensevelir avec leurs parures et leurs armes, démontre l'universalité de cette croyance dans leur pays et le sens qu'ils y attachaient. Ils comptaient bien retrouver dans le monde inconnu où ils allaient rejoindre les ancêtres, les affections, les habitudes et les besoins de celui-ci. Comme les Indiens de l'Amérique du Nord, ils entrevoyaient, au delà du trépas, les vastes territoires de chasse, les cavernes entourées de grands lacs [6] sur les domaines du Grand-Esprit. Ces vues sur l'im-

[1] Pomp. Mela, lib. III.
[2] Cæs. Bell. Gall. VI, 14.
[3] V. dans Salluste son discours au sujet de Catilina. « *La mort, dit-il, est la fin de tous nos maux. Après elle, il n'y a plus ni joies ni douleurs.* » Cat. 61.
[4] Lucain. Pharsale, I, v. 459. « *Mors media est.* »
[5] Val. Max. l. II, c. IV, n° 10.
[6] Chant d'Uther Pen-dragon. La Villemarqué. Romans de la Table-Ronde.

mortalité n'ont rien d'incompatible avec l'état de barbarie où la Gaule était plongée au temps de César, puisqu'on les retrouve non moins vivantes chez des races encore à l'état sauvage. La barbarie même est souvent une raison de la puissance de cette idée. Plus l'existence est précaire, pleine de luttes et de dangers, plus l'homme ressent un impérieux besoin de la rattacher à un principe d'indestructible espérance qui lui assure dans l'avenir ce que lui refuse le présent. L'idée de l'immortalité de l'ame est une protestation instinctive de la conscience contre le désordre des choses ; elle est au fond de la nature humaine et ne dépend en rien du degré de la civilisation.

D'après les traditions bardiques recueillies dans le livre des Runes ou des mystères de l'île de Bretagne, les Gaulois admettaient trois cercles d'existence ; le premier, réservé à l'esprit infini, s'appelait le cercle de l'Immensité ou de la Région vide. Dans le cercle de la Migration ou des Voyages, Abred, les ames s'élevaient du fond du néant en passant par la série des êtres inférieurs jusqu'à la condition humaine qui se couronnait dans Gwynfyd, le cercle de la Félicité. Cette évolution n'était point absolument fatale en ce que le passage à un degré supérieur de l'être était subordonné aux progrès accomplis dans les phases antérieures. Il est facile d'entrevoir dans ces doctrines d'ailleurs si obscures, l'influence et la trace des idées chrétiennes. L'efficacité de la volonté humaine s'en dégage sans doute très vaguement, mais la loi de la rémunération selon les mérites y est indiquée. Quant au cercle de la Région vide, il est probable que c'est le christianisme qui en a chassé les esprits impurs pour en faire le séjour de la divinité et de l'esprit incorruptible. Notons en passant cette conception de l'infini sous la forme du cercle, qui n'est qu'une transposition dans l'ordre mystique des habitudes de la vie

gauloise, la maison ronde, la table ronde, l'enceinte circulaire des dolmens, l'emblème druidique du serpent. Ces grands aspects du ciel ne dépassaient pas, en définitive, les horizons de la terre. Le document où s'affirme avec le plus d'énergie cette croyance à la transmigration et à la perfectibilité des ames, le Chant du barde Taliésin, n'est guère que l'expression d'une grossière métempsychose et d'un illuminisme barbare. On y retrouve le mythe de la triade, mais obscurci et comme noyé dans un symbolisme emprunté à la nature et dont le sens est à jamais perdu pour nous. « Existant, dit-il, de toute ancienneté dans les
» océans, depuis le jour où le premier cri s'est fait entendre,
» nous avons été décomposés et simplifiés par les
» pointes du bouleau [1] ; quand ma création fut accomplie,
» je ne naquis point d'un père, mais des neuf formes élé-
» mentaires, du fruit des fruits, des fruits du dieu
» suprême, des primevères de la montagne, des fleurs des
» arbres et des arbustes. J'ai été marqué par la terre dans
» son état terrestre, par la fleur de l'ortie, par l'eau du
» neuvième flot. J'ai été marqué par Math [2] avant de devenir
» un mortel. J'ai été marqué par Gwyddon, le grand puri-
» ficateur des Bretons, d'Eurweys, d'Euron et Médron, de
» la multitude des maîtres enfants de Math. Quand le chan-
» gement se fit, je fus marqué par le souverain à demi
» consumé. Par le sage des sages, je fus marqué dans le
» monde primitif au temps où je reçus l'existence... Je
» jouai dans la nuit, je dormis dans l'aurore, j'étais dans
» la barque avec Dylan [3], le fils de la Mer, embrassé dans le
» milieu entre ses genoux royaux, lorsque, semblables à des

---

[1] Le bouleau, *bedw*, l'arbre de mai, paraît être l'emblème des forces génératrices. — La plantation des Mais était certainement un débris du culte druidique.

[2] Personnification de la puissance de la nature.

[3] Le Noé ou le Deucalion de la tradition celtique.

» lances ennemies, les eaux tombèrent du ciel dans
» l'abîme..... J'ai été serpent tacheté sur la montagne [1],
» vipère dans le lac, étoile chez les chefs supérieurs.
» J'ai été dispensateur de gouttes, revêtu des habits du
» sacerdoce et tenant la coupe ; il s'est écoulé bien du
» temps depuis que j'étais pasteur ; j'ai erré sur la terre
» avant de devenir habile dans la science. J'ai erré, j'ai
» circulé, j'ai dormi dans cent îles, je me suis agité dans
» cent cercles. »

Le poëme de Taliésin appartient au sixième siècle. Mais le fond des croyances qu'il exprime, les transformations qu'il énumère, la nature et le choix de ses éléments descriptifs, et jusqu'à ses formes lyriques où respire on ne sait quel souffle impétueux et sauvage, toutes ces circonstances semblent le rattacher aux plus vivaces traditions du druidisme. Il a pour but de résumer les principaux points de la doctrine sacrée touchant les pérégrinations de l'ame à travers la matière cosmique, depuis la formation du chaos jusqu'à l'achèvement de l'être dans la science et la sagesse. Si cette évocation des rêves d'une autre vie ne précise plus, comme la triade, la théorie des trois cercles, c'est qu'elle tient plutôt de la révélation et de l'extase que de l'enseignement et du dogme. Elle n'en est pas moins à nos yeux un des monuments les plus authentiques et les plus curieux des doctrines druidiques sur les origines et les fins de l'homme.

Mais, du fond de ces obscurités et de ces mythes, aucune lueur, à vrai dire, ne se projette sur le monde moral et ne vient tracer les lois de la conscience humaine. On reste dans le monde de la nature et de la matière, et bien que l'individualité de l'être qui aspire à devenir l'homme s'associe à ses transformations et à ses spectacles, et qu'elle leur communique par cela même quelque chose de sa sympathie

---

[1] Le serpent, symbole du druide.

et de sa grandeur, on est frappé de ce qu'il y a de désordonné, de confus et de stérile dans un pareil dogmatisme. Il nous laisse l'impression d'une religion à l'état d'ébauche, à la mesure d'intelligences barbares, dont la rudesse se dissimule sous le voile toujours attrayant de la poésie, mais dont le symbolisme ne pouvait, sans montrer son néant, sortir de l'enceinte des pierres sacrées et franchir le seuil des forêts.

Et pour ceux de nos lecteurs qui, à l'exemple de Jean Reynaud et de ses imitateurs, seraient tentés, par cette sorte de séduction que le druidisme exerce encore sur quelques écrivains, de voir dans l'ensemble de ses doctrines le souvenir d'une des plus pures croyances qui aient honoré le genre humain et l'un des plus nobles monuments élevés à la divinité par sa raison et sa sagesse; pour le petit nombre d'esprits, s'il s'en rencontre encore, qui n'hésitent pas à placer l'enseignement des chênes au-dessus même de ceux de l'Évangile, nous répondrons par un seul rapprochement. La vision de Taliésin nous rappelle, à beaucoup d'égards, celle de saint Paul [1]. On dirait que le barde, prenant à partie le christianisme et mettant les deux religions en présence dans un récit modelé sur celui de l'apôtre, a voulu opposer les épreuves d'une âme suivant la tradition druidique à ce même récit selon la révélation chrétienne. Le barde appelle à son aide toutes les puissances de la nature; comme un magicien habile, il en évoque les esprits invisibles, et dans cette rapide succession de tableaux gracieux ou terribles, il enveloppe l'imagination d'enchantements et de prestiges. Mais l'imagination seule est entraînée. La raison cherche le mot de la destinée humaine et ne le trouve pas. Taliésin est devenu habile dans la science, mais où est le secret de la perfection et de la vertu ? Le barde a-t-il une solution pour cet éternel pro-

[1] I Ep. ad Cor.

blême ? Nullement, et c'est pour cela que ce grand cri se perd dans le vide de l'immensité, sans écho dans la conscience, et que sa religion est stérile. Ce secret, l'apôtre le donne, non comme un secret, mais comme un enseignement. Il ne fait point la genèse de l'ame. Il ne plonge pas au fond des gouffres de la vie chaotique pour en tirer ce germe inconscient; il ne le promène pas à travers mille existences. Il prend l'homme dans les réalités de sa condition actuelle, dans les actes virils de sa volonté, dans ses souffrances, dans les luttes douloureuses de sa faiblesse pour la vérité et le devoir, et s'élevant au ciel par l'efficacité de la grâce divine, juste récompense de la vertu : — « J'ai prié trois fois le Seigneur d'éloigner de moi l'ange » de Satan, et le Seigneur m'a répondu : Ma grâce vous » suffit, car la force se perfectionne dans la faiblesse. » — A ce trait on reconnait la supériorité de la doctrine [1]. C'est que la religion de saint Paul connait quelque chose de plus puissant que la nature, de plus grand que le monde. Ce quelque chose est la conscience. Ce qui revient au mot de Pascal : « L'homme est si grand que sa grandeur paraît même en ce qu'il se connaît misérable. » Le druidisme ne sait rien de tout cela. Il n'est, nous l'avons dit, qu'une ébauche de religion, cherchant sa route à travers ce monde de la matière qu'il ignore et qui l'épouvante. Il ignore la conscience, il ignore l'homme. Cet hôte inconnu et tremblant de l'univers est pour lui un embarras; il ne sait que

---

[1] Il ne saurait entrer dans notre dessein de suivre M. J. Reynaud dans ses comparaisons entre le christianisme et le druidisme, toutes en faveur de ce dernier. De pareilles thèses ne peuvent se soutenir, quelque esprit qu'on y mette, qu'à l'aide de paradoxes dont le plus simple bon sens suffit pour faire justice. Les seuls mots de l'Évangile : « *beati mites, beati pauperes,* » sont la condamnation non-seulement du druidisme, mais de toutes les religions de l'antiquité. Nous nous en tenons donc au simple rapprochement que nous a suggéré la vision de Tallésin, parce que nous sommes là sur le terrain de l'histoire.

le promener éternellement à travers les solitudes de l'espace, plus froides et plus sinistres encore que celles où il adorait ses dieux.

Les ministres du culte participaient du caractère terrible de leurs divinités. Il y avait de l'effroi dans le respect qu'ils inspiraient. Habitant comme elles les bois et les lieux déserts, les druides avaient perdu à la longue cette habitude de contemplation qui avait fait en Orient les savants et les sages, mais que rendaient impossibles le dur climat de la Gaule et la barbarie qui s'était faite autour d'eux. Il s'était accompli dans le sacerdoce un travail de dégradation analogue à celui qui avait insensiblement altéré les doctrines, à mesure que les immigrations celtiques en s'avançant sur les terres de l'Occident s'étaient éloignées de leur berceau. C'est ainsi que la croyance à un dieu souverain, unique, s'était fractionnée en une multitude innombrable de génies, et que la tradition primitive s'était brisée en mille superstitions qui constituaient au temps de la conquête le seul culte apparent des prêtres et du peuple. Si l'absence de monuments sculptés antérieurs à cette époque semble donner à la religion druidique un caractère plus mystérieux, si les Celtes ne représentaient par leurs dieux sous la figure d'êtres animés, c'est moins à l'idée qu'ils se faisaient de la nature de l'infini qu'il faut attribuer cette circonstance, qu'à l'ignorance où ils étaient alors comme tous les peuples du Nord et de l'Occident de l'Europe, de la sculpture et des arts d'imitation. La preuve en est dans ces simulacres dont parle César, qu'il ne faudrait pas prendre pour des statues ou des effigies plus ou moins grossières, mais qui étaient des emblèmes plus rudimentaires encore, des arbres, des amas de pierres, des lacs, des marais [1]. Le culte des pierres,

[1] V. D. Martin, l. I, ch. XIII, passim.

des sources, des arbres, la divination, le fétichisme, les sacrifices humains, avaient existé dans la Grèce primitive comme dans la Gaule. Le pasteur arcadien y adorait Hermès, gardien de ses troupeaux, sous la forme d'un bloc ou d'un tumulus de pierres [1]. Un tronc d'arbre y représentait les dieux transfigurés plus tard par Phidias. Les fontaines y étaient l'objet des mêmes réunions et des mêmes pratiques superstitieuses. Mais pendant que la Grèce et l'Italie s'étaient épanouies à la civilisation, la Gaule était restée stationnaire dans la barbarie. Il est du moins impossible d'y retrouver la moindre trace d'un effort et d'un progrès. Tout au contraire, on voit les dogmes s'altérer et s'obscurcir. La théogonie s'entoure des mêmes fables que chez les peuples les moins avancés. Les bœufs de Hu-Gadarn arrachant le castor du grand lac semblent un mythe emprunté à la religion des sauvages de l'Amérique du Nord.

Le druidisme ne pouvait en effet dépasser le niveau moral de la société dont il dirigeait l'éducation et réglait les croyances. En vertu de cette nécessité absolue qui rend toutes les classes d'une nation solidaires entre elles, il subissait à son tour les conditions d'un état social qu'il était impuissant à modifier. Cette impuissance témoigne contre lui. Aussi n'a-t-il laissé aucune trace historique et certaine de son influence sur la civilisation de la Gaule; on ne peut lui attribuer l'initiative d'aucun mouvement littéraire ou intellectuel.

Et qu'on veuille bien le remarquer, les moyens d'action ne lui manquaient pas. Si l'on en croit le témoignage de tous les historiens, César à leur tête, il formait un corps homogène par son organisation et sa hiérarchie, puissant

---

[1] A. Maury. Religion des populations primitives de la Grèce, Mémoires des antiquaires de France, série II, t XXII, p. 411.

par sa position dans l'État où il occupait le premier rang. Il y remplissait les deux fonctions les plus augustes, la religion et la justice, et il tenait ainsi dans sa main les intérêts et les consciences. Le secret dont il entourait ses initiations et ses doctrines ajoutait à son prestige. Il était non-seulement un pouvoir réel, mais un pouvoir mystérieux. Ce secret ne s'appliquait pas seulement à la partie de son enseignement qui concernait la religion, mais à toutes les connaissances dont les druides se prétendaient dépositaires, médecine, astronomie, divination, chiromancie, astrologie, à tout un amalgame de faits et de conjectures, d'observations et de vérités élémentaires, qui, noyées dans un fatras d'impostures et transmises de siècle en siècle, sont devenues la sorcellerie et les sciences occultes du moyen-âge.

Le sacerdoce druidique, pour nous résumer sur ce point, se divisait en trois ordres, les Druides proprement dits, les Hommes des chênes, — les Ovates ou Eubages, — les Bardes. Il est bien difficile de reconnaître, dans les documents originaux, les attributs propres à chacun de ces trois degrés de la hiérarchie; aux druides cependant semble avoir appartenu la partie la plus relevée du ministère, le haut enseignement théologique, la suprême juridiction, la direction et la surveillance du culte, l'interprétation de la volonté des dieux dans les circonstances solennelles. Les eubages étaient sacrificateurs, devins et médecins; ils interrogeaient les entrailles des victimes et interprétaient les songes. Les bardes ne touchaient guère au culte que par le chant et la poésie; ils célébraient sur la rotte, — la harpe celtique, — les louanges des dieux et des héros. Cette vaste association sacerdotale avait l'unité à son sommet. Chaque année il se tenait une assemblée générale dans les forêts du pays Chartrain; les druides s'y rendaient de toutes les parties de la Gaule. Ces espèces de conciles accomplissaient des cérémonies religieuses, faisaient des initiations, rendaient des jugements sur les causes qui leur étaient déférées. On y cueillait en grande pompe le gui sacré, et cet acte liturgique était, selon l'expression de Pline, l'objet d'une vénération immense : « Galliarum admiratio. » Le gui avait, selon les croyances druidiques, des propriétés miraculeuses. Au besoin, le concile se transformait en conclave, et l'on procédait à l'élection du chef des druides, lorsque parmi les aspirants à cette dignité suprême il ne se trouvait personne d'assez éminent pour qu'elle lui fût attribuée de plein droit. De loin cet ensemble est fort imposant, mais César nous révèle à propos de cette élection une particularité bien significative. Qu'arrivait-il lorsque les suffrages étaient partagés? les prêtres en venaient assez souvent aux mains : « nonnunquam etiam armis de principatu contendunt [1]. » Ils se livraient bataille, malgré leur caractère sacré, en vrais Gaulois qu'ils étaient, et la force décidait du mérite des candidats.

Ainsi dans cette cohésion, qui d'ailleurs était réelle — et qui aurait dû être d'autant plus efficace qu'elle était unique au milieu d'une société dont les éléments restaient à l'état d'isolement, — le grand vice de l'esprit gaulois laissait pénétrer l'anarchie. C'est ce qui explique pourquoi l'influence politique du druidisme ne s'est manifestée nulle part. Il possédait en lui-même les deux grandes forces des sociétés religieuses : l'union dirigée par l'unité. Mais on ignore s'il en a eu conscience, et s'il tenta jamais de les introduire dans les formes de la société politique où il tenait une si grande place. Cependant nous ne voudrions pas être injuste envers lui, et peut-être faut-il voir dans la cité gauloise, telle que nous l'avons comprise, une conception et une œuvre du druidisme. Ce n'est sans doute qu'une conjecture,

---

[1] Cæsar. Bell. Gall. VI, 13.

et des plus vagues et des plus incertaines ; mais la cité gauloise n'est pas une de ces formations politiques qui naissent toutes seules et par la logique des combinaisons naturelles. Elle semble plutôt être une violence faite à la nature des choses pour un but déterminé ; elle est une institution préconçue, voulue, avec un caractère abstrait et idéal qui tranche avec la personnalité des brenns, l'individualisme des clans, qu'elle essayait de grouper et de contenir. D'autre part elle est monarchique, unitaire ; l'autorité souveraine, exercée à deux ou par un seul, est absolue et se renouvelle tous les ans. L'idée ne peut donc être de provenance grecque ou italienne, où la forme républicaine dominait, et elle semble propre à la Gaule. Remarquons enfin que dans plusieurs cités les druides se réservaient le choix de ces souverains à l'exclusion des chefs politiques, « intermissis magistratibus, » ce qui permet de supposer qu'ayant été les législateurs primitifs, ils avaient entendu par ce moyen maintenir leur prépondérance.

La littérature druidique, si l'on peut donner ce nom à des chants improvisés ou appris en vue de certaines circonstances, n'a laissé que des souvenirs fort altérés dans les anciennes poésies galloises et bretonnes. Ces compositions empreintes d'un lyrisme barbare n'expriment en général que des sentiments rudes et exaltés, des situations tragiques. Parfois elles touchent à des sujets religieux et mystiques ; toutes ont du caractère individuel et local, qui est celui d'un art fruste. Dans quelques-unes cependant on sent une inspiration plus délicate, comme dans le petit poëme de Gwennola [1]. Mais bien que ces chants se rattachent évidemment par certains détails aux traditions bardiques, il est visible que la plupart ont subi l'influence du christianisme et qu'ils appartiennent dans leur ensemble

[1] La Villemarqué. Recueil des Chants bretons, I, 280, 4ᵉ éd.

à des âges postérieurs, au quatrième, au cinquième siècle, époque où ils ont été recueillis pour la première fois.

L'archéologie n'a pu jusqu'à présent constater, sur toute la surface de l'ancienne Gaule, aucun vestige d'un art celtique. Nous nous croyons autorisé à conclure qu'il n'en a jamais existé, et nous en avons donné la raison. L'art qui résume tous les autres, et qui est, à notre avis, l'art par excellence, l'architecture était inconnue des Celtes qui habitaient des constructions en bois, couvertes de chaume. Le druidisme, qui avait pour temples des forêts, des lacs, des marais, qui érigeait ses autels en pierres brutes, n'a pu être l'initiateur d'aucun essai d'architecture religieuse. Nulle part sur les men-hirs, sur les cromlechs, n'apparaît une ébauche quelque peu intelligente de statuaire ou de sculpture.

Les Gaulois mettaient surtout leur luxe dans leurs armes et leurs parures. La plupart de ces objets leur étaient apportés aux emporium par des marchands étrangers; ceux qui peuvent être authentiquement attribués à la fabrication indigène se reconnaissent à la profusion massive des métaux précieux et à la grossièreté du travail. Les ornementations qui s'y montrent parfois trahissent moins l'inhabileté de la main que l'absence d'imagination et la pauvreté de l'idée décorative. Les notions très inexactes qui se sont généralement accréditées sur l'art celtique tiennent à une erreur capitale des érudits du dix-septième et du dix-huitième siècle, qui faisaient remonter à la Gaule de Posidonius et de César des objets que l'art romain a marqués de son indiscutable empreinte, et qui appartiennent à l'époque gallo-romaine. Quant au monnayage, la question, plus complexe en apparence, se réduit à des termes fort simples. Il est historiquement certain que les premières monnaies en usage chez les Gaulois leur ont été apportées par leurs expéditions et provenaient du pillage des temples de la Grèce. Les pièces frappées à l'imitation de ces modèles marquent une décadence immédiate, qui se prononce de plus en plus à mesure qu'on se rapproche des temps civilisés, c'est-à-dire de l'époque romaine. Les Gaulois n'étaient donc pas à la hauteur de cette industrie, qui était exploitée chez eux par des monétaires grecs et carthaginois. Ils se bornaient à des reproductions grossières. Les monnaies contemporaines de César sont informes. Dumnorix fit fabriquer à Marseille des monnaies à son effigie où l'artiste avait dessiné la Diane massaliote. Dans les reproductions qui en furent faites chez les Éduens, le type s'altère, les figures deviennent méconnaissables [1].

Nous négligeons les indications que pourraient fournir les poteries gauloises ; l'état actuel des découvertes ne présente pas quant à présent des données assez certaines. La céramique est d'ailleurs un art tout spécial, pratiqué quelquefois avec succès et avec élégance chez des peuples très peu avancés en civilisation. Cette élégance peut tenir à un sentiment naturel de la grâce des formes, à l'habileté individuelle de l'ouvrier. Les vases funéraires, les ustensiles usuels trouvés dans la Gaule, sont en général d'une fabrication très grossière. Parfois cependant on rencontre dans certaines fouilles quelques poteries d'un travail plus pur; mais leur rareté doit les faire attribuer à l'importation étrangère ; ils étaient probablement achetés aux emporium. Les grands vases funéraires découverts récemment [2] à Bibracte appartiennent évidemment à cette dernière catégorie.

Cette religion, qui ne développait les ames ni du côté de l'intelligence ni du côté des arts, les comprimait sous l'étreinte de la terreur. Elle éteignait la sensibilité en ne

---

[1] M. de la Saussaye. Monnaies éduennes.
[2] En août 1866.

découvrant la divinité que sous des aspects cruels et inexorables. Chez elle la nature obéit à des volontés sauvages, soumise à des puissances contre lesquelles luttent faiblement les bons génies. Les sacrifices y sont épouvantables, les prêtres, d'horribles bourreaux ; l'homme remplace l'animal sur le men-hir ; des colosses d'osier sont remplis de créatures humaines qu'on livre aux flammes, et cela pour la moindre faute. A défaut de coupables, on brûle des innocents [1]. L'état social est en rapport avec cette religion d'extermination. La guerre est permanente, impitoyable entre les familles, les clans, les cités ; le pillage annuel est à l'état d'institution, l'oppression est partout. La bonté, la pitié sont exclues du gouvernement du monde ; il ne faut les attendre ni des dieux ni des hommes. Telle religion, tel peuple. Le Gaulois lui-même semble avoir ignoré la pitié ; s'il est bon, ce n'est que par accès et par caprice ; la bonté chez lui est un effet de son humeur, non de sa réflexion et de sa vertu. Des hommes dont la principale occupation est de s'entre-détruire ne songent guère à la terre qui les nourrit ; ils la ravagent plus qu'ils ne la fécondent. Le travail a besoin de sécurité ; le laboureur n'ensemence que pour recueillir. Il faudra, selon la pensée de Strabon, qu'une main de fer désarme cette race fratricide, qu'elle convertisse ces épées en socs de charrues, qu'elle fonde des villes qui seront des écoles de civilisation, et surtout qu'elle abolisse cette religion, ces sacrifices, ces druides, pour que l'agriculture soit possible, que le commerce et les arts puissent naître, qu'une nation puisse se former. [2]

C'est pour n'avoir pas tenu compte de ces éléments que certains écrivains sont arrivés à présenter sous les couleurs de l'histoire un druidisme faux et théâtral qui

---

[1] Cæsar. Bell. Gall. VI, 16.
[2] Strabon, liv. IV (Allobroges).

n'a rien de commun avec cette barbarie. A l'esprit de système opposons des réalités ; et sans insister davantage sur les théories dont sa prétendue doctrine a été l'objet, examinons les conditions matérielles au milieu desquelles vivait le druide.

Il est difficile d'admettre que le prêtre autour duquel se groupaient tant de superstitions, non-seulement tolérées mais enseignées, ait été lui-même un philosophe et un savant. S'il entretenait la crédulité populaire de tant de pratiques grossièrement puériles, si les médicaments dont il conseillait l'emploi n'avaient d'efficacité que par la vertu de certaines paroles magiques, si le gui cueilli sur le chêne avait à ses yeux des propriétés si merveilleuses, s'il pouvait à son gré donner des maladies ou les guérir, appeler ou détourner les orages, se changer lui-même en pourceau ou en loup, c'est que telle était sa croyance ou son imposture, ce qui n'est assurément ni d'un savant ni d'un sage. Où aurait-il appris la science, ce solitaire confiné dans les bois, dont la mémoire était surchargée de formules, d'incantations, de recettes, de notions sans liaison, sans logique, condensées dans une sorte de catéchisme poétique qui résumait en tercets rhythmés toute sa théologie, toute son astronomie, toute sa médecine ? Il passait sa vie à les apprendre et à ne pas les oublier. Ce qu'un pareil exercice a d'infécond pour l'intelligence, tout esprit sensé le comprend. Mais il avait d'autres préoccupations encore. Le séjour des forêts dans un climat que les marécages rendaient encore plus froid qu'aujourd'hui, ne favorisaient guère, nous en avons fait la remarque, ces existences contemplatives que les prêtres de la Chaldée consacraient à méditer sur la nature, à scruter les profondeurs du ciel. Les nuits brumeuses ou glaciales de la Gaule ne lui ouvraient que bien rarement ce beau champ d'observations. Les astres si souvent voilés à ses regards refoulaient sa pensée sur la terre où le ramenait d'ailleurs le souci de sa propre conservation. Ce n'était pas, sans doute, contre les bandits errants qu'il avait à défendre sa demeure. La crainte qu'il inspirait suffisait pour les écarter. Mais il avait à la protéger contre le voisinage d'ennemis moins faciles à intimider, des bêtes féroces multipliées à ce point que, même au cinquième siècle, on était encore obligé de faire contre elles chaque semaine des expéditions régulières. Pendant les longues nuits d'hiver, les loups, les ours, attirés par la présence d'une proie, venaient rôder autour de sa cellule, et troublaient de leurs hurlements sa méditation ou sa prière. Souvent il retrouvait sur la neige, à l'entrée de son dolmen, les traces de ces visiteurs nocturnes. Telles étaient du reste encore les conditions dans lesquelles, quelques siècles plus tard, vivaient les solitaires chrétiens. Pour traverser la futaie, où paissaient les bandes non moins redoutables des porcs, il lui fallait avoir sans cesse la gœse à la main. Les sangliers, son emblème favori, labouraient son champ d'herbes sacrées sans respect pour les simulacres magiques appendus aux branches de ses pommiers, sous lesquels il instruisait « ses marcassins, » selon l'expression des chants bardiques, c'est-à-dire ses écoliers [1]. Ce n'était pas seulement avec des exorcismes qu'il parvenait à défendre sa récolte ou les fruits de son verger contre les attaques des oiseaux pillards. Sans doute les bois morts de la forêt alimentaient son foyer placé au centre de son habitation. La peau des fauves, produit de sa chasse, s'ajoutait dans la saison rigoureuse à sa robe de laine. Les fidèles des vicus voisins lui apportaient le rayon de miel, le quartier de venaison, le porc salé, les œufs, dont il faisait sa nourriture. Mais une telle existence, si elle pouvait suffire à ses besoins matériels, était en soi bien incomplète et bien dure. Elle était peu propice, il faut en convenir, à la culture de

---

[1] La Villemarqué. Chants populaires de la Bretagne, t. I, p. 22.

l'esprit, aux études savantes, à un grand développement intellectuel.

Dans sa solitude cependant il n'était pas isolé, encore moins inactif. Chez les peuples de l'Occident, le sentiment religieux a rarement abouti à l'extase et n'a jamais produit, aux époques même de la plus grande ferveur monastique, l'équivalent du prêtre de l'Inde absorbé dans la vision de Brahma. La mysticité d'un Celte ne pouvait en faire un fakir. Cette énergie qu'il tenait de sa race et de son climat l'associait aux rivalités des peuples bouillants et braves au milieu desquels il était né; et bien qu'il fût dispensé de porter les armes, il se mêlait à leurs luttes et à leurs combats. On le voyait dans les camps, au plus fort de l'action, dans les conseils des chefs.

Le druide avait, de sa cellule, de nombreuses et incessantes relations avec tout le voisinage. Qu'on se figure au milieu de nos populations rurales, dont l'organisation diffère moins qu'on ne serait disposé à le croire de ce qu'elle était à cette époque, quelle serait l'influence d'un homme qui cumulerait dans un même canton la quadruple autorité du prêtre, du juge, du médecin, de l'instituteur. Le druide était tout cela, mais avec un degré d'ascendant et de prestige que n'expliquerait pas complètement le caractère sacré dont il était revêtu, et dont il faut chercher la cause dans l'état social. Le propre de la barbarie est non-seulement d'aggraver les inégalités de position, mais de creuser entre les intelligences de véritables abîmes. La civilisation répand au contraire un fond de clarté commun auquel participent les plus misérables. Il y a moins de distance aujourd'hui entre les paysans les plus incultes et les hommes éclairés qui se partagent le devoir de diriger leur moralité, de les juger, de les guérir et de les enseigner, qu'il n'y en avait entre le druide et le reste de la nation. Ces quatre grandes fonctions, il pouvait seul les remplir. Non-seulement elles faisaient converger à lui les intérêts moraux et matériels qui sont de leur domaine, mais, aux yeux de ses concitoyens, elles l'élevaient en quelque sorte au-dessus de l'humanité. Comme prêtre, il était le représentant incontesté des puissances surnaturelles dont il disposait à son gré ; il était un oracle, presque un dieu. — Juge d'une loi non écrite, interprète sacré de la coutume, il fixait les amendes et les restitutions civiles [1], ordonnait les châtiments et les exécutait lui-même. Il était la loi vivante, l'arbitre suprême des contestations, la terreur des coupables, et même un peu celle des innocents.

On sait quelle est généralement dans les campagnes l'influence du médecin, influence d'ailleurs si légitime, puisqu'elle est fondée sur l'affection due à l'homme qui se dévoue au soulagement de nos souffrances. Le médecin est l'ami des chaumières ; le paysan croit en lui ; il attend de son habileté sa guérison souvent contre tout espoir, lorsque la nature a marqué le terme de ses douleurs. Et cependant, il sait que le médecin n'est qu'un homme comme lui ; il le voit à l'œuvre exerçant son art avec simplicité et modestie, et cet homme, loin de s'attribuer un empire au-dessus des lois de la nature, se déclare soumis à elles, proclame les limites de sa science, s'incline devant la puissance de la mort. — Mais voyez le druide. Dans le hall du chef, comme dans la cabane du colon, il a des recettes pour tous les maux ; son pouvoir occulte est sans bornes ; ses formules sont souveraines ; elles commandent aux génies. En trois mots, il peut ranimer le mourant, si telle est la volonté du destin. Est-ce le médecin, le prêtre, le magicien qui va prononcer ? Il réunit tous ces caractères ; il tient dans ses mains les clefs de la vie et de la mort. Des cérémonies bizarres, des incantations dans un langage inconnu,

---

[1] Cæsar. Bell. Gall. VI, 13. « *Præmia pœnasque constituunt.* »

ébranlent les imaginations, préparent le miracle qui va s'accomplir. Si le chef continue à s'affaiblir, si l'inflexible Gwyon réclame une vie humaine, on va lui offrir en échange une vie moins précieuse, une ame dont il se contentera provisoirement, et le pauvre serviteur est immolé.

Cette science surhumaine a pour auxiliaires des agents naturels auxquels les génies ont attaché des propriétés divines. Les fontaines sacrées guérissent les unes la fièvre, les autres la teigne et les coliques. Le druide ne manque pas d'envoyer en pèlerinage aux fontaines les plus éloignées ceux dont les maladies ont résisté à ses incantations. Il recommande surtout d'allumer des torches au pied des chênes, près des roches saintes, aux carrefours des bois, en y déposant du lait, des œufs, une pièce de monnaie. Veut-on assurer la multiplication des troupeaux, l'engrais des porcs à la glandée, des bœufs au pâturage? A-t-on des inquiétudes sur le sort de la moisson; les plantes ont-elles besoin de soleil ou de pluie? le druide revêt sa robe blanche, et, entouré de la communauté rurale, sacrifie le bouc ou le jeune taureau, distribue les amulettes, les tisons du feu du dernier printemps ou ceux du Mois Noir, les plantes sacrées : gui, verveine, sélage, samolus, cueillis aux solstices, indique les formules préservatrices du mauvais sort. Il a des secrets pour la prospérité des abeilles. Si la sécheresse désole la contrée, le druide, suivi de la longue file des colons, se rend processionnellement aux sources qui produisent les tempêtes ; il en agite la surface avec une touffe de l'herbe de Belen [1], chacun des assistants remplissant un vase à la fontaine, en répand l'eau sur lui, puis on finit par l'y plonger tout entier. Si à la suite de ces supplications les nuages se forment, si l'orage éclate, sa violence dépassera peut-être la mesure de ce qu'on demandait à la

[1] Jusquiame.

divinité; si la foudre et la grêle ravagent les récoltes, c'est qu'il y a dans les nuées un druide qui les conduit. [1]

Ainsi le druide fait le beau temps et la pluie; il est de plus devin, aruspice; il interprète les songes du chef; il prévoit l'avenir. D'après son conseil, la jeune fille porte à son cou une boule d'ambre enveloppée d'étoffe. En lançant sur l'eau de la fontaine le lange du nouveau-né, il prédit la longueur ou la brièveté de sa vie.

Le druide enfin est l'instituteur, le dépositaire de tout savoir; le fils du chef est confié à ses soins; il lui apprend la série des nombres, les faits mémorables du clan; il lui fait réciter les amhra ou chants nationaux qui exalteront en lui l'orgueil patriotique; il l'exerce à la patience, au courage, au mépris de la mort. D'autres élèves, destinés à l'initiation sacerdotale, sont l'objet de sa sollicitude; leurs cabanes entourent la sienne dans la clairière où il a établi son nemheid; ce sont ses écoliers favoris, « ses chers marcassins, » la lignée du vieux sanglier. Il les forme pour la science sacrée; il confie à leur mémoire ce que ses prédécesseurs lui ont enseigné, et il ajoute un anneau à la chaîne des traditions.

Telle nous apparaît, dans la réalité des faits qui ont survécu à l'histoire et sous la couche profonde des mœurs populaires dans les pays où ces usages subsistent encore, la véritable physionomie du druide; — physionomie plus vivante qu'on ne le supposerait, à en juger par ces peintures de fantaisie qui l'ont représentée sous des couleurs faussement poétiques,—figure singulière et unique dont les circonstances que nous venons d'indiquer peuvent seules expliquer l'importance dans une société soumise à l'empire

---

[1] Dans certains cantons du Morvan, aux yeux d'un grand nombre de croyants, le curé, héritier du druide, conserve encore quelques-uns de ces pouvoirs.

absolu de la force. En sa présence, le brenn irascible se sentait dominé par une volonté disciplinée, par une intelligence supérieure qui était à ses yeux comme un reflet de la divinité. Les peuples révéraient en lui le dispensateur de la justice, l'homme du châtiment, le ministre des esprits célestes, le maître des génies. Il avait, aux yeux de tous, ce prestige incontesté, souverain. Au fond, il n'était comme eux qu'un barbare, un peu moins grossier peut-être, mais à la fois plus artificieux et plus crédule ; aussi incapable que le brenn et le colon de cette philosophie mystique, de cette théologie transcendante que l'on cherche à entrevoir dans l'obscurité des poëmes de Taliésin.

Ce n'est pas un des faits les moins curieux dans l'histoire de l'esprit humain que cet indestructible attachement des races celtiques aux superstitions de leurs ancêtres. Lorsqu'on voit ces croyances résister de siècle en siècle aux missions de saint Martin, de saint Patrice, de saint Colomban, à l'effort continu de l'enseignement catholique, et qu'elles se retrouvent encore vivaces chez des hommes qui respirent le même air que nous, on peut se faire une idée de leur puissance à l'époque où elles étaient la religion nationale. Cet attachement fut si fort que l'Église dut pactiser avec lui, et que ne pouvant abolir des usages si profondément enracinés, elle prit le parti de les consacrer en les appropriant au culte des saints. Beaucoup de ces pratiques sont parvenues jusqu'à nous, notamment les pèlerinages aux fontaines, qui n'en sont pas moins d'origine celtique et un des souvenirs les plus authentiques de la religion des druides.

C'est cependant sur de pareils éléments qu'un écrivain, M. Jean Reynaud, pour ne citer que le plus brillant et le plus original de toute cette école, a élevé un monument plus séduisant d'aspect que solide et durable à la gloire du

druidisme. Ce travail, très intéressant d'ailleurs, est moins une œuvre historique qu'un poëme. Une éloquence entraînante, servie par une vaste et subtile érudition, y transforme la Gaule en une véritable Atlantide, auprès de laquelle pâlissent les conceptions les plus idéales de Platon. — « Ces écoles, dit-il en parlant des druides, ou, si l'on veut,
» ces couvents, étaient situés *loin des villes*, dans la
» majestueuse solitude des bois. C'est là que l'on se repré-
» sente le plus volontiers ces austères philosophes travail-
» lant avec sollicitude au développement des générations
» nouvelles, ou demandant, pour leurs méditations, aux
» vallées d'alentour, quelque asile plus silencieux encore.
» *Au lieu de ces scènes affreuses dans lesquelles se sont*
» *trop complu les historiens*, on aime à suivre ces maîtres
» vénérables à travers les magnifiques jardins que donnent
» à l'homme, à si peu de frais, les vieux chênes, et à se
» peindre sur les gazons diaprés les flots paisibles de leurs
» tuniques blanches [1] ». Plus loin, le même écrivain cite ce passage de Dion Chrysostome, contemporain de Domitien et de Trajan : « C'étaient vraiment les druides qui régnaient,
» et les rois, tout assis qu'ils fussent sur des sièges d'or,
» et quoique habitant des maisons magnifiques où ils
» étaient nourris splendidement, n'étaient que les ministres
» et les serviteurs des commandements des druides [2] ». Le texte de Dion n'exprime au fond qu'un fait vrai, que nous connaissions par César, la domination des druides ; mais il faut en retrancher un appareil beaucoup trop somptueux pour les pauvres chefs de clan de la Gaule. Le titre de roi suffit, il est vrai, à l'orateur pour établir sa thèse et pour en faire accessoirement des rivaux des empe-

---

[1] Encyclopédie nouvelle. V° Druidisme, p. 416. — Ces flots paisibles auxquels se mêlaient des flots de sang humain. V. *infra* le texte de Diodore, p. 262.

[2] Id., id., p. 409.

reurs d'Orient. Mais le hall et le dunum ne répondaient guère à l'idée de pareilles magnificences. Nous appliquerons ces réflexions aux écrivains dont nous ne saurions accepter les théories. Le druidisme reste souillé, devant l'histoire, de ses attentats contre l'humanité et contre la raison, de l'épouvantable abus qu'il a fait de la vie humaine, des superstitions qu'il a enseignées et exploitées. Ce n'est pas avec l'imagination seule que l'on peut reconstituer le passé; il faut avoir pénétré dans la réalité des faits, en avoir scruté le détail intime, pour retrouver le sens exact des indications échappées aux contemporains, souvent faussées par ceux qui sont venus après eux, et pour arriver ainsi à la vérité qui doit être la seule ambition de l'historien.

CHAPITRE ONZIÈME.

Le Druidisme (suite). — Rappel des textes. — Les Sacrifices humains. — La Justice. — Les Supplices. — Décadence du Druidisme.

Ainsi le druidisme avait eu ce singulier résultat sur une race naturellement audacieuse et sympathique, de la rendre superstitieuse et cruelle. Le sentiment religieux s'était dépravé sous son influence, au point de n'être plus qu'une obsession de l'esprit et de remplir les imaginations de fantômes. Cette disposition se rencontre aussi bien chez les peuples enfants que chez les nations vieillies, mais elle était arrivée dans la Gaule à un tel degré d'extravagance, que César, comparant l'état de ce pays à celui de la Germanie, beaucoup moins adonnée aux superstitions, n'hésitait point à affirmer qu'au delà du Rhin le druidisme était inconnu [1]. Le Gaulois voyait partout les génies; ils dominaient les éléments; l'homme était, comme la nature, asservi à leur puissance, et son existence même était le jouet de leur caprice. Pour écarter les périls qui, à chaque instant, menaçaient sa vie, pour échapper aux maladies qu'ils jetaient sur lui, pour préserver ses troupeaux du mauvais sort, il multipliait les vœux et les offrandes, se soumettait à des pratiques puériles et barbares. La vie humaine ne pouvait être rachetée que par des compensations terribles. Si l'on voulait sortir sain et sauf d'un com-

[1] Le témoignage formel de Tacite infirme l'assertion de César, — Germ. VII. — « Ceterum neque animadvertere neque vincere, ne verberare quidem, nisi sacerdotibus permissum, etc. »

bat, s'assurer le succès d'une expédition, le gain d'une bataille, on recourait à d'épouvantables moyens ; il fallait offrir à la divinité un équivalent d'extermination. Les malheureux qui avaient été condamnés par une justice impitoyable étaient mis en réserve, non pour recevoir le châtiment de leur faute, mais pour acquitter la dette contractée envers les dieux. Si le nombre des victimes n'était pas suffisant pour rendre la supplication efficace, on y ajoutait comme appoint des innocents et des captifs. Ce peuple hospitalier, qui accueillait si cordialement l'étranger, l'immolait sans pitié quand le sort de la guerre le faisait tomber en son pouvoir. Féroce sans haine, on pourrait dire sans méchanceté, barbare par scrupule, le Celte jouait par dévotion avec la vie de ses semblables, comme il jouait avec la sienne par bravade ou par vertu. Ce système d'expiation ou de compensation par le sacrifice n'est pas un des aspects les moins sinistres du druidisme, et nous devons nous y arrêter quelques instants.

Recueillons sur ce point le témoignage précis de l'antiquité :

« La nation gauloise, dit César, est tout à fait sous l'empire des superstitions. Ceux qui sont atteints de maladies graves, ceux qui vivent au milieu des combats et des dangers, immolent des hommes en guise de victimes, ou font vœu d'en immoler. Les druides sont les ministres de ces sacrifices, parce qu'ils pensent que la vie humaine peut seule racheter la vie humaine, et que la volonté des dieux immortels n'est apaisée qu'à ce prix. Ils ont des sacrifices publics du même genre. Ils construisent des simulacres d'une énorme grandeur, ils en remplissent d'hommes vivants les compartiments d'osier, puis ils y mettent le feu et les font périr dans les flammes. — Ils pensent que les sacrifices les plus agréables aux dieux sont ceux des individus surpris en commettant des vols ou d'autres méfaits ; mais quand ce genre de victimes leur manque, ils livrent au supplice même des innocents. » [1]

« Qui ne sait, s'écrie Cicéron, que les Gaulois conservent encore aujourd'hui cette barbare et monstrueuse coutume d'immoler des hommes ? » [2]

« Les Gaulois, dit à son tour Diodore de Sicile, immolent aussi les prisonniers qu'ils font à la guerre. » [3]

« La Gaule chevelue, dit Pomponius Mela, qui donnait ce renseignement sous le règne de Claude, est habitée par des peuples fiers et superstitieux, féroces autrefois au point d'immoler l'homme comme la victime la meilleure et la plus agréable aux dieux. » [4]

Ces sacrifices, comme la divination, étaient l'attribut exclusif des druides. — « Ils président, dit César, aux choses divines ; ils font les sacrifices publics et particuliers ; ils interprètent les songes. » [5]

« Les Gaulois, continue Diodore, ont certains philosophes et théologiens qu'ils nomment druides et qu'ils entourent d'un honneur spécial ; ils ont aussi en grande estime des devins dont la fonction est d'annoncer l'avenir d'après les auspices et les entrailles des victimes. Le peuple recourt habituellement à eux. Mais lorsqu'il s'agit de consulter dans une affaire importante, ils observent un rite extraordinaire et incroyable. Ils frappent d'un coup d'épée au-dessus du diaphragme de la poitrine un homme dévoué au sacrifice ; lorsqu'il est mort et tombé, ils présagent les évènements tant de sa chute que de la convulsion de ses membres et du flux de son sang, et comme cet usage est observé chez

---

[1] Cæs. Bell. Gall. VI, 16.
[2] Cic. Pro Fonteio.
[3] Diod. Sic. V, 21.
[4] Pomp. Mela, III, 2.
[5] Cæs. Bell. Gall. VI, 13. « *Religiones interpretantur.* » Les songes et les présages.

eux de toute antiquité, ils y ont une foi entière. Il n'est permis à personne de faire un sacrifice sans un philosophe, persuadés qu'étant comme les confidents et les familiers de la divinité, ils peuvent seuls demander des biens ou rendre des actions de grâce aux dieux. » [1]

« Les Romains, dit Strabon, les ont obligés de renoncer à cette cruauté, comme aux usages qui regardent les sacrifices et les divinations, usages absolument opposés à ce qui se pratique parmi nous. Tel était, par exemple, celui d'ouvrir d'un coup de sabre le dos d'un homme dévoué à la mort et de tirer des prédictions de la manière dont la victime se débattait. Ils ne faisaient ces sacrifices que par le ministère des druides. On leur attribue encore diverses autres manières d'immoler les hommes, comme de les percer à coups de flèches, ou de les crucifier dans leurs temples ; quelquefois ils brûlaient des animaux de toute espèce, jetés ensemble avec des hommes dans le creux d'une espèce de colosse fait de bois et de foin. » [2]

Les textes sont précis. Cet usage des sacrifices humains est attesté dans ses horribles détails par tous les écrivains du siècle d'Auguste qui se sont occupés de la Gaule. En dépit de tous les efforts qu'on a tentés pour en restreindre l'existence à quelques cités plus enfoncées dans la barbarie, il est impossible de fermer les yeux à l'évidence et de mettre à néant le témoignage de tous les historiens. Les Gaulois, d'ailleurs, ne faisaient pas exception, et cette affreuse coutume se rencontrait généralement chez les peuples du Nord, chez les Scythes, parmi les races errantes de la Germanie et de l'Euxin. Chez les Celtes de la Bretagne, elle existait dans toute sa force, au rapport de Tacite, sous le règne de Néron. Au moment où les légions commandées

[1] Diodore, V, 31.
[2] Strabon, IV, 3.

par Paulinus Suétonius abordèrent l'île de Mona, l'armée ennemie se tenait sur le rivage, compacte, hérissée d'armes. « Dans les rangs, dit Tacite, couraient pareilles aux furies, les cheveux épars, des torches à la main, des femmes en habits funèbres, et tout autour, des druides, les bras levés au ciel, proféraient des imprécations menaçantes. La nouveauté de ce spectacle frappa tellement les soldats, que, paralysés en quelque sorte, ils restaient immobiles sous les coups de l'ennemi. On mit garnison chez les vaincus, et les bois consacrés aux superstitions cruelles furent détruits, car ces peuples regardaient comme un acte agréable aux dieux d'arroser les autels du sang des captifs et de consulter les dieux dans les entrailles des hommes. »[1]

Les Scordisques, débris de l'expédition gauloise qui avait pillé le temple de Delphes, immolaient des victimes humaines et passaient pour boire le sang dans le crâne de leurs ennemis. Vainqueurs plusieurs fois des Romains en Thrace et en Macédoine, ils ne furent soumis qu'en 668 par Sylla. Ces actes sanguinaires, bien qu'ils eussent un caractère religieux, s'accomplissaient avec une sorte de fureur. L'an 112 avant notre ère on vit les Cimbres, les Ambrons et les Teutons ligués, dévouer sur le champ de bataille les dépouilles des Romains, et, après la victoire, mettre en pièces les étoffes, jeter l'or dans les fleuves, écraser les casques et les cuirasses, précipiter, exterminer hommes et chevaux. Dans leur expédition d'Asie, les Gaulois, menacés par Antigone, roi de Macédoine, et ne trouvant dans la divination que des présages sinistres, essayèrent de vaincre le destin par une offrande héroïque. Ils dévouèrent leurs femmes et leurs enfants qui, suivant l'usage des tribus, accompagnaient l'armée, et, se précipitant l'épée à la main sur ces êtres infortunés, les égorgèrent

---

[1] Tacite, Ann. XIV, 30, trad. Louandre.

jusqu'au dernier. Rassurés par cette effroyable hécatombe, ils marchèrent à l'ennemi [1]. De semblables exemples ne se produisaient pas sans doute très fréquemment, et ce n'était guère que dans des situations exceptionnelles que les Gaulois de l'Occident se laissaient entraîner à de pareils massacres. Mais ils n'en pratiquaient pas moins individuellement et en détail ces immolations. Il paraît avéré que cette horrible coutume se maintint jusqu'à des temps avancés de l'époque gallo-romaine, en dépit des édits impériaux. L'inscription votive du Gaulois Vectirix, recueillie par Dom Martenne, en 1717, en fournit la preuve authentique. Sous le monument élevé au dieu Mars, aux environs d'Apt, on trouva huit ou neuf crânes humains. Vectirix, échappé au combat, avait accompli son vœu en égorgeant ses prisonniers ou ses serviteurs [2]. Son témoignage retrouvé, après tant de siècles, est une démonstration irrécusable de la persistance de ce culte sanglant que la civilisation romaine put voiler de son manteau, mais que le christianisme put seul déraciner.

Rome cependant, on lui doit cette justice, n'avait pas été tolérante pour ces atrocités. Elle s'était appliquée, dès l'origine, à les abolir. Le premier usage que fit César de son autorité fut d'interdire les sacrifices humains, mais à peine eut-il quitté la Gaule qu'ils reprirent avec une nouvelle

---

[1] Justin. XXVI, 2.
[2] Voyage littéraire de deux Bénédictins de la congrégation de Saint-Maur, 1" part. p 286. Paris 1717. Voici l'inscription :
MARTI
VECTIRIX REPP.
AVIT V. S. L. M.
Le nom de Vectirix marque suffisamment sa nationalité. Celui du dieu Mars indique la circonstance. Il s'agit d'un de ces vœux dont témoigne César et par lesquels les Gaulois pensaient racheter leur vie en sacrifiant celle d'autrui : « *Qui in præliis periculisque versantur aut pro victimis homines immolant, aut se immolaturos vovent......* » V. aussi D. Martin, Religion des Gaulois, t. I, p. 498.

fureur. C'est du moins ce qu'il faut induire du passage de Lucain qui concerne les druides, et où le poète nous apprend que la pacification de la Gaule, c'est-à-dire le retour du proconsul en Italie, fut le signal de la résurrection de ces rites barbares.[1] Pour avoir négligé ce renseignement qui a son importance, les historiens attribuent généralement à Auguste l'honneur de cette réforme. Les Gaulois ne furent admis au droit de la cité romaine qu'à la condition de renoncer à leurs sacrifices nationaux. Le texte de Strabon, contemporain de ce prince, est formel[2]. Tibère supprima du même coup les sacrifices et les druides, au rapport de Pline[3]. Les prêtres de cette religion furent persécutés sous Claude; rien n'y fit. La sévérité échoua comme la douceur; il fallut pactiser avec l'effusion du sang et admettre en partie ce qu'il fut impossible d'empêcher complètement : « Bien que cette coutume sauvage ait été abolie, dit Pomponius Mela, il en reste toujours des traces. S'ils n'égorgent plus leurs dévoués, ils les conduisent toujours à l'autel et leur font une blessure[4]. » A la fin du second siècle, Tertullien reprochait les immolations humaines aux Gaulois, « qui sacrifiaient, dit-il, des vieillards à Mercure[5]. » Au cinquième siècle, les druides et avec eux les sacrifices humains apparaissent encore à la suite des barbares, sur le seuil de l'empire envahi. Les Franks de Théodebert s'étant emparés du pont de Pavie, sacrifièrent les femmes des Goths tombées entre leurs mains. « Ces peuples, quoique convertis, ajoute Procope, pratiquent bon nombre de leurs anciennes coutumes, immolent des

---

[1] Pharsale, I, v. 450-451.
[2] Déjà cité, IV, 3.
[3] Plinii, Hist. nat. XXX, 4. « *Tiberii Cæsaris principatus sustulit druidas eorum et hoc genus vatum medicorumque.* »
[4] Pomp. Mela, III, 2.
[5] Tertull. Apolog.

hommes à leurs divinités et commettent des atrocités pour connaître l'avenir. »

Ce système religieux, qui a trouvé des admirateurs, aboutissait, au fond, à une épouvantable prodigalité de la vie humaine. La liturgie descendait aux plus affreux détails: elle réglait le mode suivant lequel le druide devait pratiquer les incisions dans la poitrine et dans les entrailles de la victime. On se refuserait à croire à la possibilité de pareils usages s'ils n'étaient établis par des preuves irrécusables. Remarquons encore une fois que ces sacrifices n'avaient rien d'exceptionnel, qu'ils n'étaient pas seulement offerts à l'occasion de calamités publiques, pour conjurer un péril qui menaçait une cité ou un clan. Ils avaient lieu chaque jour, ils étaient dans la familiarité des mœurs, et c'est là le côté repoussant et terrible de ces immolations.

Le moindre prétexte, la circonstance la plus futile, un songe bizarre qui trouble le cerveau du chef et dont un devin inepte n'a pu lui donner l'explication, un pressentiment, la crainte du mauvais sort, un accès de fièvre, l'entrée en expédition, le départ pour la chasse, coûtent une vie humaine. Sur un signe du brenn, un homme est couché sur le dolmen, et le druide, après lui avoir ouvert la poitrine au-dessus du diaphragme, étudie son agonie, interroge le destin dans ses entrailles ouvertes. Rendues à la confiance par le sang de la victime et les pronostics du prêtre, la femme et les filles du chef le verront sans inquiétude partir pour le pillage, persuadées qu'il reviendra bientôt avec un collier de têtes humaines suspendues au poitrail de son cheval de guerre. Il rapportera, — c'est le druide qui l'annonce,—une bonne moisson de ces trophées pour garnir le coffre de bois où il les conservera précieusement si ce sont des têtes illustres, pour les clouer, si ce sont des têtes vulgaires, aux arbres de son enclos, aux palissades qui défendent son ædificium. Ses fils se familiariseront avec ces hideux ornements qui leur apprendront la barbarie en même temps que la vaillance de leurs pères, et ils feront sur les serviteurs l'apprentissage de la férocité. Les jeunes filles verront le soir, sans émotion, blanchir dans l'ombre autour de leur demeure ces crânes décharnés. Mais qu'un cheval hennisse, qu'une pie fasse entendre son croassement, qu'une bande de porcs leur barre le chemin, que l'eau de la fontaine soit troublée, les présages sont funestes ; la korrigan est peut-être tapie derrière le buisson, la wivre sortie de son repaire, et l'on se hâte en tremblant de regagner le hall.

Les druides n'étaient pas seulement prêtres, sacrificateurs et devins, ils étaient juges. Chaque clan, chaque grand domaine avait ses assises dont les jugements recevaient du caractère sacré du prêtre l'autorité indiscutable de la religion. Les anciennes poésies, les romans d'Arthur, et surtout les Vies des saints irlandais, nous montrent le chef celte présidant ces assemblées de justice au milieu de ses nobles et des officiers de son hall, assisté de ses druides, prêtres, juristes, bardes et médecins. On déployait dans ces solennités judiciaires un appareil propre à frapper les imaginations. Elles se tenaient d'habitude dans les enceintes de pierres, au sommet d'un tumulus, sur les plateaux les plus élevés des montagnes, comme pour prendre de plus près la divinité à témoin et placer la justice au-dessus des passions humaines. C'était là que se prêtaient les serments, sur la pierre sacrée, que le druide, couronné de chêne, prononçait la sentence. Les traditions sur ce point sont unanimes dans tous les pays celtiques, et les pierres de justice conservaient encore au moyen-âge le souvenir de la justice des druides.

Leur compétence était à peu près illimitée. « Ils connaissent, dit César, de presque toutes les contestations publiques et privées. Si quelque crime se manifeste, si un meurtre est commis, si on dispute sur un héritage ou sur des confins, ce sont eux qui prononcent ; ils fixent les indemnités et les peines ; si un particulier ou un chef résiste à leur jugement, ils lui interdisent les sacrifices. Ce châtiment est, chez eux, des plus graves. Ceux qui l'ont encouru sont mis au rang des impies et des scélérats. A partir de ce moment chacun s'éloigne d'eux ; on évite de les rencontrer, de leur parler ; on les fuit comme des pestiférés. Tout accès en justice leur est fermé, toute fonction honorifique leur est refusée. » [1]

Et Strabon ajoute : « Les druides ont une telle réputation d'équité, qu'on s'en rapporte à leur jugement sur les procès tant particuliers que publics. Autrefois ils étaient même les arbitres des guerres, qu'ils réussissaient souvent à apaiser au moment où l'on était prêt à en venir aux mains. C'étaient surtout les accusés de meurtre qu'ils avaient à juger. » [2]

Ces passages sont importants. Tout ce côté des mœurs celtiques si rapidement, mais si nettement tracé par César dans un tableau de quelques lignes, les indications de Strabon, nous montrent l'un des caractères essentiels de toute société qui s'ébauche, la justice confondue avec la religion, l'autorité judiciaire absorbée dans la théocratie. Le détail répond à l'ensemble et confirme ce que nous savons sur l'état de la Gaule.

Cette confusion est d'ailleurs inévitable à la période de formation historique où le pays se trouvait. La civilisation en compliquant les relations, les intérêts et les devoirs, peut seule enseigner aux peuples la séparation des pou-

---

[1] Cæsar. Bell. Gall. VI, 13.
[2] Strabon, liv. IV, 4.

voirs et des responsabilités. Cette expérience, à l'époque de César, n'est point encore acquise dans la Gaule, et le lien le plus étroit existe encore au sein du druidisme entre ces deux éléments, justice et sacerdoce, que la nécessité absolue des choses désunira plus tard.

Les contestations civiles reposent sur des points de fait. La coutume elle-même est un fait qui n'admet ni interprétation ni controverse; la jurisprudence n'est pas encore née, l'âge des juristes n'est pas encore venu. Le serment, l'épreuve, le combat, sont les seuls moyens de décision auxquels le juge puisse recourir. Ces procédures barbares auxquelles manque le fondement le plus stable de la certitude judiciaire, l'écriture, empruntent au culte, pour frapper les imaginations, ses cérémonies et ses rites. Le serment est d'ailleurs un acte religieux dans lequel on ne saurait déployer trop d'appareil. De là, ces solennités, ces pierres du serment qui sont comme les assises du droit et de véritables autels, et toutes ces circonstances qui font naturellement de la justice une annexe de la religion.

La notion même de la justice, qui est l'un des grands attributs de la divinité, contribue à identifier le prêtre avec le juge; le premier communique au second son infaillibilité, et la sentence devient un oracle. Lorsque le prêtre prononce, c'est Dieu même qui parle. Contre une pareille sentence il n'y a pas de recours; on n'appelle pas d'un juge infaillible. L'autorité de la chose jugée est absolue; elle est immédiate, et s'appuie sur la plus redoutable des sanctions. Qui cherche à s'y soustraire ajoute le sacrilège aux crimes dont il a pu se rendre coupable; il est banni et maudit, séquestré de toute communication avec ses semblables. C'est un impie, un pestiféré, qui est mis hors des lois divines et humaines. L'excommunication, cette arme si terrible de l'Église au moyen-âge, semble avoir emprunté au druidisme ses effets les plus redoutés.

Ce n'est pas seulement la condamnation qui a un caractère sacré, c'est encore le châtiment, le supplice. La sentence dévoue le coupable aux vengeances célestes; il leur appartient irrévocablement. Le juge qui l'a prononcée l'exécutera lui-même sur la pierre du dolmen. Le couteau à la main, il ouvrira la poitrine du condamné et fouillera ses entrailles. Ou s'il le réserve au supplice du feu, il l'attachera lui-même dans l'un des compartiments de cet effroyable échafaudage d'osier, dans ce monstrueux entassement d'êtres humains qui vont périr dans les flammes, et il accomplira son ministère en allumant ce bûcher.

Telle est en somme cette justice druidique aussi impitoyable que la religion qui la couvre de son ombre. L'une et l'autre se valent dans leur mépris de la vie humaine. La mort est partout; si le prêtre a besoin de victimes, le juge les lui fournit. C'est bien un seul et même sacerdoce. Voilà ce que nous apprennent les textes de César.

Faut-il voir avec M. de Laferrière [1], dans ces assemblées générales qui se tenaient annuellement au milieu des forêts du pays des Carnutes, un parlement druidique, une espèce de cour de cassation où se révisaient les procès criminels? Nous ne le pensons pas; un fait aussi capital n'eût pas manqué de frapper César qui l'a passé sous silence. La précision avec laquelle il a rapporté tout ce qui concerne la justice druidique, doit faire écarter une conjecture que l'état de morcellement de la Gaule rend complètement invraisemblable; son organisation politique, le principe de la souveraineté qui résidait dans le chef de clan s'y opposaient de la manière la plus absolue [2]. Cette hypothèse

---

[1] Hist. du Droit français, II, p. 166.
[2] Il est d'ailleurs historiquement admis que le droit d'appel n'a pénétré en France que par la législation romaine et par l'influence du droit canonique, et qu'il y a été inconnu jusqu'alors. Les établissements de saint Louis, 1260-1270, paraissent être le premier

ne s'appuie donc sur aucun document historique, et elle est formellement contraire au principe même de la souveraineté des juridictions qui décernaient la peine de mort. Nous lisons dans Diodore que les criminels étaient quelquefois retenus en prison pendant cinq ans avant d'être attachés au poteau en l'honneur des dieux et brûlés avec d'autres victimes [1]; mais il ne nous fait pas connaître la cause de ces atermoiements. Étaient-ils motivés par des circonstances particulières, par l'attente de quelque solennité religieuse dont l'époque n'était pas encore fixée, ou cet usage s'était-il introduit, depuis César, à la suite de quelques condamnations iniques, pour laisser à la vérité le temps de se faire jour, aux passions celui de se calmer? Était-ce tout simplement un raffinement de cruauté, une aggravation du supplice? Toutes les conjectures sont permises à cet égard, excepté celle de la révision du procès. Le condamné pouvait nourrir l'espoir d'échapper à ses bourreaux, mais la sentence n'était pas abolie, et en attendant qu'il fût mis à mort, il n'en était pas moins retranché du nombre des vivants.

Les druides exerçaient ainsi la plénitude des pouvoirs judiciaires, et leur compétence était ce que l'on pourrait appeler de droit commun, en matière de crimes et de délits comme dans les questions qui touchaient aux intérêts civils et privés. Les juridictions particulières qui fonctionnaient parallèlement à eux et qui pouvaient, comme eux, infliger la mort et les tortures, ne constituaient en quelque sorte

document législatif qui l'ait formellement consacré. L'appel, en matière criminelle, n'a certainement commencé à être en usage que vers cette époque. V. sur cette question : Loyseau, Traité des Offices, liv. I. — Montesquieu, Esprit des Lois, liv. XXVIII, c XXVII. — Meyer, Institutions judiciaires, t. II. — Henrion de Pansey, Traité de l'Autorité judiciaire en France. — Bernardi, Origine et Progrès de la Législation française, liv. I, ch. XIII. — Comte Beugnot, Les Olim., etc., etc.

[1] V. 22.

que des tribunaux d'exception. La principale et la plus importante était celle du vergobret, qui, lors même qu'il n'appartenait pas à l'ordre des druides, exerçait le plus absolu de tous les pouvoirs, celui de mettre à mort avec ou sans jugement [1]. La cité avait aussi sa juridiction distincte et fondée sur la coutume, comme il résulte de l'exemple d'Orgétorix. Il eut beau se présenter à la tête de son clan et intimider ses juges en comparaissant devant eux suivi d'une armée de dix mille hommes ; il échappa pour cette fois au supplice. Mais les magistrats de la cité, persistant dans leur poursuite, appelèrent les campagnes à leur prêter main forte ; en présence de ces dispositions, Orgétorix prit le parti de se suicider [2]. C'est une assemblée de la cité qui condamne Accon au dernier supplice, selon la coutume des ancêtres, et qui interdit le feu et l'eau à ses partisans fugitifs [3]. Le dernier arrivé à la convocation du ban était mis à mort [4]. — Selon toute apparence, la juridiction militaire était également affranchie de tout contrôle ; le droit de disposer des châtiments d'une manière plus ou moins absolue a toujours été l'un des attributs du commandement des armées. Lors du grand soulèvement des Gaules, le noble, le généreux Vercingétorix exerce la dictature avec une cruauté inouïe ; ceux qui résistent à ses ordres sont condamnés à périr par le feu et dans d'autres supplices ; quant à ceux qui ne sont coupables que de tiédeur ou d'indifférence, il se contente de les renvoyer dans leurs foyers, mais après leur avoir fait crever les deux yeux, « singulis effossis oculis », et couper les oreilles, afin de servir d'exemple aux autres et de les effrayer, « ut sint reliquis documento et magnitudine pœnæ perterreant alios [5]. »

[1] Cæsar. Bell. Gall. I, 16.
[2] Ibid. I, 4.
[3] Ibid. VI, 44.
[4] Ibid. V, 56.
[5] Ibid. VII, 4.

La loi martiale appliquée par César aux vaincus d'Uxellodunum était douce en comparaison. Le patriotisme stimulé par la terreur est une idée qui ne date pas du Comité de Salut public.

Les chefs de clan avaient dans leurs domaines une autorité tellement absolue, qu'ils n'observaient pas toujours les formes judiciaires pour se débarrasser d'un vassal ou mettre à mort un esclave qui avait encouru leur déplaisir; mais l'intervention d'un druide pouvait, au besoin, donner à ces violences une apparence de légalité.

Dans certaines circonstances enfin, la famille avait une juridiction à elle qui disposait des instruments de mort et de torture. Comme chez la plupart des peuples de l'antiquité, le père avait le droit de vie et de mort sur ses enfants, le mari sur ses femmes, si l'on admet l'usage de la polygamie dans la Gaule, comme semble l'indiquer le texte de César. Lorsque le mari venait à décéder, s'il y avait lieu de soupçonner que la mort fût le résultat d'un crime domestique, les plus proches parents s'assemblaient ; on mettait les femmes à la question, on les faisait périr par le feu et dans toutes sortes de tortures[1]. Cette justice de famille n'était ni moins expéditive ni plus douce que celle des druides ; elle infligeait arbitrairement et à huis-clos les plus épouvantables supplices.

L'assemblée générale des druides ne constituait pas un tribunal suprême ayant juridiction sur tout le territoire de la Gaule, et placé au sommet de la hiérarchie judiciaire pour réviser les jugements des tribunaux inférieurs. Rien de pareil à cette organisation n'existait et ne pouvait exister dans la Gaule, par les raisons que nous avons données

[1] Ibid. VI. 19.

Cette faculté d'appeler d'un juge à un autre était absolument inconnue chez les Celtes, malgré l'opinion tout à fait théorique de nos jurisconsultes [1] qui considèrent l'appel comme un droit inhérent au principe même de la justice et contemporain de ses plus antiques origines. Mais une réunion composée comme celle des druides, c'est-à-dire des hommes les plus intelligents de la nation, — dont le moindre était un personnage entouré d'une haute vénération comme prêtre et juge souverain dans son pays, — ne pouvait manquer de l'autorité morale qui appartient à toutes les grandes assemblées. Aussi tous ceux qui avaient des procès accouraient-ils, dit César, de tous les points de la Gaule pour les lui soumettre, et bien qu'elle n'eût aucun moyen matériel de coërcition pour assurer l'exécution de ses arrêts dans les diverses parties du territoire qui formaient des États indépendants, les sentences émanées d'elle étaient toujours religieusement obéies [2]. Son influence devait principalement s'exercer dans les questions politiques ; elle était naturellement l'arbitre des cités et des clans dans des querelles qui n'auraient eu d'autre issue que les armes, et sa médiation leur évitait parfois d'inutiles effusions de sang. Mais cette juridiction avait pour caractère propre d'être purement volontaire ; recherchée non imposée. Ses décisions étaient de grands arbitrages entre des pouvoirs qui ne reconnaissaient pas de supérieurs et dans des conflits qui par leur nature et leur gravité échappaient aux juridictions locales. Une telle assemblée aurait été un immense bienfait au milieu des factions qui ensanglantaient la Gaule, si elle avait eu conscience de son rôle, et si les circonstances historiques qui ont précipité sa décadence

---

[1] Notamment Scacia, Tract. de Appellationibus, quæst. 16. « *Ab eodem fonte naturæ oritur defensio quum jus positivum constituit in appellatione adversus gravamen.* »

[2] Cæsar. Bell. Gall. VI, 13.

et sa fin lui avaient permis de développer les institutions modératrices dont elle renfermait le germe. Elle eût infailliblement préparé les voies vers l'unité politique, si la conquête romaine n'avait amené ce dénoûment par des moyens plus prompts mais plus terribles.

Les solennités et les fêtes qui accompagnaient cette réunion tendaient à en accroître l'importance et la popularité. L'emporium, cet accessoire obligé de toutes les assemblées celtiques, attirait à ce pèlerinage nombre de trafiquants et de simples curieux qui grossissaient l'affluence déjà considérable des dévots, des malades, des plaideurs, sans compter la multitude de serviteurs et de clients que tant de personnages amenaient à leur suite. Tous les intérêts, tous les besoins, tous les motifs sérieux ou frivoles qui peuvent mettre en mouvement les individus et les foules, la piété, les affaires, la souffrance, le plaisir, faisaient de ce lieu consacré [1] le rendez-vous général de la Gaule. Tout y était un objet d'admiration et d'étonnement. Les imposantes cérémonies du gui sacré, le grand-prêtre orné de ses vêtements blancs, tenant la faucille d'or, s'élevant sur l'arbre à la hauteur de la plante divine qu'il recueillait dans les plis de son sagum; les taureaux blancs immolés; les aspersions sur le peuple à genoux avec l'eau purificatrice à laquelle le gui a communiqué sa vertu; — les chants, les sacrifices, les longues processions des druides dans les allées de l'antique forêt de chênes située au centre de la Gaule, à la pâle clarté de la sixième lune, — tous ces spectacles, dont nous lisons la description dans Pline [2], devaient exercer sur les imaginations un attrait puissant. Le pauvre colon venu du fond de l'Arvernie, de la cité des Nerviens ou des Mandubes, en rapportait le souvenir dans la solitude

---

[1] « Loco consecrato. » Cæs. Bell. Gall. VI, 13.

[2] Pline, lib. XVI.

de sa forêt ou de son vicus lointain. C'était, pour le reste de sa vie, un sujet de merveilleux, d'inépuisables récits. Il avait entrevu, au milieu de son cortége sacerdotal, la figure imposante du grand-prêtre des druides, admiré dans leur appareil militaire les chefs en renom suivis de leurs guerriers aux armures étincelantes, aux couleurs de leurs clans ; des files de malades s'étaient succédé sans interruption au seuil des fontaines sacrées. Il avait assisté aux péripéties les plus émouvantes des causes que les prêtres avaient eues à juger ; il s'était impressionné de ces drames, de la solennité des serments, de la sagacité des juges, de l'intervention opportune des dieux pour manifester la vérité. La jeunesse s'était mêlée aux festins et aux danses qui terminaient toujours les fêtes de la Gaule ; et les témoins de ces choses mémorables devenaient à leur tour l'objet de la curiosité et de la considération de leurs concitoyens.

Ce furent les beaux temps du druidisme ; mais la conquête marque le commencement de leur décadence. Déjà du temps de Strabon, ils ne sont plus comme autrefois les arbitres des guerres. La politique romaine a mis bon ordre à ces pillages, à ces égorgements annuels ; elle a comprimé cette anarchie sous sa forte discipline. A partir de cette époque l'institution druidique ne cesse de décroître ; son influence politique et religieuse s'efface pour disparaître peu à peu devant le christianisme. Persécutés par les empereurs, chassés des villes où Rome avait installé ses lois et ses juridictions, où ils n'avaient d'ailleurs jamais pénétré, les druides se confinèrent de plus en plus dans les bois, leurs antiques demeures, où ils vécurent comme des proscrits, étrangers aux changements et aux révolutions qui s'accomplissaient dans les mœurs. Ils y conservèrent cependant, grâce à l'organisation des clans et des communautés rurales que leur isolement dans l'intérieur du pays plaçait hors de l'atteinte du pouvoir central, un reste d'autorité sur les populations des campagnes. Celles-ci restées barbares vénéraient en eux les souvenirs de l'ancienne indépendance. Les druides continuèrent à rendre la justice à la manière des ancêtres, et leurs sentences capitales étaient encore écrites « sur des ossements. » C'est du moins ce que semble attester, dans un langage assez obscur, un passage d'une comédie latine du cinquième siècle, qui nous montre à quel point de discrédit était tombée, aux yeux des classes intelligentes, la justice des chênes. Les abus de ces justices de villages qui remontaient, on le voit, aux usages druidiques, étaient signalés bien des siècles avant Loyseau et Montesquieu[1], par ce fragment qu'il importe de placer sous les yeux de nos lecteurs.

QUEROLUS, à son lare familier : — Si tu as quelque pouvoir, lare mon ami, fais en sorte que je sois à la fois homme privé et puissant.

LE LARE. — Quel genre de puissance désires-tu?

QUEROLUS. — Celle de dépouiller les gens qui ne me doivent rien, de battre les étrangers, et, quant à mes voisins, de les dépouiller et de les battre.

LE LARE. — Ha, ha! Mais c'est du brigandage et non de la puissance ce que tu demandes là. Par Pollux! je ne vois pas comment on pourrait te satisfaire. Au fait, il y a un moyen. Voici ton affaire : va t'établir sur les bords de la Loire.

QUEROLUS. — Que veux-tu dire?

LE LARE. — Là, les hommes vivent d'après le droit naturel. Il n'y a pas de charlatans. Là, les sentences capitales émanent du chêne et s'écrivent sur les os ; là, les paysans pérorent, et ce sont de simples particuliers qui jugent; là, tout est permis. Si tu es riche, on t'appellera Patus ; c'est un mot qui vient de notre Grèce [2]. O forêts, ô solitudes! qui a pu dire que vous fussiez libres? Je passe sur d'autres points et bien plus importants ; pour le moment, cela suffit.

QUEROLUS. — Je ne suis pas riche et n'ai pas envie d'essayer du chêne. Je ne me sens aucun goût pour cette justice des bois. »

[1] Loyseau, Traité des Justices de villages, 1ᵉʳ discours. — Montesquieu, Esprit des Lois, liv. XXX, ch. xx.

[2] Patus, παττος, riche. V. Ducange, Dict. mediæ et inf. latinitatis.

[3] Querolus ou Aulularia.

Cette vive et spirituelle peinture des inconvénients de la justice rurale n'est que l'expression de la réalité. Malheur à celui qui est obligé d'y recourir ; la sentence du chêne s'écrira sur ses os ; l'allusion est assez transparente. Dans ces régions écartées, du centre et de l'ouest de la Gaule où le droit romain n'a pas pénétré, la coutume, c'est-à-dire le vieux droit naturel, qui n'est guère que le droit du plus fort, a maintenu son empire. Tout chef de clan a une justice attachée à ses domaines, pour son utilité particulière, et cette justice est administrée par une sorte de bailli à ses gages qui n'est autre que le druide déchu et dégradé par la servitude. Ce prêtre-juge prononce encore ses sentences sous le chêne, ou de par le chêne, suivant l'antique rituel, au milieu des paysans qui pérorent ; mais elles ne sont plus qu'une formalité destinée à légaliser les violences et les rapines du maître qui le nourrit. A cet état d'avilissement et de misère, le druide cesse d'exister devant l'histoire.

Si l'on veut se rendre compte de ce que pouvait être, au fond, la justice des druides, au temps même de son plus grand prestige, il faut voir dans Strabon et dans Pline les moyens de preuve dont elle éclairait ses décisions. Strabon raconte, d'après Artémidore, qu'il existait sur l'une des côtes baignées par l'Océan un lieu nommé le *Port des deux Corbeaux*, parce que deux de ces oiseaux que l'on reconnaissait à la blancheur de leur aile droite, y avaient fixé leur demeure. Les gens qui avaient des démêlés s'y rendaient de fort loin. On plaçait sur une éminence une tablette sur laquelle chacune des parties déposait séparément des gâteaux. Bientôt les corbeaux arrivaient, et dévorant l'une des offrandes, ils dispersaient l'autre. Le plaideur dont les gâteaux étaient jetés au vent obtenait gain de cause [1]. Ce récit, dit Strabon, sent un peu la fable ; mais

[1] Strabon, IV, 4.

il donne la mesure de la crédulité des justiciables et des juges. La justice des corbeaux était aussi infaillible que celle du chêne.

Il y avait sur les bords du Rhin la justice du bouclier. Un père avait-il des doutes sur sa paternité, il déposait l'enfant nouveau-né sur un bouclier et l'abandonnait au cours du fleuve. Si le bouclier s'enfonçait, le flot ne noyait qu'un bâtard. Si l'enfant surnageait, le père rassuré le rapportait tout joyeux à la mère tremblante. Ce trait est consigné dans les lettres de l'empereur Julien.[1]

Cette justice était telle qu'on pouvait l'attendre de barbares. L'épreuve des éléments, les caprices du sort, au besoin la violence des tortures y avaient plus de part que la raison, l'intelligence et la sagesse du juge. L'analogie entre ces coutumes et les ordalies du moyen âge est frappante. Le druide pouvait prononcer la sentence, mais le plus souvent c'étaient le hasard et la superstition qui la lui dictaient.

L'œuf de serpent était, selon le témoignage de Pline, le plus précieux de tous les talismans. Les druides le portaient au cou, richement enchâssé, et, ce qu'il y a de remarquable, ils le vendaient à très haut prix[2]. La propriété de cette amulette assurait à son heureux possesseur le gain

---

[1] Julian. Epist XV. Ad Maxim. philos.

[2] Plin. l. XXIX, c. XLIV. — Durant l'été, dit-il, on voit se rassembler dans certaines cavernes de la Gaule des serpents sans nombre qui se mêlent, s'entrelacent, et de leur bave, de l'écume qui suinte de leur peau, forment cet œuf. Lorsqu'il est achevé, ils l'élèvent et le soutiennent en l'air par leurs sifflements. C'est à ce moment qu'il faut le saisir avant qu'il ait touché la terre. Le ravisseur, qui s'est tenu aux aguets, reçoit l'œuf dans un linge, saute sur un cheval et s'éloigne au galop poursuivi par les serpents jusqu'à ce qu'il ait mis une rivière entre eux et lui. — Cette opération devait être exécutée à une certaine phase de la lune. On éprouvait l'œuf en le plongeant dans l'eau, entouré d'un cercle d'or. S'il surnageait, il avait toutes les vertus.

de tons ses procès, et le plaçait en quelque sorte au dessus de la justice. Une autre particularité non moins singulière et à laquelle on se refuserait à croire, si elle n'était mentionnée dans Pline, c'est que l'empereur Claude ait eu assez de créance dans cette superstition pour condamner à mort un chevalier romain du pays des Voconces dont le seul crime était d'avoir caché sous ses vêtements un de ces œufs dans le but de gagner un procès.

La rareté des documents parvenus jusqu'à nous ne nous permet pas de tracer, en nous maintenant sur le terrain de la certitude historique, une esquisse plus complète des institutions judiciaires de la Gaule. Mais l'examen des textes et les inductions positives qui en résultent aboutissent aux mêmes conclusions que les autres parties de cette étude, à cette barbarie qui est partout au fond de l'état social et qui constitue son caractère définitif. Une dernière question cependant nous reste à éclaircir avant de quitter ce sujet. Est-il vrai que, dans ses aspirations à un idéal de justice absolue que la philosophie a pu concevoir, mais que jusqu'à présent aucune société humaine n'a tenté de réaliser, le druidisme eût eu son code des récompenses à côté du code des châtiments, et placé dans les attributions du juge le droit de rétribuer le bien en même temps que celui de punir le mal ? — « A côté de ce ministère de vengeance, dit M. Jean Reynaud, il en était adjoint un autre non moins essentiel à la bonne direction des sociétés, et que les générations modernes n'ont point encore su tirer, avec les égards nécessaires, du discrédit où l'a laissé tomber le moyen âge : c'était le ministère de la récompense. Malheureusement, sur ce chapitre qui mériterait de dominer celui de la pénalité, et où notre législation a pour ainsi dire tout à faire, l'histoire de nos pères est encore plus laconique que d'ordinaire. César se con-

tente de dire : « Ils donnent les récompenses et les peines. »
On apprend de plus, par un trait jeté au hasard dans
Spartien, qu'il y avait des récompenses en l'honneur de la
chasteté. » [1]

César a-t-il bien dit cela ? Nous avons traduit le passage
qui a servi de support à cette utopie rétrospective. L'esprit
de système a rarement conçu une hypothèse plus hardiment jetée sur le vide. Voici le texte :

« — Si quod est admissum facinus, si cædes facta, si
de hæreditate, si de finibus controversia est, iidem decernunt : præmia, pœnasque constituunt. » [2]

Ce qui veut dire littéralement : « Si quelque crime est
dénoncé, si un meurtre est commis, s'il y a litige sur la
propriété d'un héritage ou sur sa délimitation, les druides
en décident, ils fixent les compensations et les peines. »
En d'autres termes, ils évaluent l'indemnité due à la partie
lésée, que ce soit par un crime, un délit ou une simple
usurpation, et les réparations pécuniaires ou pénales dues
par l'offenseur. Tout délit, par cela même qu'il cause un
préjudice et un trouble, engendre à l'instant même un
droit et une obligation. Le droit, c'est la réparation du
dommage au profit de celui qui l'a souffert, « præmium » ;
l'obligation, c'est le paiement de la dette contractée par son
auteur, dette ordinairement compliquée d'un châtiment
corporel exigé pour la vindicte publique, « pœna. » La
fonction du juge a ce double objet de régler le præmium
dû à l'offensé, et l'expiation à la charge du coupable.

César ne dit pas autre chose, et il le dit avec la netteté
d'un esprit complétement initié, comme l'étaient de son

[1] J. Reynaud, Encyclop. nouvelle, 1847. V. Druidisme, p. 409.
[2] Cæs. Bell. Gall. IV, 13. Nous avons suivi la ponctuation de l'édition Lallement, d'après Scaliger, — Rouen MDCCLXI, — qui nous paraît plus claire et plus logique. Mais quelque ponctuation qu'on adopte, le sens général ne saurait varier.

temps tous les Romains instruits, au langage précis de la
jurisprudence. Après avoir énuméré les catégories qui
rentrent dans la compétence du juge, il achève sa pensée
en déterminant l'acte même de sa juridiction. Logiquement
et grammaticalement, le dernier membre de phrase est
inséparable de ceux qui précèdent, cette liaison est nécessaire à la clarté, à l'unité du sens. Comment admettre que
César aurait mentionné dans une incidente de trois mots
une attribution aussi extraordinaire, aussi digne de son
attention et de son étonnement que le ministère de la
récompense, sans s'y arrêter autrement et sans y revenir
jamais ? César est concis, toujours sobre de détails, et il
l'est souvent beaucoup trop pour nous, mais il ne jette
jamais d'énigmes à ses lecteurs ; à Rome, où cette législation rémunératrice n'existait pas, personne ne l'eût
compris. Ses allures d'écrivain, toujours simples et naturelles, ne font jamais violence aux expressions. Il a trop
le tact des mots, comme des hommes, pour les employer
les uns et les autres au-delà de leur juste valeur. Dans le
passage qui nous occupe il donne à sa pensée son développement rationnel, avec sa rapidité familière. Il définit
d'abord la nature des litiges, œuvre des parties, puis celle
de la décision, œuvre du juge. La prime allouée au gagnant
à titre de satisfaction, de récompense, « præmium, » pour
le préjudice éprouvé, et réciproquement, l'obligation imposée au débiteur, la peine quand il y a lieu, sont les deux
éléments, les deux faces d'une même solution qui est
renfermée dans ces mots, « præmia pœnasque constituunt. »

En quoi consistaient ces réparations? Nous tenons pour
certain que dans la Gaule, comme dans la Germanie, elles
se payaient moins en argent qu'en nature et principalement en têtes de bétail, à raison de la rareté du numéraire.
Sans doute les compensations, à cette époque, ne rache-
taient pas le meurtre, comme plus tard sous les Franks :

elles n'excluaient ni la peine de mort, ni les châtiments corporels, mais par cette raison très vraisemblable qu'elles ne s'appliquaient qu'à ce que nous appellerions aujourd'hui les réparations civiles, et qu'elles laissaient subsister la dette d'expiation contractée envers la divinité. Les légendes d'Arthur, celle de S. Cadok, mentionnent les compensations en nature. Les lois cambriennes les avaient conservées à une époque où l'argent monnayé était plus abondant que chez les Gaulois. L'estimation du meurtre d'un chef de race y était fixé à cinq cent soixante-sept vaches, le meurtre d'un père de famille à quatre-vingt-quatre. Dans cet ordre de faits, le præmium exprimait le nombre de têtes de bétail qui devait être attribué aux individus lésés, sans préjudice du châtiment infligé au meurtrier, qui se caractérisait dans le mot « pœna. » L'importance de ces évaluations suppose des troupeaux considérables et la prédominance des habitudes pastorales. Elle devait dans la plupart des cas dépasser les ressources des délinquants; de là ce système de responsabilités entre les clans et les communautés, qui seul pouvait offrir des garanties à la sécurité publique, mais dont l'exagération et l'abus faisaient souvent dégénérer les querelles privées en guerres civiles de tribus à tribus. [1]

Nous ne donnerons pas à cette discussion plus de développement qu'elle n'en mérite et nous maintenons notre interprétation du texte de César. Quant à l'idée que l'on voudrait en faire sortir, ce serait par d'autres considérations qu'il faudrait la réfuter, mais en nous écartant de la spécialité de notre sujet.

Les druides ont appliqué, comme juges, la loi du châtiment, et ils l'ont appliquée avec assez de rigueur et de

---

[1] V. le Senchus Mor. art. déjà cité de M. de Lasteyrie.

dureté pour faire supposer qu'ils n'étaient pas des philantropes bien ardents à la recherche des bonnes actions. Ils n'ont donc jamais usurpé le droit de la rémunération qui, à vrai dire, n'est pas du ressort de la justice des hommes. Juger et récompenser la vertu, le sacrifice, le dévouement, les beaux actes de la conscience humaine, est un droit qui n'appartient qu'à Dieu. Si les sociétés se sont arrogé le droit de punir, c'était dans l'intérêt de leur propre défense, bien qu'elles en aient souvent excédé la mesure. On ne comprendrait pas des hommes s'érigeant en tribunal pour statuer sur le mérite d'un acte héroïque, ou d'un sacrifice persévérant. Ce qui se comprendrait encore moins, ce serait la vertu officiellement tarifée, la vertu apportant, avec le désintéressement et la modestie qui l'accompagnent toujours, ses preuves à l'audience, et se faisant décerner une récompense par autorité de justice. Si une telle législation avait existé dans la Gaule, César ne l'aurait pas glissée tout entière dans un seul mot; il s'en serait expliqué plus clairement et n'aurait pas manqué de signaler à ses concitoyens une des singularités les plus étranges de cet étrange pays.

Cette étude, imprimée depuis dix ans, et alors interrompue, n'a été livrée à la publicité que pour répondre à des demandes bienveillantes.

Le lecteur tiendra compte facilement de quelques points de détail que, depuis cette époque, le progrès de la science a pu rectifier ou compléter.

TABLE DE MATIÈRES

	Pages
CHAPITRE PREMIER. — Indications des sources. — Notions des anciens sur la Gaule. — Documents et légendes celtiques........	1
CHAPITRE DEUXIÈME. — État général de la Gaule. — Affinités avec les Gaëls de la Bretagne et les Germains. — Conclusion.	14
CHAPITRE TROISIÈME. — La Cité. — Ce qu'elle était dans la Gaule au temps de César. — La transformation après la conquête.	30
CHAPITRE QUATRIÈME. — Le Clan ou Pagus. — Sa constitution. — Son territoire. — La Féodalité gallique..............	50
CHAPITRE CINQUIÈME. — Le Clan (suite). — Aspect du pays celtique. — Le pâtre. — Le colon. — La forêt. — La culture......	80
CHAPITRE SIXIÈME. — L'oppidum militaire. — Aspect et position des retranchements gaulois. — Leur destination. — Ce sont des campements et non des villes. — Leur abandon ou leur transformation sous les empereurs............	97
CHAPITRE SEPTIÈME. — L'oppidum commercial ou emporium. — Foires et Marchés. — Commerce, trafic et industrie. — L'emporium comparé à l'oppidum militaire. — Influence romaine. — Conclusion	118
CHAPITRE HUITIÈME. — Le Dunum. — L'Ædificium. — Le Chef. — L'Hospitalité. — Les Festins. — La Guerre. — La Sépulture	148
CHAPITRE NEUVIÈME. — Régime intérieur de la Cité. — La Coutume. — Le Sénat. — Le Chef de guerre. — Le Vergobret. — Les Finances.................	193
CHAPITRE DIXIÈME. — État religieux. — Superstitions et croyances. — Le Druidisme. — Ses Dieux. — Ses Dogmes. — Les deux Visions. — Le Druide. — Son influence. — Ses fonctions.	230
CHAPITRE ONZIÈME. — Le Druidisme (suite). — Rappel des textes. — Les sacrifices humains. — La Justice. — Les Supplices. — Décadence du Druidisme.....	260